웹소설 독자들을 매혹시킬
치명적인 마법의 열쇠

로맨스 판타지 작법서

| 김민정(빅노아) 저 |

로맨스 판타지
작법서

| 만든 사람들 |

기획 인문·예술기획부 | **진행** 최은경 | **집필** 김민정(빅노아)
표지디자인 원은영 · D.J.I books design studio | **편집디자인** 이선주

| 책 내용 문의 |

도서 내용에 대해 궁금한 사항이 있으시면
저자의 홈페이지나 J&jj 홈페이지의 게시판을 통해서 해결하실 수 있습니다.
아이생각 페이스북 www.facebook.com/ithinkbook
아이생각 인스타그램 instagram.com/digitalbooks1999
아이생각 유튜브 유튜브에서 [디지털북스] 검색
아이생각 이메일 djibooks@naver.com
저자 이메일 kmj4699@naver.com

| 각종 문의 |

영업관련 dji_digitalbooks@naver.com
기획관련 djibooks@naver.com
전화번호 (02) 447-3157~8

로맨스 판타지 작법서

나는 어떻게 웹소설 작가가 되었나?

"요즘 웹소설 핫한 거 모르는 사람 있어?!"

콘텐츠 범람하는 이 시대에서 가장 OSMU에 적합한 콘텐츠이자 요즘 가장 핫한 콘텐츠를 꼽자면 '웹소설'이 빠질 수 없을 것입니다. '사내맞선' '재벌집 막내아들'을 비롯한 수많은 웹소설들이 웹툰화, 드라마화되며 해외 시장에서도 각광받고 있습니다.

그렇다면 이렇게 핫한 웹소설 작가는 대체 어떻게 되는 걸까요?

"웹소설, 어떻게 시작해?"

제가 웹소설 작가가 되고 나서 수백 번도 넘게 들었던 질문입니다.

이 책을 선택한 여러분들도 분명 본업보다 '웹소설 쓰기'라는 부업에서 발생하는 수익이 더 크다는 말을 듣고 귀가 솔깃해졌던 적이 있을 것입니다.

그리고 늘 저의 답은 같았습니다.

웹소설 시작하는 법? 그냥 쓰면 됩니다!

아주 간단하죠! 너무 쉽게 얘기한다고요?

맞습니다! 이렇게 쉬운 것이 바로 웹소설 시작법입니다.

수많은 이들이 웹소설을 '어떻게 하는지' 묻지만 '어떻게 쓸지'를 묻지 않습니다. 이 두 질문의 차이는 대개 명확합니다. 웹소설을 통해 벌어들이는 수익, 어떤 계약을 할지부터 생각하지 말고 먼저 작품을 집필하는데 집중하세요.

지금부터 저는 이 책을 통해 여러분들께 웹소설에 관한 다양한 이야기를 할 것이지만 시작하기에 앞서 가장 중요한 것은 '재미있는 작품을 쓰는 것'이라는 사실을 명심해야 할 것입니다. 연재법이나 계약 시 유의 사항을 비롯한 여러 가지 꿀팁들이 있지만 어디까지나 '조언'에 불과합니다. 가장 중요한 것은 '재미있는 콘텐츠'를 창작하는 것입니다!

이 시장에 완벽한 정답은 없습니다. 그리고 다른 전략들이 실패한다고 하더라도 독자들은 반드시 재미있는 작품은 알아보기 마련입니다.

그렇다면 제가 왜 웹소설을 쓰기 시작했는지에 관해 말해보겠습니다. 신인 작가의 대부분은 웹소설을 쓰는 이유에 관해 '돈 벌려고요!'라고 답하곤 하더군요. 하지만 제가 처음 웹소설을 시작했던 2013년도에는 '웹소설'이라는 시장 자체가 그렇게 크지 않았습니다.

당연히 웹소설을 통해 큰 수익을 벌어들인 작가들이 많지 않았고 따라서 '돈을 벌기 위해'였다기 보다는 이제 막 수험 생활을 끝내고 스무살이 된 대학생의 '공모전에 도전해보고 다양한 경험을 해보고 싶다'라는 생각에서부터 기인된 것이었습니다.

당시 제 눈에 우연히 '2013년 북큐브 공모전'이었고 수상을 목표로 도전했습니다. 그렇게 탄생한 작품이 바로 첫 작품인 '별과 별'이었습니다. 이후 '별과 별'로 제목을 변경했으나 첫 연재 시에는 '별'이라는 제목으로 40화 가량 연재하다가 중단했습니다.

완결을 짓지 못했기 때문에 물론 수상도 하지 못했고요. 첫 작품에서 바로 드라마틱한 성공을 하였으면 오죽 좋았겠으련만 저는 그렇게 운이 좋은 케이스는 아니었던 것입니다.

제 첫 도전이 실패한 이유는 명확했습니다. 첫 번째 이유는 글을 쓰는 데 시간이 오래 걸렸던 탓이었습니다. 문장 하나를 구사하는데 5분 가까이 걸릴 때도 있었으니, 공모전 기한 내에 완결을 짓기란 사실상 불가능에 가까웠죠. 같은 장면을 묘사하려고 해도 긴 글을 써본 경험이 많지 않았기 때문에 말 그대로 머리에서 생각한 것을 글로 구현하는 입출력 과정이 길었던 셈입니다. 더군다나 제가 첫 작품을 집필했던 시기는 한창 대학교에 처음 입학한 '새내기' 시절이라 동아리, 학업 등으로 정신이 없었습니다.

두 번째 느꼈던 벽은 바로 초반 스토리 구성력과 확장력의 부재입니다. 처음으로 꽤 긴 글을 썼던 만큼 '시놉시스 작성법'조차 몰라 초반에 시놉시스를 탄탄하게 작성하지 않았고 손이 가는 대로 썼던 글은 결국 곳곳에 설정 구멍들이 발생하게 되며 말 그대로 '용두사미'가 되었습니다. 초반부에 설정만으로 시작했던 탓에 후반부 스토리를 끌고 갈 수 있는 사건들을 배치하지 못한 것 또한 악재로 작용했습니다.

결국 이 두 가지 이유로 인해 저는 첫 작품에서 완결을 내지도, 공모전 도전에 필요한 최소 회차조차 부합시키지 못한 채 '연재 중단'이라는 쓰디쓴 실패를 경험하고 말았습니다. 하지만 첫 집필을 통해 많은 것을 느꼈고 무엇보다 '글 쓰는 건 재미있다'와 '포기하지 않고 계속 쓴다면 발전할 수 있겠다'라는 사실을 깨달았습니다.

그 뒤, 제가 쓴 글을 다시 한번 읽고 장단점을 분석했으며 어떻게 플롯을 재정비할지 고민하는 시간을 가졌습니다. 그렇게 두달간 재정비 시간을 가진 뒤 40편이었던 '별'을 그 두배의 회차로 늘려 연재, 완결한 것이 바로 제 첫 출간작인 '별과 별'입니다. '별과 별'은 네이버 챌린지 리그 연재 중 상위 랭킹에 오르는 데 성공했고 출판사의 출간 제의를 받아 계약, 출간했습니다.

저는 웹소설을 썼고 실패했지만 포기하지 않고 다시 썼습니다. 제가 지금까지 글을 쓸 수 있었던 것은 그저 제가 포기하지 않고 계속해서 글을 써 내려갔기 때문이었습니다. 그렇게 시작한 웹소설을 저는 무려 10년이 지난 지금까지도 써내려가고 있습니다. 그리고 이 책을 통해 여러분들에게 웹소설 작가로서의 제 지난 10년에 관해 이야기를 해보고자 합니다.

차례

머리말 나는 어떻게 웹소설 작가가 되었나?   06

Chapter 01.
웹소설, 기본 개념 익히기

1. 감부터 잡아보자!   014
2. 어떤 사람이 웹소설 작가가 되나요?   016
3. 웹소설의 의미   031
4. 웹소설의 장르 구분   036
5. 웹소설의 플랫폼   052

Chapter 02.
웹소설, 어떻게 쓸까?

1. 집필 준비   066
2. 본격적인 집필법   120

KEY POINT 웹소설로 수익을 거두어들이는 직접적인 방법   159

Chapter 03.
집중! 로맨스 판타지 장르 파고들기

1. 매력 넘치는 장르, 로맨스 판타지! — 166
2. 로맨스 판타지 작가에게 필요한 자질 — 169
3. 로맨스 판타지의 대표 키워드 & 플롯 — 171
4. 동양풍 로맨스 판타지 — 216
5. 앞으로의 로맨스 판타지는? — 224

KEY POINT 로맨스 판타지 장르의 영감은 어디서 받을까? — 225

Chapter 04.
내가 쓴 글을 어떻게 출간할까?

1. 투고 & 연재 & 공모전 — 228
2. 계약 → 출간 — 241
3. 출간 이후 — 246

KEY POINT 웹소설 플랫폼, 출판사들에 관하여 — 258

Chapter 05.
슬기로운 작가 생활

1. 전업 작가로 살아간다는 건? — 262
2. 작가 커뮤니티 도움 될까? — 269
3. 문장력을 키우고 싶다면? — 270
4. 슬기로운 슬럼프 생활 — 274
5. 표절 시비에 대처하는 법 — 276

맺음말 당신도 웹소설 작가가 될 수 있다! — 280

Chapter 01
웹소설,
기본 개념
익히기

Chapter 01
웹소설, 기본 개념 익히기

1. 감부터 잡아보자!

〈사진 출처 : 네이버 웹소설〉

아마 이 책을 보는 독자들이라면, 한 번쯤은 본 적 있는 창일 것입니다. 바로 '웹소설'이라는 단어를 창시한 대표 웹소설 플랫폼 '네이버 웹소설'의 홈 화면입니다. 웹소설은 위와 같이, 온라인상에 게재되어 접근성 높게 언제 어디서건 읽을 수 있는 소설입니다.

온라인에서 웹소설 플랫폼에 들어가 클릭하면 해당 웹소설의 홈으로 들어갈 수 있고 회차를 클릭하면 각 회차의 소설을 볼 수 있습니다. 플랫폼마다 UI와 일러스트의 형태, 글자수 등 게재 기준, 이용 독자층이 다르기에 플랫폼마다의 특성을 알면 좀 더 편하게 웹소설을 접할 수 있습니다.

그렇다면 본격적으로 이러한 '플랫폼'들과 또 해당 플랫폼에 '어떻게 써야'하는지에 관해 하나하나 상세히 살펴보겠습니다.

2. 어떤 사람이 웹소설 작가가 되나요?

마음껏 질문하고 대답하고 상상하라!

"만약 세상이 망한 다음에, 다른 생명체가 나타난다면?"

하늘을 보면서 이런 생각을 해본 적이 있나요?

얼토당토않은 생각에 불과하다고요? 모두가 그렇게 생각하는 사소하고도 엉뚱한 의문들에서 창작은 시작되곤 합니다.

이렇게 떠오르는 의문들을 모두 적어놓고 때로는 그 의문에서 멈추지 않을 수 있도록 '대답하는' 연습을 해보세요. 당신이 던진 얼토당토 않는 의문에 대답하는 것. 그것은 바로 스토리를 만드는 것으로 직결될 것입니다.

쉽게 말해, '공상하는 습관'을 가지라는 것입니다. 다상량은 창의성과 직결됩니다. 그러기 위해 작가의 뇌는 다른 사람들의 뇌와 조금 달라야 합니다.

대부분의 사람들은 기초 교육 과정 중에, 최대한 학습에 필요한 내용을 논리적으로 생각하도록 학습합니다. 하지만 작가가 되기 위해서는 '논리'적이 아닌 '비논리'적인 사고도 할 줄 알아야만 합니다. 그러기 위해서 무엇부터 해야 하느냐고요? 질문하지 않아도 되었던 모든 사소한 것들에 다 의문을 품고 그 의문에 스스로 답을 찾는 '공상 연습'을 해보세요.

단순히 의문을 제기하거나 비판하는 것은 누구나 할 수 있습니다. 하지만 작가는 스스로 던진 질문에 스스로 답을 찾아야만 하는 직업입니다. 이 답이라는 것은 수학 문제에서 도출해내는 딱 떨어지는 모두가 인정한 약속같은 답이 아니라 '나만의 답'이어야만 합니다.

스스로 질문하고 답하며 스토리를 구상해 나가는 방식 예시

Q. 세상이 망하면 어떻게 될까?

A. A.I가 세상을 지배하게 되고 결국 A.I는 다시 인간을 만들어내게 될 거야.

Q. 왜 A.I가 다시 인간을 만들게 되는 거지?

A. A.I는 욕망을 지니고 있지 않기 때문에 더 이상 발전하지 않는다는 자신들의 문제점을 답습하고 과거 인간들을 다시 살려서 그들의 특성을 연구하고자 하게 되는 거지!

Q. 그렇다면 AI가 지배하는 세상에서 다시 태어난 인류는 어떻게 될까?

.
.
.

위의 예시와 같이 모두가 아는 똑같은 답을 하는 것이 아니라, 내가 생각하는 '나만의 답'을 통해서 스토리의 얼개를 만들어가는 것입니다.

작가의 대답은 귀납법적으로 결론을 도출해야 하는 논리적이고 수적인 영역이어서는 안 됩니다. 즉, 하나의 논리적인 대답일 필요가 없다는 의미입니다. 질문에 대한 답은 여러 가지여도 되고 또 반드시 답이 아니라 그 전에 했던 질문에 관한 다른 질문이어도 상관없습니다. 질문에 대해 또 다른 질문을 하는 것은 다른 발상으로 이어질 수 있으니까요.

중요한 것은 그 질문을 통해 생각의 얼개를 만들어 나가고 창의성을 키워나가는 것입니다. 그 생각이 꼬리를 물고 이어진다면 스토리가 될 것이고 참신함이 될 것이며 더 나아가 당신의 스토리 구성 능력이 될 것입니다. 이렇게 많은 것을 생각하고 상상하는 사람이 작가가 될 수 있습니다.

#하지만 웹소설은, 결코 당신만을 위한 글이 아니다!

마음껏 상상하세요! 다만, 마음껏 쓰기만 해서는 안 됩니다!

마음껏 상상하되 마음껏 쓰지 말라니 이 모순적인 말은 또 뭐냐고요?

마음껏 상상하되, 마음껏 쓰기만 하는 사람이라면 당신은 '작가'가 될 수는 있을지 몰라도 결코 '웹소설 작가'가 될 수는 없습니다.

여기서 한 번 우리가 잘 아는 웹소설의 특성에 대해서 되짚어보도록 하죠.

온라인, 특히 모바일 친화적으로 가독성이 높은 스낵 콘텐츠로 이동 중에도 편하게 이용 가능하다는 특성을 가지고 있습니다. 대중이 편하고 친화적으로 읽을 수 있어야 하는 '재미있는 글'이라는 웹소설의 특성을 부합해야만 독자의 사랑을 받을 수 있습니다.

내가 쓰고 싶은 글만이 아니라 '독자가 읽고 싶은 글' 즉, 대중성에 부합하는 글을 쓸 수 있어야 한다는 것!

작가가 되기 위해 가장 중요한 첫 번째는 글을 쓰는 것이지만 그보다 더 중요한 것은 그 글이 읽힐 수 있도록 쓰는 것입니다. 읽힐 수 있는 글이란 무엇일까요?

독자들은 '트렌드'를 포괄하고 있는 글에 열광합니다.

그렇다면 '트렌드'란 과연 무엇일까요? 쉽게 말해, 이용자들이 현재 많이 보는 소재나 스토리나 선호하는 캐릭터 등 쏠림 현상을 일으키는 키워드들을 의미합니다. 요즘 핫한 - 유행하는 것이라는 뜻이죠! 그리고 웹소설의 소재, 직업, 성격, 사건의 배치부터 모든 것에 '요즘 떠오르는 트렌드'가 있습니다.

예를 들어보겠습니다. 재벌 남자와 사랑에 빠지는 가난한 여자의 이야기를 쓰고 싶다고 가정했을 때, 예전에는 단순히 결혼을 통해 신분 상승을 하는 신데렐라 스토리에 열광했다면 지금은 조금 달라졌습니다.

지금은 여자 주인공이 능력과 노력을 통해 성장하고 오히려 남성 캐릭터보다 더 멋진 모습을 보이는 '걸크러시'가 트렌드라는 점이 다릅니다. 즉, 순종적인 여성 캐릭터를 빌드업했을 때 흥행도를 잡을 수 있는 확률은 현저히 떨어지게 되죠.

여기서 유의해야 할 것은 트렌드를 따라잡되, 트렌드를 만드는 것 역시 작가여야만 한다는 것입니다. 요즘 유행하는 코드, 소재, 캐릭터성을 연구하고 그에 맞추어 집필하는 능력을 어느 정도는 함양해야 하나 거기에 완전히 함몰되어서는 안 될 것입니다.

남들이 다 쓰는 똑같은 소재를 꼭 똑같이 써야만 할 필요는 없습니다.

아까 언급했듯이 '트렌드'는 소재에만 해당하는 것이 아닙니다.
등장인물의 직업이나 캐릭터, 플롯[1]의 배치, 문장의 분위기나 톤앤매너 등 모든 것에 '트렌드'가 존재합니다.
때문에 지금껏 없었던 완전히 새로운 소재를 쓴다 하더라도 사람들이 좋아하는 다른 트렌드를 파악하고 그 소재에 적용시키기만 한다면 그 또한 '새로운 트렌드'가 될 것입니다.

이를 위해서는 사람들이 가장 좋아하는 소재를 파악하고 단순히 그 소재를 모방하여 쓰는 것이 아니라 그 소재가 '트렌드'로 떠오르는 이유에 관해 다방면으로 생각을 해보는 것이 좋습니다. 요즘 유행하는 콘텐츠, 인기 연예인, 음악, 밈 등 다양한 것들을 많이 접하고 그 유행들이 어떻게 시작되었고 사람들이 '무엇을 원하는지'를 파악하라는 뜻입니다. 한 예로, 최근에 '복고 열풍'이 일었습니다. 옛날 물건들 패션 콘텐츠들이 떠오르기 시작했죠. 기성세대에게는 '향수'를 불러일으키고 젊은 세대에게는 '새로움'을 주기 때문입니다. 그 시절의 사람들이 가지고 있었던 지금과는 다른 순수함과 열정과 꿈은 현실에 지친 이들에게 위안을 줍니다. 이러한 점을 착안해 등장한 콘텐츠로 '응답하라 시리즈', '스물다섯, 스물하나' 혹은 20세기 소녀'가 있습니다. 이 콘텐츠들은 각기 주인공의 직업군이나 동네 혹은 캐릭터나 스토리, 심지어 소재조차 다릅니다. 하지만 공통점이 있습니다. 등장인물들로부터 그 시절에서만 볼 수 있었던 꿈과 열정, 순수함을 엿볼 수 있다는 것입니다. 즉, 하나의 소재만 착안하는 것

---

1) 플롯은 '구성'을 뜻하며 사건의 배치를 말합니다.

만이 트렌드를 적용시키는 게 아닙니다. '트렌드' 안에서 그 트렌드를 소구하게 하는 '소구 포인트'를 파악하는 게 중요합니다.

'트렌드'를 작품 내에 적용할 때, 가장 유의할 점은 그렇다고 유행을 너무 앞서가서는 안 된다는 것입니다. 너무 트렌드와 동떨어진 나만의 생각을 담은 스토리를 구성하여 출간 후 매출이 잘 나오지 않는 작가가 있는가 하면, 갖가지 유행하는 코드들을 모조리 갖다 붙여 지나치게 판에 박힌 듯한 구성으로 인해 매출이 나오지 않는 작가가 있습니다. '트렌드'를 적용할 때는 지나쳐서도, 모자라서도 안 됩니다. 딱 반 발짝을 앞서가는 것. 그것이 바로 작가가 트렌드를 선도하는 방법입니다.

위와 연관되는 문제로 '트렌드'와 '창의성'을 작품 내에 함께 녹여내는 데 있어서 어려움을 겪는 작가들이 있습니다. 지나치게 유행하는 코드를 따라가려고 하다 보면 작가의 색이나 창의성에 반감되는 작품이 탄생하게 될 수도 있기 때문인데요.

여기서 두 가지 유형의 작가에 관해 한 번 자세히 논해보겠습니다. 첫째는 떠올리는 아이디어나 소재가 대개 기존에 있는 대중적 키워드와 지나치게 부합하는 작가, 둘째는, 떠올리는 아이디어가 참신하나 대중성과 동떨어지는 작가입니다.

전자의 경우라면 (물론 이 유형에 해당하는 모든 작가가 해당하는 것은 아니겠지만) 전형적이라는 평을 들을 수도 있겠으나 성적은 항상 중상위권을 유지할 수 있을 것입니다. 웹소설에는 특이하게도 늘 잘나가는 소재와 키워드들이 있기 때문입니다. 다만, 초대박을 터트리고 말 그대로 트렌드를 선도하는 작품을 쓸 수 있을지에 대해서는 미지수입니다. 따라서 전자의 경우 대중성에 부합하는 글을 쓰되, 보다 창의력 있는 아이디어를 덧붙일 수 있는 훈련을 해야 할 것입니다.

두 번째는 자신이 떠올리는 신선한 소재 안에 다른 대중적인 키워드들을 함양할 수 있도록 고민해야 할 것입니다. 자신만 아는 글을 써내려가고 독자들이 보고 싶은 글을 쓰지 않는다면 그 누구에게도 읽히지 않을 테니까요.

결국, 두 유형의 작가들 모두에게 결론은 같습니다. 지금 유행하고 있는 소재들을 활용한 글을 쓰더라도 그 안에 참신함을 부여해야 할 것이고, 아예 새로운 소재를 활용한다고 하더라도 대중적인 요소들을 넣어야 할 것입니다. 대중성과 참신함의 조화를 꾀해 '중심'을 잡아야만 한다는 것입니다.

대부분의 신인 작가들은 처음 글을 쓸 때 '트렌드'에 동떨어진 글을 쓰곤 합니다.

웹상에서 연재되는 콘텐츠는 가장 트렌드에 민감합니다. 즉 당신이 웹소설 작가가 되고 싶다면 '쓰고 싶은 글'만 쓰는 것이 아니라 사람들이 '보고 싶어 하는 글'을 써야 하는 능력을 지녀야 한다는 의미입니다. 당신이 만약, 당신만 이해할 수 있는 예술을 하고자 웹소설을 쓰고자 한다면 저는 냉정히 웹소설 작가가 되는 것을 뜯어말리고 싶습니다.

보다 쉽게 설명해 보겠습니다. 소설을 쓰기 전에 먼저 웹소설 연재 사이트에 들어가서 순위를 볼 수 있는 탭을 찾아 클릭하십시오. 그리고 위에서부터 아래까지 상위권에 있는, 소위 말해서 요즘 유행인 키워드 혹은 소재가 무엇인지를 분석해보세요.

시기에 따라 변동은 있겠으나 '계약 결혼', '계약 연애' 등의 소재는 꾸준히 유행하는 소재 중의 하나입니다. 이렇게 시기에 따라서 유행하는 키워드와 소재를 분석해야만 합니다. 그 키워드를 얼만큼 자신의 글에 녹여내고 어떤 형태로 적용할지는 작가의 선택입니다. 하지만 명심하세요. 웹소설은 단순히 '쓰고 싶은 글'만 써서 되는 것이 아니라 독자들이 '보고 싶어 하는 글'을 쓸 줄 알아야 한다는 점을 말입니다.

여기서 유의해야 할 점은 '트렌드'라는 것은 순전히 시기에 따라 변동할 수 있다는 것입니다.

즉, 시기에 따라 먹히는 소재와 구성 혹은 캐릭터가 달라지기 때문에 늘 접하고 보고 분석해야만 합니다. 또한 플랫폼에 따라 '트렌드'가 다를 수도 있습니다. 플랫폼을 이용하는 독자층이 다르기 때문입니다.

그렇다면 여기서 근본적인 질문을 던져보겠습니다. 이러한 여타의 노력을 거치면 작가가 완벽하게 '트렌드 분석'을 할 수 있을까요? 대기업의 마케팅 부서에서도 매일 트렌드 분석을 하고 주간 보고서를 작성하지만 이를 완벽하게 분석해내는데 실패하곤 합니다. 단순히 분석을 직업으로 갖추고 있는 사람들에게도 어려운 일이라는 뜻이죠.

그럼 완벽한 트렌드 분석이라는 게 불가능한데, 어떻게 하냐고요?

완벽하게 할 필요가 없습니다. 본인이 할 수 있는 데까지 분석을 해보세요. 플랫폼을 꽤 오랫동안 모니터링을 하다가 보면 개인마다 분석 기준을 확립할 수 있을 것입니다. 그 안에서 눈에 띄는 키워드들만 정리해보세요. 중요한 건 그 이후입니다.

내가 분석한 '트렌드' 키워드들을 바탕으로 그 안에서 내가 '쓸 수 있는' 키워드들을 집어내는 것입니다. 그리고 그 키워드들과 그중에 없는 나만의 창의적인 키워드가 있다면 조합을 시도해 보며 '영감을 끄집어내는 것'이죠.

영감이란 갑자기 어디선가 불쑥 튀어 오르지 않습니다.
이렇게 수많은 키워드들을 분석하고 내가 떠올린 여러 가지 파편 같은 아이디어들을 조합하고 또 그중에서 내가 쓸 수 있는 것들을 솎아내는 일련의 과정 속에서 '내가 스스로 끄집어내는 것'이죠.
웹소설 작가가 될 수 있는 사람은 이처럼 끊임없이 보고 연구하고 또 고민할 수 있는 사람입니다. 그리고 무엇보다도 스스로에 관해 잘 파악하고 있는 사람이어야만 할 것입니다.

하지만 처음부터 그런 사람이어야만 할 필요는 없습니다. 글을 쓰고 또 실패하더라도 다시 쓰고 연구하고 생각하는 과정을 통해서 당신은 이미 그렇게 성장해 있을 테니까요. 때문에 '트렌드'를 파악하고 제대로 적용하고 조합해내는 작가가 되기 위해서는 포기하지 않고 꾸준히 성장하고 보고 듣고 노력해 나가야만 합니다.

#나는 어떤 사람인가에 대해 파악하라!

'트렌드'에 걸맞는 키워드와 소재 선정을 위해서는 앞서 미리 언급했듯이 '독자들이 쓰고 싶은 글'을 쓸 줄 알아야만 하고 '나는 어떤 글을 쓰고 싶은지'와 '나는 어떤 글을 쓸 수 있는지' 또한 파악하는 것이 중요합니다.

---

1. 나는 어떤 글을 쓰고 싶은가?

- 계약 연애를 하는 이야기
- 남녀 주인공이 애틋하게 사랑하는 이야기
- 한 여성이 다수의 남성과 사랑하는 이야기
- 사무실 내에서 벌어지는 사랑 이야기
- 10대 주인공들의 사랑과 모험 이야기
- 뱀파이어가 등장하는 이야기
- 시한부 판정을 받은 남성의 애틋한 사랑 이야기

---

2. 나는 어떤 글을 쓸 수 있을 것 같은가?

- 계약 연애를 하는 이야기
- 남녀 주인공이 애틋하게 사랑하는 이야기
- ~~한 여성이 다수의 남성과 사랑하는 이야기~~ : 여러 남자와 사랑하는 마음 공감 불가
- 사무실 내에서 벌어지는 사랑 이야기
- ~~10대 주인공들의 사랑과 모험 이야기~~ : 10대 문화에 관한 지식 부족
- 뱀파이어가 등장하는 이야기
- ~~시한부 판정을 받은 남성의 애틋한 사랑 이야기~~ :남성 시점의 감정선 묘사 능력 부족

위의 예시를 보십시오. 내가 쓰고 싶은 글과 내가 쓸 수 있는 글은 명확히 다릅니다. 물론 '어떤 글을 쓸 수 있는가'에 대한 건 끊임없이 변할 수 있습니다. 부족한 지식도, 공감이 어려운 소재들도 자료 조사나 인터뷰를 통해 배우고 성장할 수 있기 때문입니다.

그러나, 이 글을 읽는 신인 작가가 처음부터 자료 조사를 하며 물리적인 시간을 많이 소비한다면 글을 쓰기도 전부터 기력을 소진해버릴 확률이 큽니다. 웹소설에 입문하기도 전에 집필 자체에 대한 의욕을 잃을 수 있죠.

즉, 처음에는 일단 나의 생활에서 가장 가깝고 내가 잘 알고 내가 잘 쓸 수 있는 소재와 쓰고 싶은 소재의 교집합을 찾아 시작해 보는 것이 좋습니다. 이 과정에서 내가 쓸 수 있는 글의 이유와 쓸 수 없는 글의 이유 또한 기재해두세요. 이를 습관화한다면 자신의 작가적 역량과 성장 과정에 관해 정확히 파악하여 다음에 쓸 작품을 선정, 구상할 때 도움이 됩니다.

또한, 주인공 캐릭터 빌드업을 위해서도 반드시 생각해보아야 할 것이 바로 '나는 어떤 사람인가'입니다.

작가는 집필할 때 필연적으로 주인공에 이입할 수밖에 없습니다. 초반에 스토리를 설립할 때, 주인공 캐릭터의 성격을 작가 본인과 정반대로 설정해둔다고 해도 은연중에 대사에서 작가의 성격이 드러나는 경우가 많습니다. 특히 신인 작가의 경우 더욱 그러하기에 저는 아예 초반에 제대로 캐릭터 빌드업을 하고 작가 본인을 어느 정도 투영시킬지에 대한 기준치를 정하는 방법도 추천드립니다.

주인공을 통해 작가 본인이 어떤 가치관을 가지고 있고 어떤 성향인지가 드러나곤 합니다. 주인공이 작가 본인과 유사한 성격일 경우 주인공의 행동과 대사를 써 내려가는데 고민의 시간이 줄어드니, 자연스레 작품 집필의 난이도가 낮아질 수밖에 없습니다.

따라서 주인공의 성격을 작가 본인과 유사하게 설정했다면 먼저 자기 객관화 작업을 해보십시오. 특정 상황에서 본인의 생각이 다수가 하는 행동과 유사한 편에 속하다면 큰 공감을 얻을 수 있을 것입니다.

또한 주인공의 캐릭터는 '호감을 살 수 있도록' 해야만 합니다. 초반에는 비호감이라 할지라도 후반부에선 반드시 호감을 살 수 있는 방향으로 성장해야만 합니다.

여기서 호감을 살 수 있는 캐릭터란 진취적이고 똑똑하며 주도적인 타입이 대부분입니다. 악역에게 당한다고 하더라도 복수하고 제대로 사이다를 맛보여줄 수 있는 인물이죠. 현실 사회에서 반드시 그러한 캐릭터가 호감인 것은 아니지만 독자들에게 있어서는 대리 만족을 줄 수 있는 캐릭터, 그것이 바로 웹소설에서 '호감을 사는 캐릭터'입니다.

작가는 이처럼 스스로에 관해 제대로 파악하고 이를 글에 가감할 줄 아는 사람이어야만 합니다.

단순히 '쓰고 싶다'는 마음으로 써 내려가는 것이 아니라 '쓸 수 있는 것'을 파악하고 '쓸 수 있는 소재' 안에서 스스로를 캐릭터 안에 얼마나 투영할지 정할 줄 알아야만 하기 때문입니다. 이 모든 것에 대해서 판단하고 결정할 줄 아는 것 역시 작가의 역량입니다.

나에 관해 알고 글쓰기 CHECK LIST

- 내가 쓸 수 있는 글과 쓰고 싶은 글의 교집합을 추려 스토리를 구성

- 등장인물 캐릭터에 '작가' 자신을 얼마나 투영시킬지 판단
  이때, 주인공의 경우 작가 자신의 특정 성격 혹은 특징이 대중의 호감
  이나 공감을 얻지 못한다고 판단될 시 반드시 이를 제외하고 호감, 공
  감을 살 수 있는 캐릭터로 빌드업.

#시작도 전에 도는 부정회로 멈춰!

'내가 쓰고 싶은 글은 전부 다 대중성에 부합하지 않는 글인데?'
'나는 아는 게 너무 없는데? 당장은 쓸 수 있는 글이 거의 없어!'
'그럼 나는 대중적인 글을 쓰기에 적합하지 않은 사람인가?'
'작가가 되는 건 생각보다 어려운 일인가?'

시작도 전부터 부정회로를 돌리고 있는 분들, 딱 멈추십시오!

물론 앞서 언급한 바와 같이 웹소설은 쓰고 싶은 걸 뭐든지 써도 되고
무엇이건 잘 되는 장르가 아닙니다. 다만, 그런 생각에만 함몰되어서 시
작하지 못한다면 그 무엇도 할 수 없다는 걸 명심하세요!

누누이 말하지만 처음 웹소설을 시작하려고 준비하고 있는 단계라면
가장 첫 번째 생각해야 하는 것은 일단 겁먹지 말고 쓰세요.

현재 유행하고 있는 키워드의 소재가 떠오르지 않고 완전히 지금껏
나오지 않았던 색다른 소재를 쓰고 싶다고 한다면 그 소재로 쓰십시오!

작가는 쓰고 싶은 것이 너무 많아서 써 내려가지 않으면 견딜 수 없는 사람이지, 써서 반드시 성공하는 사람을 의미하는 것이 아닙니다.

일단 써 내려가는 것입니다! 그 글이 무어라 할지라도.

쓰기도 전에 알 수 있는 것은 드뭅니다. 나 자신이 어떤 글을 쓰고 싶은지, 어떤 건 잘 쓰는지, 나는 어떤 캐릭터 빌드업을 잘하고 또 내가 잘 쓰는 글이 대중성에 걸맞는지 등등… 앞서 말했던 그 어떤 것들도 쓰기 전에 온전히 느끼기 힘든 것들 투성이입니다.

제가 말했던 것들을 유념하지 말라는 뜻이 아닙니다. 그 항목들을 머리에 새기고 일단 처음에는 글을 쓰면서 발전하는 것에 집중하세요.

처음부터 초대박이 나는 작가가 되는 경우는 극히 드뭅니다. 하지만 두 번째 작품에서 발전하지 않는 작가는 더 드뭅니다. 명심하세요. 글은 쓰는 만큼 발전한다는 것을.

도전과 실패를 두려워하지 마세요!

지나친 확신은 경계해야 하지만 작가에겐 자기 자신에 대한 확신 또한 중요시됩니다. 로맨스 판타지 장르에서 처음 '육아물'과 '회귀물'이 유행했던 때, 그 누구도 그 두 개의 장르가 그 정도로 큰 열풍을 불러일으킬지 예상치 못했습니다. 처음 그 소재를 유행시킨 작품이 있었기 때문에 우후죽순으로 같은 소재의 작품들이 등장하고 흔히 말하는 소재마다의 '클리셰'들이 확립이 된 것입니다.

현재 유행하고 있는 소재를 쓴다면, 안정적으로 조회수를 얻을 수는 있을 것입니다. 하지만 여러분들이 정말 쓰고 싶은 참신한 글을 쓴다면 어쩌면 흥행의 선도주자가 될 수도 있습니다. 웹이란 무섭도록 트렌디하고 또 무섭도록 자유로운 공간이니까!

　글을 쓰는 데 완벽한 정답은 없습니다. 그 누구도 어떤 작품이 어떻게 성공할지는 완벽하게 예상하지 못합니다. 그러니, 처음 글을 쓴다면 일단 쓰세요. 다만, 남들과 다른 딱 한 가지의 뾰족함은 확립하도록 노력해 보세요. 이입이 잘 되는 문장력, 팬층이 생길 것 같은 치명적인 캐릭터, 가슴에 꽉 박히는 대사, 사람들의 로망이 담긴 직업군… 뭐, 어떤 것이라도 좋습니다.

　일단 여러분이 웹소설을 시작하고자 한다면 한 가지 내 작품만의 차별점 혹은 유행할 수 있는 요소의 뾰족함을 담고자 노력해 보세요. 그렇게 시작해 연재하면서 당신은 자연스럽게 배워나가게 될 것입니다. 독자들이 좋아하는 글과 내가 쓰고 싶은 글의 공통분모가 무엇인지를.

　그러니 누가 웹소설 작가가 될 수 있는지에 대한 답은 명확합니다.
　끝까지 포기하지 않고 써내려가는 사람.
　그런 사람만이 웹소설 작가가 될 수 있습니다.

3. 웹소설의 의미

#그거 인터넷 소설 아니야?

웹소설의 역사에 관해 복잡하게 늘어놓은 문서가 많지만 앞서 언급했듯이 '웹소설'은 '웹에서 연재되는 소설'을 모두 포함하는 단어입니다.

즉, 웹소설이라는 단어가 일반화되기 전 '인터넷 소설' 역시 웹소설이라는 범주 안에 들어가는 셈입니다. 웹소설은 '웹상에서 연재되는 모든 소설'을 일컫되, 플랫폼마다 그 형태나 장르의 차이가 조금씩 존재합니다.

#웹소설의 기원

그렇다면, 왜 '인터넷 소설'이 아니라 '웹소설'이라고 명명하게 되었는지부터 이야기를 해볼까 합니다. '웹소설'을 생각하면 그림 형태로 연재되는 '웹툰' 역시 떠오르는 분들 많을 것입니다.

'웹소설'은 그 어원부터 '웹툰'과 밀접한 연관성을 가집니다. '웹툰'의 시작은 '만화'였습니다. 출간 만화, E-book형태로 떠돌았던 만화는 2004년 네이버에서 웹툰 서비스를 시작하는 것으로 그 형태가 변화되었습니다. 이후, 이전보다 훨씬 빠른 속도의 인터넷이 가능한 핸드폰이 보급되며 인해 '컴퓨터' 화면을 통하는 것보다 '모바일'에서 보기에 최적화된 콘텐츠인 웹툰은 점차 성장세를 걷게 됩니다.

스마트폰의 도래로 인해 웹 콘텐츠의 형태에 있어서도 필연적으로 변화가 요구되었던 것입니다. 당시 한국 내에서 가장 큰 포털 사이트 중 하나였던 네이버에서 2006년 사이트를 개편하며 '웹툰'을 본격 런칭했고 2012년에는 웹툰 시장에서 정점을 찍었습니다. 당시 등장했던 유명한 작품들이 '노블레스'와 '신의 탑'등으로 그 때부터 대한민국에서 가장 점유율 높은 만화 (웹툰) 연재 매체 자리를 공고히 하고 있습니다. 그리고 웹툰의 성공을 겪은 네이버에서 2013년에 '웹소설'을 새롭게 오픈합니다.

이미 성공대로를 걷고 있는 웹툰의 UI형식을 차용했으며 가독성을 높여 대화가 많고 일러스트가 삽입되어 주목을 끄는 소설의 형태.
그것이 초반의 네이버 웹소설이었습니다. 대한민국 최고, 거대 포털인 네이버의 접근성과 이미 탄탄하게 이용자층을 확보하고 있는 웹툰 탭에서 용이한 접근성. 네이버 웹소설의 성공은 이미 예정되어 있던 것이나 마찬가지였습니다.

더군다나, 네이버에서 웹소설 탭을 새로 만들어 '웹소설'이라는 용어를 처음으로 일반화시키기 전에도 '웹소설'은 '인터넷 소설'이라는 다른 형태로 읽혀지고 있었습니다. 이미 상향세를 타고 있던 시장이었던 것입니다. 여기서 이렇게 등장한 '웹소설'의 기원을 굳이 지칭하자면, 인터넷 소설이 맞습니다.

공상과학소설 동아리 게시판에 1989년 이성수가 연재했던 '멋진 신세계'라는 소설이 1991년 아틀란티스 광시곡이라는 제목으로 출간되며 국내 최초의 인터넷 소설이라고 평가받았습니다. 이를 시작으로 줄줄이 인터넷상에서 소설을 연재하는 이들이 등장했습니다. 판타지, SF장르의 소설들을 시작으로 90년대 퇴마록과 '드래곤 라자'가 큰 열풍을 일으키기도 했습니다.

이에 따라 조아라, 문피아, 커그, 드림워커, 다술 등의 인터넷 소설 창작 사이트들이 등장했고 이때까지만 해도 다소 폐쇄적인 성격을 갖기 때문에 대중적인 측면에서는 선전하지 못했습니다. 그러나 2002-2006년 '귀여니'의 혜성같은 등장이 대한민국에 '인터넷 소설 센세이션'을 일으켰고 인터넷 소설의 완전한 대중화가 성공합니다. 그렇게 2010년대에 접어들어 스마트폰이 등장하며 인터넷 소설은 웹소설로서의 완벽한 탈바꿈을 하는, '대격변의 시대'를 맞이하게 된 것입니다!

때문에 웹소설은 광의적인 의미에서 그 기원에 해당하는 '인터넷 소설'을 포괄하는 개념이라고 볼 수 있습니다. 하지만, 굳이 두 용어의 차이점을 규정해 구분해 보자면 과거 인터넷 소설은 인터넷에서 무료로 연재된 뒤 서점에서의 종이책 출간으로 수익을 거두어들이는 것을 목적으로 했다면 웹소설은 웹상에서의 수익을 우선 목적으로 한다는 점입니다.

하지만 이조차 예전에 연재되었던 인터넷 소설들이 E-BOOK으로 대거 출간되며 그 의미가 퇴색되었습니다. 예전의 인터넷 소설들도 웹소설 형태에 맞추어 재출간, 리메이크가 되는 경우가 많기에 사실상 웹소설과 인터넷 소설의 구분은 희미해졌습니다.

#2023년 현재, 웹소설의 의미

초창기 웹소설의 의미는 '네이버 웹툰'과 비슷한 형태를 차용해 스크

롤에 최적화된 형태로 출시된 '네이버 웹소설'만을 특정하는 단어였습니다.

초창기 네이버 웹소설은 지문에 비해 등장인물의 대사가 좀 더 높은 비율을 차지하며 각 회차마다 하나의 일러스트가 포함되는 특징을 보였습니다. 게다가 웹툰에서 차용한 아래로 내리는 '세로 스크롤 형태'로 모바일에서 가독성을 높였으며 등장하는 캐릭터를 일러스트로 제시해 좀 더 직관적으로 느껴질 수 있도록 배치하였습니다. 즉, 초창기 웹소설의 특징은 '대사가 많고', '일러스트가 있으며', '세로 스크롤 형태'라는 세 가지 특징을 지녔고 대부분의 유저에게 '웹소설'이라는 용어의 특징으로 이를 각인시키는데 성공했습니다.

하지만 오래지 않아 웹소설의 의미가 확장되는 변화가 일어납니다. 이 변화의 결정적 초석은 바로 '카카오페이지'의 성장이었습니다. 현재는 네이버와 '양대 산맥'이라고 불리는 '카카오페이지'는 2013년 4월 플랫폼 서비스를 오픈했습니다. '카카오톡'이라는 압도적으로 접근성이 높은 모바일 메신저를 보유하였음에도 의외로 '카카오페이지'는 2013년 당시에 크게 떠오르지 않았습니다. 그러나 이후 유명 웹소설 〈달빛조각사〉를 카카오에 선연재, '기다리면 무료' 프로모션 런칭 등 공격적인 마케팅으로 무섭게 공룡 웹소설 플랫폼으로 성장했습니다.

그렇게 카카오페이지 웹소설은 압도적인 1위 웹소설 플랫폼이었던 네이버 웹소설의 실적을 넘어서는 신화를 선보였으며 같은 시기 '리디북스', '조아라', '문피아', '북팔' 등의 웹소설 플랫폼 역시 성장했습니다. 여러 가지 다양한 플랫폼과 해당 플랫폼의 웹소설들이 흥행하며 '웹소설'의 의미와 형태는 또 다른 국면으로 접어들었습니다.

네이버뿐 아니라 이용자 수가 많은 웹소설 플랫폼들이 각기 성장하며 '웹소설'은 단순히 네이버라는 특정 플랫폼의 콘텐츠를 지칭하지 않게 되었습니다. 또한 플랫폼마다 성격이나 이용자 연령대 혹은 성별 등이 다른 것에 따라 그 형태 또한 다양화되었습니다.

위와 같은 과정을 통해 확립된 지금의 웹소설의 의미는 협의적으로는 모바일에서 읽히기 쉬운 형태의 콘텐츠를 지칭, 광의적으로는 모바일과 웹에서 볼 수 있으며 이후 종이책으로 출간된다고 하더라도 웹상에서 선보인 적이 있었던 소설 콘텐츠 모두를 포함합니다. 물론 처음 네이버 웹소설의 형식뿐 아니라 가로로 넘기는 가로 스크롤 형식 등이 포괄되었으나 공통적인 것은 서술형식에 있어 빠르게 읽고 소비되는 스낵컬처에 알맞은, 비교적 가독성 높은 콘텐츠라는 점입니다.

모바일 환경에 최적화된 가독성과 서사를 중시하는 만큼 추상적이거나 심각한 주제를 피하고 다음 회차로 계속 유입될 수 있도록 회차 말미에 궁금증을 유발할 수 있는 구성, 전개를 중시합니다.

시공간적 묘사보다 대화체를 더 선호하는 것도 이 때문입니다. 가독성을 중시하기 때문에 한 회의 분량은 짧고 독자들이 연재되는 회차를 보고 다음 회차로 따라올 수 있는 연속적 소비를 높이기 위해 연재 주기도 최대한 짧게 가야 '성공할 수 있다'라고 여깁니다.

4. 웹소설의 장르 구분

아마 웹소설을 조금이라도 읽어본 적이 있는 여러분들이라면 웹소설의 장르에 관해 들어보았을 것입니다. 판타지, 로맨스, 로맨스 판타지 등등… 웹소설의 장르는 아주 다양하게 나뉩니다. 그리고 장르마다 특색은 상이합니다.

그렇다면 이러한 장르 구분은 어떤 기준으로, 어떻게 나뉘는 것일까요?

#타겟팅에 따른 장르 구분

웹소설의 장르는 크게 이용하는 독자층에 따라 나뉩니다. 독자층은 남성과 여성으로 나눌 수 있고 이를 각각 '여성향'과 '남성향'으로 구분합니다.

'남성향'의 의미는 말 그대로 남성 계층을 주 타겟으로 삼은 작품이고 이와 상이하게 여성을 주 타깃층으로 한 웹소설이 '여성향'입니다. 물론 남성과 여성이 소비하는 콘텐츠가 겹칠 수도 있기 때문에 남성향과 여성향의 경계에 위치하여 장르 구분이 명확하지 않은 작품도 더러 있긴 하나, 그러한 일부 작품을 제외하곤 남성향과 여성향 장르는 어느 정도 명확히 구분이 되는 편입니다.

대부분의 작가들은 초기 구성 단계에서 명확한 타깃층을 확보하기 위하여 여성 혹은 남성 등 타깃팅이 확실한 소재를 잡고 집필하기 때문입니다. 여성향과 남성향을 이분법으로 분리했을 때 선택과 집중으로 시장세분화 전략으로 비교적 높은 수익을 거두어들일 수 있을 테니까요.

보다 직관적으로 이해를 돕기 위해서 예시를 들어보겠습니다.

첫째로, 남성향에 해당하는 웹소설의 소재는 주로 '남성' 캐릭터를 주인공으로 하여 게임 시스템이 직접적으로 뜨는 형태, 혹은 성장 게임 플롯과 유사한 성장물, 현대 혹은 이세계를 배경으로 한 몬스터 레이드물 등이 있습니다. 남성들이 쉽게 몰입할 수 있도록 주로 '평범하지만 잠재력 있는 남성'을 주인공으로 내세우는 경우가 많습니다. 또한 남성들이 어릴 적부터 쉽게 접하는 게임 형식을 최대한 활용하여 타깃층을 확보하는 편입니다.

둘째로, 여성향에 해당하는 웹소설의 소재는 남성향과는 반대로 주로 '여성' 캐릭터를 주인공으로 하여 '현대를 배경으로 벌어지는 로맨스 스토리' 혹은 '중세 판타지 이세계를 배경으로 벌어지는 로맨스 판타지 스토리' '가상 시대 혹은 조선 등의 역사 시대를 배경으로 한 로맨스 스토리' 등이 이에 해당합니다.

주로 '로맨스'에 그 근간을 두고 있는데 이는 여성들이 남성에 비해 '로맨스 스토리'에 열광하는 경향이 있기 때문입니다. 하지만 최근에는 여성들의 '로맨스'에 대한 관심도가 전에 비해 줄어들며 로맨스의 비율이 줄어든 성장물인 '육아 힐링물' 등 보다 다양한 소재들이 나오고 있습니다. 어디까지나 여성향이 지칭하는 것은 여성들이 공감할 수 있는 소재와 스토리를 말하며 이는 시대와 트렌드에 따라 변동성이 짙습니다.

　여성향과 남성향 둘 중 어떤 걸 쓰는 게 더 낫느냐는 질문을 하는 분들이 간혹 있는데요. 시장 전반적인 측면에서 보았을 때 남성향에 비해 여성향이 보다 수요가 많은 점은 분명히 있습니다. 웹소설 소비 계층에 있어서 여성의 수가 보다 많기 때문입니다. 하지만 수익적인 측면에서 보았을 때는 남성향과 여성향의 우위를 명확히 구분하는 것은 어렵습니다. 때문에 두 장르 중 자신이 잘 쓸 수 있는 장르를 선택하는 것을 추천드립니다.

#콘텐츠의 특성에 따른 장르 구분

　웹소설의 장르는 이렇게 독자층으로 여성향과 남성향으로 크게 분류할 수 있습니다. 그렇다면 콘텐츠의 소재와 특성에 따라 분류했을 때는 어떤 식으로 장르를 구분 지을 수 있을까요?

　웹소설 플랫폼마다 다르게 분류하기 때문에 명확하게 구분된다고 보기는 어렵습니다. 작품의 소재나 극이 벌어지는 시대적 배경 등이 겹치는 등의 이유로 칼로 자르듯 명확하게 '소재적 특성'을 구분해 나누기 어려운 애매한 작품들이 더러 있기에 그 장르의 구분이 명쾌하지 않은 것입니다. 이처럼 명확하게 나뉘는 소재의 작품이 아닌 경우, 해당 작품과 계약한 출판사의 재량에 따라 작품의 장르나 런칭되는 탭이 분류되기도 합니다.

　웹소설 연재 플랫폼에 들어가면 장르가 구분된 탭을 볼 수 있습니다.

위의 사진은 대표적인 웹소설 플랫폼에 해당하는 카카오페이지의 웹소설 탭으로 들어갔을 시 상단에 뜨는 장르 구분에 해당합니다.

2023년 기준으로는 앞서 언급했듯 웹소설에 있어서 가장 대중적으로 이용 가능하고 매출이 큰 플랫폼인 카카오페이지를 기준으로 장르를 나누는 것이 가장 보편적일 것입니다. 카카오페이지에서는 크게 판타지, 현대 판타지, 로맨스, 로맨스 판타지, 무협, 판타지 드라마, BL 혹은 백합 장르로 장르 탭을 구별해두었습니다. 이 7개의 장르를 여성향과 남성향으로 다시 분류해 보자면 아래와 같습니다.

남성향	여성향
판타지 현대 판타지 무협	로맨스 로맨스 판타지 BL & 백합
판타지 드라마	

그럼 이러한 장르 구분을 바탕으로 각 장르의 특징 및 소비 계층과 패턴 그리고 해당 장르의 웹소설이 강세인 플랫폼까지 논해보도록 하겠습니다.

☑️ 남성향 : 판타지 장르

판타지 장르는 남성 독자층을 타깃층으로 한 '남성향'에 해당됩니다.

여성향에서도 그렇지만 '판타지' 장르에서는 대부분 스토리가 진행되는 배경이 현재, 21세기의 대한민국을 지칭하는 '현대'라고 보기 애매한 경우가 많습니다.

'현대'를 배경으로 할지라도 캡슐 등에 들어가 가상현실 게임 속에 접속해 몬스터를 죽이며 레벨업을 하는 실질적으로 극이 펼쳐지는 배경 자체는 '이세계'라 불리는 다른 세상일 가능성이 높다는 것이죠.

즉, 판타지 장르에서는 중세 시대를 배경으로 하여 백작가 혹은 공작가의 자제가 주인공인 경우도 있으며, 게임 속 세상을 배경으로 하기도 합니다. 또한, 아예 다른 이세계에 떨어져 벌어지는 이야기들도 모두 '판타지'에 해당합니다.

여기서 유의해야 할 것은 판타지에도 대개 통용되는 단어들이 분명히 존재한다는 것입니다. 물론 작가의 설정에 따라 용어들도 바뀔 수 있지만 한국에서 '판타지' 장르가 유통되며 게임 시스템을 바탕으로 하여 암묵적인 룰처럼 통용되는 용어들입니다. 해당 용어들을 알고 있어야 '판타지' 장르를 보다 친숙하게 읽고 알고 또 쓸 수 있다는 점을 유의하여야 할 것입니다.

'판타지 장르'의 세부 장르로 존재하는 '게임 판타지'에서 통용되는 용어들로, 아래의 표를 참고해주세요.

- 재미로 보는 몇 가지 판타지 용어

NO	용어	설명
1	던전	몬스터들이 대거 포진해 있는 동굴이나, 소굴로 '보스 몬스터'를 잡아야만 사라지며 이를 '공략'이라고 함.
2	게이트	던전으로 입장하는 입구. 특정 조건에 의해 열리기도 함.
3	시스템	등장인물들이 '헌터'로 각성하면 게임 안내 시스템창이 허공에 뜸. 시스템의 안내에 따라 성장이 가능함.
4	보스	던전에 입장했을 때 '보스맵'에 입장 후 '보스'를 처리해야만 던전을 탈출할 수 있음.
5	전직	일정 레벨치에 도달하면 '헌터'들은 특정 직업이나 스킬을 가진 '직업군'으로 전직이 가능하기도 함.
6	탱커, 힐러 등의 포지션	던전에 입장할 때 '헌터'들은 탱커와 힐러 등의 포지션을 맞추어 크루를 조직하여 입장. 게임 시스템과 유사함.
7	헌터	몬스터들과 대적할 수 있게 각성한 인간들. 각자 특화된 힘을 가지게 됨.
8	길드	같은 목적을 가진 이들의 '조직'을 말합니다. 판타지 장르에서는 주로 각성한 헌터들이 각기 다른 길드에 들어가 활동함.
9	헌터 협회	헌터들을 보호하거나 헌터에 대한 규율을 정하는 단체
10	NPC	게임 시스템을 바탕으로 하는 세계관에서, 기본적인 정보들이 입력이 되어 있는, 플레이어들이 직접 조종할 수 없는 캐릭터

이처럼 판타지 장르는 하나의 스테이지나 던전에서 보스를 죽이고 주인공의 목적을 위해 다음 스테이지로 넘어가 또 다시 보스를 공략한다는 식의 형태로 대개 전개됩니다.

또한 게임 플롯을 근간으로 하는 만큼 게임에 자주 등장하는 용어들을 통용되는 언어로 사용하여 독자들에게 친숙함을 주는 경우가 많기에 이 장르를 집필하고 싶다면 판타지 장르 소설을 읽고 해당 용어에 익숙해지는 편이 유리합니다.

☑️ 남성향 : 현대 판타지

현대 판타지는 판타지와 비슷한 면이 있지만, 앞서 언급했듯이 한 가지 다른 점이 있다면 극이 전개되는 시공간적 배경이 2023년 대한민국인 '현대'에 해당한다는 것입니다.

예를 들어, 대한민국에서 평범하게 살아가고 있는 남자의 눈앞에 갑자기 게임창이 뜨고 시스템 상태창에 따라 레벨업을 할 수 있게 된다면, 이는 현대 판타지에 해당합니다.

판타지와 현대 판타지는 둘 다 게임 형식의 플롯에 근간을 두는 경우가 많다는 점에서 스토리적으로는 유사한 면이 분명 존재하지만 극의 배경이 현대이냐 아니느냐에 따라 스토리의 톤앤 매너가 갈리는 부분이 있습니다.

현대 판타지의 경우보다 하이퍼리얼리즘이 살아있는 작품들이 더러 있고 우리의 현실과 맞닿는 부분들이 다수 존재하다 보니 이입도가 높고 공감을 불러 일으키는데 탁월한 장르입니다.

'판타지' 장르의 경우 몬스터 혹은 이세계가 등장하는 등 새로운 설정 값들이 보다 많이 부여가 되기 때문에 웹소설을 처음 접하는 사람에게는 문턱이 높고 이질감이 느껴질 수도 있습니다. 이러한 '판타지'장르의 특성을 보완하는 장르가 바로 '현대'에 게임 시스템적인 형식 혹은 플롯을 적용한 '현대 판타지'라고 할 수 있습니다.

☑️ 남성향 : 무협

　'무협' 장르는 말 그대로 액션이 깃든 동양권을 배경으로 하는 소설 장르에 해당합니다. 무협 장르야말로 굉장히 독자적이고 특이하며 작가들 사이에서는 쓰기 쉽지 않다고 알려져 있는 장르 중의 하나입니다.

　그것은 한국에서 연재되는 무협에는 이미 통용되는 세계관과 용어들이 있기 때문입니다. 앞서 언급했던 '판타지' 장르에서는 게임을 바탕으로 한 용어들이 통용되며 게임에 관해 어린 시절부터 꾸준히 접해왔던 대부분의 20-30대는 어려움 없이 익힐 수 있으나 무협은 다릅니다.

　평소에 접하기 어려운, 완전히 새로운 용어들과 세계관이 무협 안에서 통용되고 있기 때문입니다. 이러한 용어들에 대해서는 무협지에 관해 예전부터 꾸준히 읽어오지 않았다면 직관적으로 이해하기 어려울 수 있습니다.

　무협지에 등장하는 용어들에 관해서 단편적인 예를 들자면 '천마세가', '제갈문파', '마교', '교주', '소교주', '환골탈퇴'와 같은 용어들이 해당합니다. 무협은 무림을 배경으로 하며, 이곳에는 각각의 가문, 세가 -문파가 존재합니다.

　가문(문파)에서는 각각의 비기나 무림에서도 흔히 통용되는 단어나 세계관들이 존재하기 때문에 작가들은 이 기본적인 사항들을 숙지하고 이러한 사항들을 기반으로 하여 상상력을 발휘해야 합니다.

　물론 작가가 일부 용어들을 바꾸는 것은 가능하나, 모든 용어를 바꾸는 것은 '무협'이라는 장르 특성을 해치고 해당 장르의 이용자층조차 타겟팅하지 못하는 사태가 벌어질 수 있기에 지양해야만 합니다.

　주로 무협에서 통용되는 용어들은 아래를 참고하시길 바랍니다.

- 재미로 보는 몇 가지 무협 용어

NO	용어	설명
1	환골탈퇴	어떤 역경을 겪고 좀 더 강한 신체와 내공을 가진 몸으로 거듭날 때 '환골탈퇴를 한다'라고 표현.
2	마교	보통 무협에서 '마교'는 악한 그룹으로 묘사될 때가 많으나 설정에 따라 다름.
3	정파	쉽게 '가문' 혹은 '파벌'입니다. 각 정파마다 구사하는 술법 등이 다름.
4	환단	몸이 나을 수 있는 치료약을 '환단'이라고 표현.
5	가주	'가문'의 수장을 이름.
6	소가주	'가문'의 수장의 적자 혹은 후계자를 이름.
7	운기조식	주로 가부좌를 틀고 호흡을 통해서 기를 생성하고 흐름을 조절해 힘을 쌓는 방법.
8	비급	무공이 적힌 물건, 책을 말함. 주로 무림의 보물로 나옴.
9	내공, 외공, 마공	내공 : 호흡을 통해 힘을 내는 기술을 의미하며 무협에서는 수련을 통해 신체 안 (내장 기관 내에) 있는 능력, 힘을 말함. 외공 : 단련을 통해 근육 등에서 낼 수 있는 힘을 말합니다. 마공 : 마교나 혈교 등에서 갖가지 방법으로 얻는 내공을 말함.
10	갑자	무협에서 내공을 쌓아 생기는 양의 단위 (1갑자는 60년 간 쌓은 내공).
11	기연	기묘한 인연이라는 뜻으로, 사람이나 환단 등을 얻어 주인공의 무공이 일취월장하게 되는 계기.
12	선천진기	모든 내공의 근간이 되는 일종의 뿌리에 해당함. 최후의 힘이라고 볼 수 있음.

　　무협은 용어나 세계관 외에도 문장에서부터 어려움을 겪기도 합니다. 동양풍 무협 웹소설은 동양 무림을 기반으로 하기에 기본적으로 한자가 많이 등장합니다.

　　대부분의 무협 작가들은 극의 배경이 '동양(하나의 문화권)'임을 드러내기 위해서 다른 웹소설보다 한자를 문장 속에서도 보다 많이 사용하는 경향을 보이기 때문에 중간중간 용어들을 공부하고 활용할 줄 알아야 유리합니다.

다만, 무협은 어린 시절부터 무협을 꾸준히 접하지 않았다는 전제하에 난이도가 있을 수 있으나 무협을 소구하는 독자층은 꾸준히, 연령대도 넓게 있는 편입니다. 플롯 자체는 보통 주인공이 먼치킨이고 성장해 나가는 호탕한 구조로 설립이 되기 때문에 20-30세대도 어렵지 않게 읽을 수 있습니다. 뿐만 아니라, 게임에 대해서 잘 모르기 때문에 '판타지', '현대 판타지' 장르에 친숙함을 느끼지 못했으며 어린 시절부터 무협을 소구해 왔던 경험이 있는 40-60세대가 무협 장르를 보다 친숙하게 읽는 경향이 있습니다. 그런 점에서 무협은 쓸 수만 있다면 꽤나 충실한 독자층을 확보할 수 있는 장르입니다.

더군다나 무협은 판타지 장르에 비해 상대적으로 런칭되는 작품 수가 적은 편입니다. 때문에, 무협을 주로 쓰고자 한다면 당신은 보다 빠른 시일 내에 높은 성적을 거둘 가능성도 엿볼 수 있을 것입니다. 이러한 점에서 무협은 문턱이 높을 수도 있으나 작가로서 도전하기에는 매력적인 장르가 아닐 수 없습니다.

☑ 여성향 : 로맨스

다음으로 여성 독자들을 타깃으로 하는 '여성향 웹소설' 중 '로맨스' 장르입니다. 로맨스 장르는 '로맨스' 혹은 '현대 로맨스'라고도 부르는데 이유는 '현대 판타지'와 동일합니다. 2023년 대한민국의 현재를 시공간적 배경으로 펼쳐지는 로맨스 스토리를 말하는 것이기 때문입니다.

로맨스 장르라고 하면 다들 가장 처음 떠오르는 것들이 있을 것입니다. 손을 잡은 두 남녀 주인공의 로맨틱한 장면들. 드라마나 광고 및 각종 매체에서 아주 오래전부터 나왔던 장면들입니다. 그뿐일까요. 고전소설, 뮤지컬, 연극까지 포함해 그 어떤 콘텐츠에서도 '로맨스'는 빠질 수 없는 요소입니다.

'로맨스'는 역사는 논하기조차 우스울 정도로 콘텐츠의 큰 부분을 장악하고 있습니다.

모두가 알겠지만 여기서 '로맨스'의 정의는 흔히 말하는 남녀 간의 사랑, 그러니까 러브스토리입니다. 하지만 웹소설 내에서의 '로맨스 장르'가 뜻하는 것은 단순히 '러브스토리'가 들어가 있는 소설이 아닙니다.

'로맨스' 장르는 달리 '현대 로맨스'라고 특정되어 불리기도 하는데, 이는 앞서 언급했던 '현대 판타지'와 비슷한 맥락에서입니다. 현대 로맨스 역시 극이 전개되는 시공간적 배경이 2023년 대한민국에 한정되는 웹소설들만이 해당하기 때문입니다. 즉, 웹소설에서 '(현대) 로맨스' 장르란 2023년 현재 시점의 대한민국을 시공간적 배경으로 하여 전개되는 남녀 간의 러브스토리를 말합니다.

로맨스 장르 안에는 여러 가지 대표적인 소재들이 있습니다. 간단히 예시를 들자면, 오피스를 배경으로 펼쳐지는 '오피스 로맨스', '친구 → 연인물', 학교를 배경으로 펼쳐지는 '사제 로맨스'나 '하이틴 로맨스' 등등도 이에 해당합니다.

여기서 한 가지, 많은 분들이 혼동하는 것이 있는데요, 바로 현대를 배경으로 하되 회귀를 하거나 전생을 기억하는 등의 판타지적 요소가 가미

될 경우 어떤 장르로 분류해야 하는지 입니다. 척 보기에도 로맨스라는 장르의 이름 중 어디에도 '판타지'는 포함되지 않기 때문에, 판타지 요소가 가미될 경우 당연히 '로맨스 판타지' 장르일 것이라 생각하는 사람들이 대부분입니다.

이에 대한 명쾌한 답을 드리자면 현대(2023년 현재의 대한민국)를 배경으로 하여 발생하는 로맨스 스토리라면 판타지가 가미되어도 '현대 로맨스' 장르에 해당합니다. 그러나 아주 가끔 구분이 애매해지는 경우가 생기기도 하는데요. 바로 판타지 요소의 비중에 따라 때때로 '로맨스 판타지'탭으로 분류하는 경우도 생기기 때문입니다.

현대를 배경으로 시작하지만 이세계를 넘나드는 등의 판타지 비율이 지나치게 높다면 말 그대로 '로맨스 판타지'와 '로맨스' 장르의 중간선에 있는 작품이라고 보면 될 것입니다.

이러한 작품의 장르 구분은 순전히 출판사와 작가의 결정에 달려있습니다. 작품을 런칭하는 시기에 어떤 장르인지에 따라 받을 수 있는 프로모션 등이 달라지기 때문에 작가가 계약한 출판사가 영업이 더 용이한 플랫폼이나 따내기 더 쉬운 프로모션 등에 따라 장르 구분을 논의 끝에 정하면 될 것입니다.

그러나 이것은 어디까지나 극히 드문 경우이고, 판타지 요소가 가미된다고 하더라도 로맨스 스토리가 전개되는 극의 시공간적 배경이 '현대'에 해당한다면 '로맨스' 장르로 분류되는 것이 일반적입니다.

여기서 한 가지 혼란을 야기할 수 있는 요소가 더 있습니다. 바로 '사극(동양풍 로맨스)' 장르입니다. 티비에서 방영되는 드라마들을 통해 한

복을 입은 배우들이 연기하는 사극을 본 적이 있을 것입니다. 2013년 네이버 웹소설에 연재되었던 윤이수 작가의 '구르미 그린 달빛' 역시 사극(동양풍 로맨스) 장르에서 대표적으로 드라마화가 진행된 웹소설이었죠.

이처럼 웹소설의 한 가지 장르로 자리 잡은 '사극'은 꾸준히 독자의 사랑을 받아왔고 특히 드라마 시장에서도 각광을 받고 있습니다. 웹소설에서 '사극' 장르는 '동양풍 로맨스' 장르 혹은 '동양풍 로맨스 판타지' 장르라고 칭합니다. 줄여서는 '동로' 혹은 '동로판'이라고 하죠. 이러한 '동양풍 로맨스' 장르는 판타지 요소가 얼마나 가미되었는지에 따라 '로맨스' 혹은 '로맨스 판타지' 장르로 나뉩니다. 물론 플랫폼에 따라 구분 기준이 상이하나, 판타지 요소가 많은 동양풍 로맨스의 경우 '로맨스 판타지', 판타지 요소가 없는 동양풍 로맨스의 경우 '로맨스' 장르로 분류되곤 합니다.

하지만 동양풍 로맨스 장르의 웹소설은 로맨스, 로맨스 판타지 웹소설에 비해 공급이 적습니다. 이유는 같은 동양권을 극의 배경으로 하는 장르 '무협'과 유사합니다.

동양풍 로맨스 장르가 다른 장르에 비해 집필하는 것이 어렵기 때문입니다. 즉, 작품의 수가 현저히 적기 때문에 카카오페이지에서는 동양풍 로맨스 장르를 따로 구분해 두는 것이 아니라 로맨스 또는 로맨스 판타지 탭에 분류를 해둔 것으로 보입니다. (2023년 기준) 하지만 단순히 콘텐츠의 성격적인 측면에서 정의하며 면밀히 분류하자면 '동양풍 로맨스'는 현대를 배경으로 하는 '로맨스'와는 구분되는 것이 맞습니다. 따라서, '로맨스 판타지'에 초점을 맞춘 본 책에서는 '동양풍 로맨스'를 '로맨스 판타지' 장르로 구분해 이후 챕터에서 보다 자세히 언급하도록 하겠습니다.

☑️ 여성향 : 로맨스 판타지

이 책에서 가장 중점적으로 다룰 예정인 장르 '로맨스 판타지'입니다. 로맨스 판타지 장르의 유형은 크게 두 가지로 나눌 수 있습니다. 앞서 언급했듯이 서양 중세 시대와 유사한 극의 배경을 가진 '서양풍 로맨스 판타지'와 동양(한자 문화권)을 극의 배경으로 가진 '동양풍 로맨스 판타지'입니다. 이 두 가지 유형의 작품은 모두 로맨스 판타지 장르에 속하긴 하나 '서양풍 로맨스 판타지'의 작품 수가 현저히 많습니다. 대부분의 사람들이 '로맨스 판타지'라면 '서양풍 로맨스 판타지'를 먼저 떠올리는 것도 그 때문입니다.

그렇다면 이러한 '서양풍 로맨스 판타지'는 과연 어떤 장르일까요?

먼저 '서양풍 로맨스 판타지'가 정확히 어떤 장르인지 감이 올 수 있을 만한 키워드를 몇 가지 던져보겠습니다. '마법사', '공작 영애', '황제', '데뷔탕트'... 이와 같은 용어들이 '서양풍 로맨스 판타지'에 빈번히 등장합니다. 말 그대로 '황제'나 '공작'이 등장하는 우리가 아는 '중세 서양'을 극의 배경으로 하고 있되 '마법'과 같은 다양한 판타지 요소가 가미된 세계관을 배경으로 펼쳐지는 이야기인 셈입니다. 여기서 많은 이들이 '서양풍 로맨스 판타지'의 시공간적 배경이 왜 '서양 중세'가 되었는지에 관해 의문을 제기하곤 합니다.

이에 관해서는 확신할 수 없으나, 시작은 서양 문물 혹은 서양인들의 외모에 대한 동경이나 우상화에서부터였다고 추측됩니다. 흰 피부에 이국적인 외모의 주인공에게 빙의한 여자 주인공들을 통해 독자들은 대리만족을 느끼는 것이죠.

또한 '판타지'라는 요소 자체가 우리의 현실 자체와 동떨어진 느낌이 들고 무엇보다 새로운 판타지적인 요소를 작가가 직접 창안해 내는 창의성을 발휘하기 좋은 시공간적 배경이 '현대'가 아니라는 판단하에서였을 것이라 생각됩니다. '창의성'에 제한을 두지 않기 위해서 '서양풍 로맨스 판타지'속 '서양 중세'도 완전히 과거 유럽 국가들을 똑같이 표방하고 있지 않습니다. 호칭이나 지위나 건축 양식 등에 유사점을 갖기는 하나, 각기 다른 유럽 국가나 다른 시대의 양식을 조합하여 새로운 세계관을 조합, 창조하기도 했습니다. 예컨대, 중세 유럽에서 볼 수 있는 요소들과 근세의 요소들이 혼합되어 있는 것들이죠. 서양 중세 판타지 속에서 항상 등장하는 드레스는 중세 이후에 등장한 것이고 판금 갑옷도 중세가 끝나고 등장했다는 점에서 '로맨스 판타지' 속 '중세 유럽'이 온전히 역사적 사실을 기반으로 하고 있지 않다는 것을 알 수 있습니다. 즉, 전체적인 분위기나 호칭은 서양의 과거 중세 유럽을 표방하고 있긴 하나 컨셉만 가져온 것일 뿐 '로맨스 판타지' 장르만의 새로운 '중세 유럽' 세계관이 창시된 것입니다.

이는 '서양 중세'의 분위기나 호칭, 몇 가지 기관의 이름 정도만 기존의 '중세 로맨스 판타지'와 동일하게 맞추는 선에서 나머지 세계관은 새롭게 창시할 수 있다는 것을 의미합니다. 예컨대, '서양풍 로맨스 판타지'에서도 식당에서 동양의 음식 – 카레나 만두, 심지어 김치까지도– 이 서빙이 된다는 설정을 부여할 수도 있습니다. '서양 중세'에서 결코 등장할 리 없는 동양권의 음식이라 할 지라도요.

창의성을 발휘할 수 있는 범주가 높아진다는 것은, 고증이 철저하지 않아도 된다는 것을 의미합니다. '중세'의 이미지만을 차용, 그 위 무한한 상상력을 보태어 '작가 자신만의 세계관'을 만들 수 있는 것입니다! 다만,

어느 정도의 톤앤매너를 맞춰 이질감을 없애주기 위해 반드시 '서양풍 로맨스 판타지'에서 사용하는 용어들을 많이 접해 적절히 사용해주어야 한다는 점은 명심해 주십시오. 물론 '로맨스 판타지' 장르의 웹소설에서 완벽하게 핍진성을 기하기 위해 애쓰는 것은 불필요하기에 극의 전개에 있어 이질감이 들지 않을 정도로만 '일정 용어'들을 사용해주면 충분합니다. (이 용어들에 관해서는 이후 챕터에서 보다 자세히 언급하겠습니다.)

'로맨스 판타지' 장르의 경우 웹소설로써 소구되는 장르에 있어서는 가장 안정적으로 독자층을 확보하고 있습니다. 로맨스 판타지 장르를 좋아하고 꾸준히 소비하는 독자들이 있다는 의미입니다. 대표 여성향이라고 알려진 플랫폼인 카카오페이지, 조아라 등에서도 로맨스 판타지 장르의 수익은 압도적입니다. 이러한 점을 아울러 필자는 웹소설 자체의 수익면, 안정적인 흥행도 등을 고려했을 때 로맨스 판타지 장르를 집필하는 것을 추천합니다.

다만, 아쉬운 점은 아무래도 시공간적 배경과 등장인물의 외양 등이 서양 중세를 표방하고 있다는 점에서 한국에서 드라마, 영화화가 용이하지 못하다는 것입니다. 그러한 단점을 차치하더라도, 웹소설 자체만으로 화력이 높다는 점과 애니메이션화, 웹툰화는 용이하다는 점에서 로맨스 판타지 장르는 충분히 매력적입니다.

이외에도 BL, GL(백합), 판타지 드라마 등등의 다양한 장르들이 있습니다. 하지만 본 책에서는 '로맨스 판타지' 장르를 보다 집중적으로 다룰 예정이기에, 장르에 관해서는 여기까지만 간략히 언급하고 다음 챕터로 넘어가 보도록 하겠습니다.

5. 웹소설의 플랫폼

'플랫폼'이란 과연 무엇일까요?

쉽게 말해 웹소설을 연재할 수 있는 게시판 혹은 사이트를 말합니다. 연재 플랫폼의 종류는 다양하며 서비스하는 콘텐츠 또한 다양합니다. 웹툰과 웹소설을 함께 서비스하기도 하고 웹툰 혹은 웹소설 중 하나만 단독 서비스하는 플랫폼도 존재하죠.

때때로 수입 만화, E-BOOK, 드라마 혹은 영화 VOD도 함께 서비스하는 콘텐츠 플랫폼들도 있습니다. 이처럼 다양한 플랫폼들의 종류와 성격을 숙지해 놓는다면 웹소설을 처음 연재하는 여러분들의 진입장벽이 한층 낮아질 것입니다.

#연재본과 단행본이란?

웹소설 플랫폼은 연재본 플랫폼과 단행본 플랫폼 그리고 연재본과 단행본을 모두 출간하는 플랫폼으로 나뉩니다. 다만, 연재본과 단행본 모두를 출간하더라도 연재본에 주력하는 플랫폼과 단행본에 주력하는 플랫폼이 다르다는 것을 유념해야 합니다.

연재 플랫폼과 단행본 플랫폼의 개념에 대해 파악하기 전에 먼저 '연재본'과 '단행본'의 의미에 대해 보다 자세히 파악해봅시다.

분류	출간 형태	회 / 권당 분량
연재본	1회, 2회, 3회…	1회당 약 4200자
단행본	1권, 2권, 3권…	1권당 약 13만자

오프라인에서 책을 구매해서 볼 때 흔히 1권, 2권, 3권… 즉, '권' 단위로 구분된 소설들을 본 적이 있을 것입니다. 이처럼 도서는 흔히 권 단위로 분류가 되지만 웹소설 혹은 웹툰은 '권' 단위 분류 이전에 '회차' 단위분류가 먼저 되는 것이 일반적입니다.

'회차'란 웹소설을 2-3분 이내에 빠르게 넘겨 볼 수 있을 정도의 분량으로 자른 것입니다. 보통 공백 포함 4200자 내외(카카오 기준)가 1회에해당합니다. 로맨스 소설에서는 흔히 2-3장면(씬)이 1회에 포함되는 경우가 많습니다. '권'이란 이러한 회차들을 25-30회씩 묶어 출간한 것을말하며 보통 1권당 12만자 -14.5만자 정도가 해당됩니다.

여기서 1회, 2회, 3회…즉, '회' 단위로 연재된 것이 바로 '연재본'입니다. 또한 1권, 2권, 3권… 즉, '권' 단위로 연재된 것이 바로 '단행본'입니다. 출간 순서는 보통 연재본이 선출간 (1차 출간)되고 후에 단행본으로 묶어 후출간 되는 것이 일반적이죠. 여기서 단행본으로 후출간할 때는 연재본에서 공개되지 않은 미공개 외전등의 수록으로 1차 출간 후 선독점 기간이 지난 뒤 2차 프로모션을 열어 판매하기도 합니다.

하지만 물론 단행본을 1차 출간하는 경우도 있습니다. 특히 단권 출간일 경우 연재를 통해 얻는 수익이 적기 때문에 프로모션을 받아 단행본출간으로 1차 출간하기도 합니다.

#여기서 잠깐! 선독점이란?

작가가 1차 출간 시 알아두어야 할 것은, 1차 출간에서 2차 출간까지 걸리는 '선독점'의 개념입니다. 출간 시 유념해두어야 할 것은 1차 독점 출간 플랫폼이 가장 중요하다는 것입니다. 처음 공개되는 만큼 가장 큰 프로모션을 받을 수 있고 독점 기간에 따라 다른 플랫폼에 작품을 내보내고 수익을 거두어들일 수 있는 기간이 달라지기 때문입니다. 여기서 선독점 기간은 플랫폼과 계약 기간에 따라 달라지기 때문에 1차 출간 시 선독점 기간을 살피는 것이 중요합니다. 대부분의 플랫폼의 독점 기간은 2년이나 계약 조건에 달라질 수 있습니다.

#연재본 플랫폼과 단행본 플랫폼이란?

그렇다면 연재본 플랫폼, 단행본 플랫폼의 의미는 뭘까요?

아주 간단합니다. 연재본 플랫폼은 연재본을 주력하여 서비스하는 플랫폼, 단행본 플랫폼은 단행본을 주력하여 서비스하는 플랫폼을 말합니다. 연재본 플랫폼이라고 해서 단행본이 없는 것도, 단행본 플랫폼이라고 대서 연재본이 없다고 볼 수 없습니다.

같은 작품이라도 연재본과 단행본이 함께 출간되는 경우도 다수 있습니다. 다만 해당 플랫폼에서 연재본으로 선공개하고 연재본에 주력하느냐 혹은 단행본을 선공개하고 단행본 판매에 더 주력하느냐에 따라 나뉜다고 볼 수 있습니다. 지금으로서는 연재본 플랫폼은 카카오페이지, 네이버 시리즈가 해당하며 단행본 플랫폼은 리디북스, 알라딘 등이 해당합니다.

#자유 연재 플랫폼과 유통 플랫폼

플랫폼은 이렇게 연재본 플랫폼, 단행본 플랫폼으로 나뉘기도 하지만 자유 연재 플랫폼과 유통 플랫폼으로 나뉘기도 합니다. 연재본 플랫폼, 단행본 플랫폼과 비슷한 개념인 것 같으나 완전히 다른 개념인데요.

자유 연재 플랫폼은, 작가가 자유롭게 소설을 연재본으로 게시할 수 있는 플랫폼을 말합니다. 하지만 유통 플랫폼의 경우 작가가 출판사를 통해 교정 교열, 표지 작업 등의 서비스를 거쳐서만이 게재할 수 있는 플랫폼입니다. 즉, 자유 연재 플랫폼에서는 교정 교열이나 표지 작업이 되어 있지 않은 작품들이 올라오기 때문에 작품의 퀄리티 면에서 떨어질 수 있으나 바로바로 작품을 접하고 작가와 소통이 용이하다는 장점이 있습니다. 또한 후에 유통 플랫폼에 유료로 출간하기 전에 자유 연재 플랫폼에서 무료로 연재하는 경우가 대다수이기에 작품을 무료로 감상할 수 있다는 장점도 있습니다.

여기서 또 유의할 점은 완전히 자유 연재의 기능과 유통의 기능 두 가지를 모두 다 가지고 있는 플랫폼들이 있다는 점입니다. 다만 역시 플랫폼마다 자유 연재되고 있는 작품에 주력하는지 혹은 유통되고 있는 작품에 주력하는지 등에 따라 독자들이 인식하는 플랫폼의 이미지는 '자유 연재 플랫폼' 혹은 '유통 플랫폼'으로 나뉘기도 합니다.

대표적인 자유 연재 플랫폼에는 카카오스테이지, 네이버 챌린지리그, 조아라, 문피아, 북팔, 로망띠끄 등의 플랫폼 등이 있으며 유통 플랫폼에는 카카오페이지, 네이버 시리즈, 리디북스 등이 있습니다. 또한, 여기서 조아라, 문피아, 로망띠끄, 북팔 등은 자유 연재의 기능과 유통의 기능을 두 가지 다 가지고 있습니다.

#플랫폼 & 프로모션 하나하나 살펴보기

웹소설 1차 출간 시 플랫폼의 선정과 프로모션의 선정은 그 무엇보다도 중요합니다. 1차 출간 플랫폼에 따라 작품의 흥행도가 크게 좌우되기 때문입니다. 1차 출간 플랫폼 선정은 출판사에서 선정, 제안하는 편이나 작가 역시 플랫폼의 특성에 대해 각각 알고 있다면 해당 플랫폼에서 요구하는 형태와 소재의 글을, 해당 플랫폼의 프로모션이 열리는 시기에 따라 적절히 집필하는데 도움이 될 수 있습니다. 때문에 각 웹소설 플랫폼의 특성에 대해서 간단히 참고 차 알아두도록 합시다.

여기서 유의해야 할 것은 플랫폼의 특성은 웹소설 플랫폼들이 성장하며 계속해서 변화해 왔다는 것입니다. 플랫폼의 UI와 특성 잘 나가는 소재와 작품 등은 플랫폼 운영자의 운영 방향에 따라 변동 가능성이 큽니다. 때문에 플랫폼마다의 프로모션들도 변화합니다. 프로모션은 작품을 플랫폼 내에서 노출해주는, 말 그대로 작품의 마케팅을 말하는데 시장이 변화함에 따라서 '잘 팔리는' 마케팅이 새롭게 고안되기 때문입니다.

따라서, 이처럼 프로모션이 시기에 따라 변동될 수 있다는 점 유념하며 플랫폼 별 특성과 2023년을 기준으로 각 플랫폼별 대표적인 프로모션에 관해 보다 상세히 살펴보겠습니다.

☑️ 카카오페이지

여성향 로맨스 장르에서는 카카오, 네이버, 리디북스 크게 이렇게 세 플랫폼을 대형, 메이저 플랫폼으로 꼽아볼 수 있습니다. 카카오는 그 중에서도 로맨스 판타지 장르의 웹소설이 가장 잘 팔리는, 일명 '로판 강세 플랫폼'입니다.

2013년에 처음 개설되었으며 웹소설뿐 아니라 웹툰, 웹드라마, 영화까지 취급하는 종합 플랫폼으로 개설되었습니다. 하지만 2022-2023년 대대적인 개편이 이루어졌고 영화, 드라마 VOD서비스가 중단되고 추천, 웹툰, 웹소설, 책으로 탭 분류가 변경되었습니다. 추천 탭에서는 현재 이벤트가 들어간 작품, 지금 핫한 작품, 실시간 랭킹이나 완결 추천 작품 등을 확인할 수 있습니다.

웹소설 뷰어의 경우 페이지 형태로 좌에서 우로 넘겨볼 수 있도록 되어 있으며 스크롤 형태로 변경도 가능하지만 페이지 단위로 나뉘어져 있습니다.

카카오페이지 : 3다무 (=기다리면 무료)

'3다무(3시간마다 무료)'는 카카오페이지에서 가장 대표적이고 강력한 프로모션에 해당합니다. 신작을 연재본으로 분권, 출간하여 카카오페이지에 대배너를 첫페이지에 2-3일 가량 노출하는 프로모션을 진행합니다. 이때, 해당 작품을 15편 이상 보면 최대 1000캐시 이상의 뽑기권을 진행하는 등의 보상을 일부 독자들에게 지급하는 이벤트가 열립니다. '3다무'는 말 그대로 '3시간마다 1편씩 무료'로 감상가능한 프로모션이며 해당 프로모션으로 발행된 이용권을 사용한 회차는 3일간만 볼 수 있습니다.

또한 최신 10편은 해당 이용권으로 볼 수 없다는 제약이 있어 전 회차를 무료로 감상할 수 없기에 마지막 10회차는 필수적으로 결제해야 하는 구조로 독자들의 유료 결제를 유도, 수익 창출을 지향합니다. '3다무'

는 기한이 정해져 있는 프로모션으로 약 한 달 뒤에는 24시간에 한 편씩 무료 이용권이 지급되는 '기다리면 무료' 작품으로 변경됩니다. 이는 '3다무'보다 하위 프로모션이기 때문에 자연히 매출 또한 줄어들게 됩니다. 여기서 매출이 좋은 작품의 경우 '3다무' 프로모션 연장 제안을 받을 수도 있습니다. 해당 프로모션은 심사부터 런칭까지 최소 6개월 정도의 시간이 소요됩니다.

카카오페이지 : 연재 무료

'연재 무료'는 말 그대로 작품이 '연재되는 요일'이 정해져 있고 해당 요일에 유료회차 연재와 무료 회차로 변경이 동시에 일어나는 프로모션을 말합니다. 개편 전에는 '카카오페이지 정식 웹소설'이라고 불렸습니다. 연재 요일은 작가가 정할 수 있으며 웹소설의 경우 '화, 목, 토' 혹은 '월, 수, 금' 단위로 주기적으로 연재됩니다.

3다무(→기다리면 무료) 프로모션의 경우, 대부분 완결작으로 런칭되지만 요일별 연재 웹소설은 미완결작 상태로 바로 연재에 들어갈 수 있다는 장점이 있습니다.

카카오페이지 : 또또무

단독 또또무, 일반 또또무로 분류됩니다. 개편 전에는 '기간 한정 무료' 프로모션이었습니다. 또또무는 2개월 가량의 한정된 시간 동안 하루에 한 편씩 무료로 작품을 볼 수 있는 이벤트입니다. '또또무' 프로모션에 들어가면 다른 작품들과 함께 묶여서 배너로 장르 탭의 안에 노출이 됩니다. 노출 시간이나 정도는 카카오 엠디의 재량과 결정에 따라 좌우됩니다.

☑ 카카오 스테이지

카카오페이지가 출판사를 통해서만 출간이 가능한 '유통 플랫폼'에 해당한다면 카카오 스테이지는 작가들이 자유롭게 연재가 가능한 '자유 연재 플랫폼'에 해당합니다. 이전에는 유통 플랫폼만 운영하던 카카오 엔터테인먼트가 2021년 카카오 스테이지를 신설했고 신인 작가의 등용문이 낮아졌습니다. 카카오 스테이지는 아직 신설된 지 얼마 되지 않았기에 독자가 많지 않습니다. 그러나 카카오 스테이지에서 연재하다가 엠디의 제안을 받아 '스테이지온'작품으로 선정되면 완결까지 정기적으로 연재해야 하며 이에 따른 소정의 금액을 지급받게 됩니다.

정산은 익익월로 이루어지며 올린 회차별로 금액이 책정됩니다. 또한 유료 정산이 가능한 회차가 있습니다. 장편과 단편으로 나눠지며 장편 기준 70-150화, 단편 기준 60-100화로 제한이 됩니다. 즉, 200-300화 길게 연재하더라도 해당 편수 연재를 진행할 때만 금액이 지급되는 것입니다. 이때는 담당자와 논의 후 계약을 진행하면 회차가 긴 작품의 경우, 스테이지에서는 1부를 완결을 짓고 2부는 카카오페이지에서 연재하는 방법 등이 있습니다.

☑ 네이버 웹소설

네이버는 네이버 자체 사이트에서 운영하는 '네이버 정식 웹소설'란 과 '시리즈' 어플리케이션으로 나뉘어집니다. 여기서 '네이버 정식 웹소 설'이란 네이버 사이트에서 접근가능합니다.

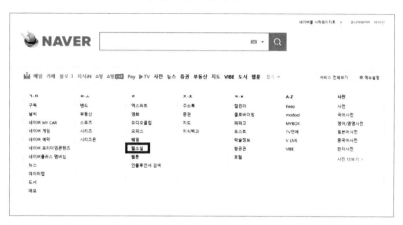

여러분들이 흔히 검색을 위해 여는 이 초록색 창. '네이버 검색창 밑에 떠 있는 여러 가지 항목 중 끝에 있는 웹툰 옆 화살표를 클릭하면 그 밑에 '웹소설' 탭이 있는 것을 확인할 수 있습니다. 이 '웹소설' 탭을 더블 클릭 하면 손쉽게 '네이버 웹소설'에 접근할 수 있습니다.

네이버 웹소설 탭을 열었을 때 처음으로 뜨는 창입니다. 배너와 함께 밑에 랭킹이 제시되어 있습니다.

'슈퍼 캐스팅' 탭에는 글로벌 엔터 기업과 콜라보레이션을 통해 기존에 공개되지 않은 새로운 오리지널 스토리를 웹툰, 웹소설 등으로 공개하는 프로젝트 콘텐츠들이 게재되어 있습니다. 네이버 웹소설은 하이브와의 협업을 통해 다양한 방법으로 국내외 엔터테인먼트 기업들과 협업을 확대해 나갈 방침이라고 합니다.

'시리즈 에디션' 탭의 경우, 과거 정식 연재작품 공간인 '오늘의 웹소설'에 해당했습니다. 시리즈 에디션 내에 장르 구분 및 요일별 콘텐츠가 세분화되어 있습니다. 로맨스, 로판(로맨스 판타지), 판타지, 현판(현대 판타지), 무협, 미스터리, 라이트 노벨 등 네이버 시리즈에 연재되는 웹소설들이 장르별로 분류되어 있고 이는 모두 네이버 웹소설과 정식계약을 체결한 작품들에 해당합니다. 시리즈 에디션은 승격제를 통해 작품을 발굴, 계약하는 구조를 취하고 있습니다.

이는 '베스트 리그', '챌린지 리그'에 관한 설명과 이어집니다. 네이버 웹소설은 '챌린지 리그 → 베스트 리그 → 시리즈 매열무 → 시리즈 에디션(정식 연재)'순으로 승격 및 출간 구조를 채택했으며 네이버 웹툰의 '도전만화 → 베스트 도전 → 정식연재' 순으로 승격하여 신규 콘텐츠를 게재, 발굴하는 구조와 유사합니다. 여기서 '베스트 리그'의 경우, 챌린지 리그에서 1차로 승격된 작품을 모아둔 곳에 해당합니다.

이러한 네이버는 여성향 강세 플랫폼에 해당하며 현대 로맨스가 주류

였으나, 요즘은 로맨스 판타지 장르도 굉장히 늘었습니다. 그러나 2023년 개편 이후에 네이버 웹소설은 크게 달라졌습니다. 첫째, 각 회차에 삽입되던 삽화가 사라졌습니다. 둘째, 작가가 매달 안정적으로 지급되던 '기본급'이 사라졌습니다. 대신 엠지(선인세)가 지급됩니다. 네이버의 엠지(선인세)는 평균 2000만원 - 3000만원 선으로 알려져 있으나 계약에 따라 변동될 수 있습니다. 네이버 정식 연재 작가, 즉 시리즈 에디션에 작품을 런칭한 작가가 된다면 시리즈 명함을 얻을 수 있고 매년 건강검진을 받을 수 있습니다.

☑️ 네이버 시리즈

시리즈는 네이버에서 보유한 유통 플랫폼입니다. 로맨스 판타지 장르가 우세한 카카오 달리 현대 로맨스 작품들이 압도적입니다. 네이버 정식 연재에 해당하는 시리즈 에디션 작품들도 시리즈에 먼저 출간되고 시리즈 에디션에서 볼 수 있습니다. 시리즈에서는 이러한 작품들에 '시리즈 에디션 마크'를 붙여 구분합니다. 시리즈에도 역시 각종 프로모션이 있는데요. 시리즈에 독점으로 런칭되는 작품의 프로모션 혹은 비독점작들에 관한 프로모션 등 다양합니다.

네이버 시리즈 : 매열무

카카오페이지의 '기다리면 무료'와 같은 개념으로 네이버 시리즈에서는 최상위 프로모션에 해당합니다. 보통 정산 대여권 10장-15장이 증정되고 매일 정해진 시각에 한 편씩 대여권을 지급받을 수 있습니다. 또한 독자들은 이 대여권을 다 써야 이벤트 쿠키(네이버 시리즈에 충전된 돈을 의미)를 받을 수 있습니다. 스페셜 매열무의 경우, 작품이 단독으로 프로모션이 되지 않을 경우 다른 작품들과 함께 묶여서 노출되는 것을 의미합니다. 가끔 2작품이 묶여서 프로모션이 진행되는 '2작품 매열무' 프로모션도 진행될 수 있습니다.

매열무 심사 기간은 평균 4-5주 정도로 간혹 6-8주가 걸리기도 합니다. 매열무 중에서도 가장 파급력이 높은 프로모션을 '단독 매열무'라고 합니다. 하위 매열무 프로모션으로 '토요일 매열무', '수요일 매열무'가 있습니다. 또한 매열무 프로모션에 작품을 런칭하기 위한 최소 회차 기준은 현대 로맨스 기준 60화 정도입니다. 참고로, 작품의 업로드는 프로모션이 걸리기 전날 밤에 이루어지며 프로모션 이벤트 시작은 수요일 혹은 토요일(혹은 이벤트가 잡힌 날짜)의 오전 11시 정도라고 보시면 됩니다.

네이버 시리즈 : 타임딜 & 프리패스

타임딜은 매열무보다는 파급력이 낮은 프로모션입니다. 프로모션 기간은 보통 2주이며 배너 노출은 2-3일 정도 됩니다. 타임딜 기간이 끝나면 프리패스 제안을 받을 수도 있는데요. 프리패스란 2시간마다 충전되는 무료 이용권을 증정하는 프로모션입니다. 작품들이 함께 묶여서 프로모션에 들어가며 보통 편수가 100편 이상인 작품들에 해당합니다.

☑ 리디북스

리디북스는 대표적인 단행본 플랫폼에 해당합니다. 앞서 언급했듯이 단행본이란 권 단위로 출간되는 웹소설을 의미합니다. 단행본의 경우 일단 연재본 사이트에서 연재본 단위로 선연재가 되고 후에 미공개 외전 등의 수록과 함께 출간되는 경우가 많습니다. 즉, 2차 독점으로 출간됩니다.

하지만 단행본과 더불어 연재본도 함께 출간되는 경우가 많기에, 같은 작품이라 할지라도 연재본으로 출간된 것과 단행본으로 출간된 것이 구분되어 게재되는 것을 확인할 수 있습니다.

리디북스는 다른 플랫폼과 다르게 조회수가 아닌 별점으로 흥행도를 파악하는 편입니다. 2023년 기준 별점이 1000-2000정도로 찍힐 경우 중박[1] 이상의 흥행을 달성했다고 판단하는 편입니다.

리디북스 : 리다무

'리다무'는 '리디북스 기다리면 무료'를 줄인 용어입니다. 연재본에 해당하는 프로모션으로 24시간에 연재본 한 편씩 무료로 전환됩니다.

리디북스 : 오리발

'오늘 리디의 발견'이라는 프로모션입니다. 리디북스 메인 배너에 걸리는 프로모션으로 리디북스 내에서 상당히 파급력 높은 프로모션에 해당합니다.

☑ 디리토

2022년 출시되었으며 리디북스에 흡수 합병된 연재 플랫폼입니다. 여성향 소설이 강세이며 새롭게 성장하고 있습니다.

이 외에도 '조아라' '문피아' '북팔' '로망띠끄' 등 다양한 플랫폼이 있으나 플랫폼에 관한 설명은 여기까지만 간략히 진행하고 다음 챕터인 '작법'으로 넘어가도록 하겠습니다.

---

1) 소박, 중박, 대박이라고 표현하며 웹소설의 성적 지표를 의미합니다. 제일 크게 성공한 것을 대박작 줄여서 '박작'이라고 합니다.

Chapter 02
웹소설,
어떻게
쓸까?

Chapter 02
웹소설, 어떻게 쓸까?

1. 집필 준비

웹소설의 출간 과정은 크게 아래 네 개의 단계로 구분해 볼 수 있습니다.

작품을 쓰는 '집필 단계', 이 작품을 선보이는 '연재'단계, 유료로 판매하기 위해 출판사와 맺는 '계약 단계'그리고 교정 교열 작업 등을 거쳐 유료로 판매되는 '출간 단계'입니다.

이 네 가지 단계들을 밟아 웹소설 작가가 되기 전에 꼭 해야만 하는 것이 있습니다. 바로 '집필을 위한 준비'입니다. 집필은 하루아침에 이루어지는 것이 아닙니다. 그 전에 고민하고 또 생각하는 여러 가지의 준비 단계가 필요합니다. 따라서 본격적인 집필 방법으로 넘어가기 전에 '준비하는 과정'부터 찬찬히 짚어보도록 하겠습니다.

#아이템 선정 & 스토리 구성

글을 쓰기 전에, 아주 간략히라도 '시놉시스'를 작성해두는 편이 좋은데요. 이 '시놉시스'를 작성하기도 전에 해야만 하는 것이 바로 '소재 선정'입니다. 소재를 선정한다는 것은 달리 말하면 '영감을 얻는 것'입니다.

"어디서, 어떻게 영감을 받습니까?"

작가가 되고 나서 가장 먼저 받았던 질문입니다. 영감을 얻는 법은 사람마다 상이합니다. 앞서 언급했듯 모든 것에 질문을 던지는 중에 얻을 수도 있고 특정 경험을 통해 얻을 수도 있습니다. 하지만 명심해야 할 것은 '영감'은 단순히 우연한 계기를 통해 오는 것이 아니라는 것입니다. 적어도 앞으로 계속해서 글을 쓰며 살고 싶은 '전업 작가'로서의 꿈이 있다면 여러분은 영감을 억지로라도 끄집어내는 연습을 해야만 합니다.

시놉시스 작성 전 소재 선정법

첫째, 일상에서 계속 질문을 던져라.
둘째, 참고가 될 만한 다양한 콘텐츠를 접하라.
셋째, 쓰고 싶은 특정 장면(씬)을 머릿속에 그려보아라.
넷째, 늘 떠오르는 단어, 장면들을 메모하고 조합하는 연습을 하라.
다섯째, 떠오른 소재들 중에 현재의 트렌드에 부합하는 것을 선정하라.

저의 경우, 위의 방법들을 활용해 소재를 선정하곤 합니다. 일상에서, 콘텐츠 속에서 소재들을 찾는 것입니다. 정 아이디어가 떠오르지 않을 때는 '장면(씬)'을 머릿속에 그려보는 것도 방법입니다. 어떤 스토리 건 하나의 조각에서부터 시작하는 법입니다. 그리고 그게 단순히 단어로 정의

할 수 있는 하나의 키워드일 필요는 없습니다. 머릿속에 떠오르는 '이미지'에서도 충분히 스토리로 확장이 가능하다는 의미입니다. 예컨대, 분수 속에서 춤을 추고 있는 어린아이의 모습을 떠올리다가 댄서를 직업군으로 하는 여자 주인공의 일대기를 쓸 수 있는 것과 같습니다. 이처럼 '장면'을 먼저 떠올리고 스토리를 구상할 때는, 떠오르는 해당 장면을 먼저 적어보는 것도 좋습니다. 쓰고 싶은 '장면(씬)'을 쓰면서 어떤 식으로 톤앤매너를 잡을지, 남녀 캐릭터나 장르는 어떻게 선정할지 등의 방향성이 잡히기도 하니까요.

그렇게 떠오른 단어들과 장면들을 모조리 하나의 노트에 적은 뒤 해야만 하는 것은 바로 '조합'입니다. 소재를 선정하는 단계에서 가능하다면 한 줄 정도의 전체적인 스토리 로그라인도 함께 뽑아주면 시놉시스 작성이 더욱 쉬워지기 때문입니다. 단순히 '쓰고 싶다'는 마음으로 선정하는 것이 아니라 쓸 수 있고 재미있고 또 현재 트렌드에 부합하는 소재를 선정해야만 좋은 스토리를 구상할 수 있습니다. 물론 자세한 소재 선정 단계에서 자세한 스토리 구상까지 해야 할 필요는 없습니다. 아래는 조합의 예시입니다.

소재 노트

- 계약 결혼
- 떨어지는 비를 맞으며 키스하는 남녀의 모습
- 남자 주인공은 비밀이 있는 캐릭터
- 여자 주인공은 공주이자 물을 다루는 강력한 정령사
- 여자 주인공의 형제는 빌런

강력한 정령사이지만 형제인 빌런의 저주로 폭주할 운명을 지닌 여자 주인공이, 이를 알고 회귀한 남자 주인공과 계약 결혼하여 능력을 제어할 수 있는 법을 배우고 떨어지는 빗속에서 사랑을 고백한다.

물을 다루는 정령사 여주인공은 빌런 형제의 계략에 빠져 능력을 빼앗기고 죽고 만다. 그녀는 과거로 회귀해 살아남기 위해 '타락한 불의 정령왕'임을 숨기고 있는 남주인공을 찾아가 계약 결혼을 제안한다. 여주인공은 '물'의 힘으로 남주인공의 '불'의 힘을 제어하는데 도움을 주고 빌런을 해치운 뒤 떨어지는 빗속에서 키스하며 남주인공과의 사랑을 확인하며 엔딩을 맞이한다. → 가제 : 정령왕과의 계약 결혼

소재 노트에서는 하나의 소재만을 적을 필요가 없습니다. 등장인물의 특징이나 전사 혹은 장면까지도 다양하게 적어도 좋습니다. 그리고 이를 조합하며 간략히 3-4줄 정도의 로그라인을 먼저 뽑아주면 좋습니다. 여기서 로그 라인은 꼭 하나만 작성하지 않고 다양한 버전으로 적어보는 게 좋습니다. 이 단계까지 오면 소재나 스토리 로그라인이 개략적으로 잡힙니다. 가능하다면 이 단계에서 가제를 뽑아주는 것도 작품의 컨셉이나 메인 키워드, 방향성을 구체화하기에 좋습니다. 이목을 사로잡을 수 있을 만한 제목을 뽑는 과정에서, 제목과 어울리는 스토리 방향성을 잡아볼 수 있기 때문입니다.

다음은 지금까지 꼽아본 소재와 그 조합이 과연 현재 '트렌드'와 부합

하는지 점검할 차례입니다. 물론 스토리를 자세히 구상하는 시놉시스 작성 단계에서 '트렌드'와 부합할 수 있도록 구성하기도 하지만 소재 선정 및 조합 단계에서부터 이를 신경 쓴다면 잡필은 더 수월해집니다. '트렌드'를 분석하고 그 기준을 설정하는 과정은 개개인이 언제, 어떻게, 어떤 장르를 분석하냐에 따라 달라질 수 있습니다.

저는 '로맨스 판타지' 장르의 작가로서 집필 전 반드시 짚고 넘어가야만 할 두 가지 '트렌드'기준을 아래에 제시해보았습니다.

☑️ 여성 서사 - '걸크러시'

뒤의 챕터에서 언급하겠지만, 로맨스 판타지 장르에서 유행하는 '트렌드'라고 할 만한 대표적인 키워드들은 수없이 많습니다. 하지만 그 키워드들을 포함한 작품의 서사는 대부분 여성의 일대기를 다뤄, 여성이 공감할 수 있도록 구성됩니다.

독자들의 대부분이 여성인 만큼 그들은 초반에는 트라우마를 가지고 있다 하더라도, 나중에는 보다 자유롭고 멋지게 성장하는 여주인공. 혹은 처음부터 정말 올곧고 멋진 마음가짐과 능력을 가지고 있어서 어떤 역경도 속 시원히 해결하고 당당히 나아가 인생을 개척하는 여자의 이야기를 원합니다. 그리고 그들은 그런 여자 주인공의 모습을 보며 '걸크러시'라며 선망합니다.

즉, 소재를 선정하고 그에 따른 스토리를 구상할 때 단순히 키워드만 꼽는 것이 아니라 여성의 일대기를 다루고 또 그녀의 행동이 자칫 독자들을 답답하게 하거나 대리 만족을 느낄 수 없게 빌드업하기 보다는 속시원하고 선망할 수 있도록 해주어야 한다는 점을 염두에 두어야 합니다.

☑ 고구마 없는 사이다 전개

앞의 '걸크러시'와 상통하는 이야기입니다. 예전의 웹소설 혹은 드라마에서는 일명 '고구마 구간'이라고 불리는 오해와 역경 등의 시련이 잘 풀리지 않는 답답한 스토리의 파트가 있어야 '사이다'가 존재한다고 믿었습니다. 하지만 요즘 트렌드인 스토리 플롯은 그렇지 않습니다. 고구마 구간이 아예 전무하다시피 스토리가 흘러가는 경우도 존재한다는 것이죠.

이러한 스토리 구성은 간단합니다. 역경이 있더라도 주인공이 지혜롭게 해결해 나가고 또 새로운 역경을 부여하면 그만입니다. 중요한 것은 하나의 역경을 극복해 나가는 과정이 아니라 주인공이 성장하고 행복해지는 과정일 뿐이니까요. 물론 고구마 구간이 길고 더 큰 사이다를 부여하는 플롯도 예전에는 많이 나왔으나 요즘의 트렌드는 다르다는 점을 인지하는 것이 필요합니다.

자, 위의 두 가지 사항에 따라 '트렌드 부합 여부'를 먼저 체크해 보세요. 저의 경우는, 아래의 두 가지 질문에 모두 Yes의 답이 나오는 것이 ver2의 서사에 해당했습니다.

가제 : 정령왕과의 계약 결혼

물을 다루는 정령사 여주인공은 빌런 형제의 계략에 빠져 능력을 빼앗기고 죽고 만다. 그녀는 과거로 회귀해 살아남기 위해 '타락한 불의 정령왕'임을 숨기고 있는 남주인공을 찾아가 계약 결혼을 제안한다. 여주인공은 '물'의 힘으로 남주인공의 '불'의 힘을 제어하는 데 도움을 주고 빌런을 해치운 뒤 떨어지는 빗속에서 키스하며 남주인공과의 사랑을 확인하며 엔딩을 맞이한다.

Q. 여성이 주체성을 가지고 움직이는 서사인가? Yes or No

→ 여주인공이 과거로 회귀해 미래의 역경을 모두 알고 해결하려고 움직이며 & 남주인공이 스스로의 힘을 제어하지 못할 때, 여주인공이 도움을 주는 스토리로 여자가 주체성을 가진다.

Q. 고구마가 아닌 사이다 서사로 빌드업 가능한가? Yes or No

→ 여주인공이 과거로 회귀해 미래의 역경을 모두 알고 있으며 강력한 힘을 가지고 있다는 설정으로 역경을 손쉽게 해결해 가는 스토리 빌드업 가능

위와 같이 간략한 소재와 로그라인 선정 후 본인이 생각하는 트렌드 조건에 부합하는지 여부의 선 검증 단계를 거치시길 추천드립니다.

#초기 캐릭터 빌드업

아이템 선정, 큰 흐름의 스토리를 구성하며 주요 캐릭터를 대략적으로라도 함께 정해주는 것이 좋습니다. 캐릭터의 성격에 따라 스토리가 다르게 흘러가기 때문입니다. 시놉시스 작성을 하며 줄거리를 보다 구체화

하기 전에는 캐릭터를 상세하게 빌드업하기보다는 키워드 위주로 성격과 작위 외모 정도를 간단히 적어두면 후에 플롯을 구체화하며 설정값을 보다 상세히 부여하기에 좋습니다.

처음부터 상세하게 캐릭터를 구체화하는 것은 어렵고 후에 수정해야 할 점도 많아집니다. 따라서 키워드 위로 처음에는 간략히만 생각하는 게 좋습니다.

여기서 빌드업하는 캐릭터들의 극 내의 비중도 생각을 해야만 합니다. 일단 메인 캐릭터들과 조연 캐릭터들을 분류하는 것이 필요합니다.

로맨스 판타지에서 메인 캐릭터는 여주인공, 남주인공 그리고 빌런과 조력자, 서브남 혹은 서브녀가 대표적입니다. 메인 캐릭터들의 특징과 성격을 먼저 개괄적으로 구상하고 이후에 조연 캐릭터들을 구상하는 게 좋습니다. 또한 극 내에서도 처음에 생각한 비중 높은 캐릭터들을 보다 비중있게 그릴 수 있도록 스토리 구성을 하는 게 좋습니다.

특히 '빌런'의 캐릭터 빌드업에 신경써야만 합니다.

물론 빌런 자체가 존재하지 않는 스토리 플롯도 있지만 '빌런'캐릭터가 돋보이는 플롯을 구성한다면 빌런의 서사에 보다 유의해서 구성해주는 것이 좋습니다. 빌런의 서사는 곧 스토리의 갈등과 연관이 되는 큰 흐름을 좌우하기 때문입니다.

또한 이때, 매력적인 빌런을 구사하는 것도 좋습니다. 요즘은 특히 사연 있고 매력적인 빌런에 열광하는 독자들이 많이 있습니다. 분명 용납받지 못한 행동을 하지만 마치 영화 '조커'에서처럼 납득할 수밖에 없는 이유를 부여해주는 것입니다.

초기 플롯 작성과 함께 캐릭터 빌드업을 할 때는 일단 머릿속에 인물을 구체화하고 이미지화하는 것이 중요하기 때문에 드라마나 영화 등의 콘텐츠에 등장했던 역할 혹은 연예인을 떠올리는 것도 추천드립니다. 연예인의 이미지를 서칭하여 붙여두고 그들이 가진 이미지와 특징을 조합하여 캐릭터를 만들다 보면 머릿속의 캐릭터들이 보다 구체화될 것입니다.

아래의 예시는 소재 및 스토리를 기반해 캐릭터의 성격 키워드를 꼽아본 것입니다. 아래와 같이 성격 키워드를 제시하고 소재, 키워드와 연관성을 적어보세요. 이때, 각 등장인물의 성격적 특성과 어울리는 외양적 특성이 생각난다면 함께 기재해주어도 캐릭터를 구체적으로 이미지화하는데 도움이 됩니다.

소재 및 스토리

가제 : 정령왕과의 계약 결혼

물을 다루는 정령사 여주인공은 빌런 형제의 계략에 빠져 능력을 빼앗기고 죽고 만다. 그녀는 과거로 회귀해 살아남기 위해 '타락한 불의 정령왕'임을 숨기고 있는 남주인공을 찾아가 계약 결혼을 제안한다. 여주인공은 '물'의 힘으로 남주인공의 '불'의 힘을 제어하는 데 도움을 주고 빌런을 해치운 뒤 떨어지는 빗속에서 키스하며 남주인공과의 사랑을 확인하며 엔딩을 맞이한다.

캐릭터 키워드

– 여주인공 (→푸른 머리, 푸른 눈, 하얀 피부, 가녀린 몸매)

성격 키워드	소재 & 스토리 연관성
진취, 적극적	회귀 후에 살아남기 위해 적극적으로 움직임
따뜻하고 포용력 있음	남주인공을 도와줌
카리스마 넘침	여주인공의 신분이 '공주'라는 것을 보여줌
강하고 영리함	강한 물의 정령사라는 설정, 역경을 빠르게 해결

– 남주인공 (→붉은 머리, 붉은 눈, 구릿빛 피부, 근육질 큰 체구)

성격 키워드	소재 & 스토리 연관성
인간불신	인간의 음모에 빠져 '타락했다'고 낙인찍혀 인간을 불신함
강함	불의 정령왕으로 그 어떤 인간보다 강함
츤데레 & 가끔 감정적	타오르는 불의 특성처럼 가끔 감정적인 면모를 보임
순수, 순정, 대형견남	처음에는 과거의 상처로 인해 공격적으로 굴지만 본모습은 사실 순수, 순정적인 덩치 큰 남자

– 빌런 (→검은 머리, 검은색 눈, 하얀 피부, 호리호리하고 큰 키)

성격 키워드	소재 & 스토리 연관성
이중인격, 계략남	앞뒤가 달라서 여주인공을 배반하고 죽이는 반전 캐릭터
사이코패스	전쟁을 일으켜 사람들을 죽이고 싶어 하는 사이코패스
강한 주술사	부모의 학대에서 벗어나고자 금기된 수술을 행하고 그 과정에서 소환한 불의 정령왕의 힘을 빼앗음
상처남	처음에는 과거의 상처로 인해 공격적으로 굴지만 본모습은 사실 순수, 순정적인 덩치 큰 남자

#시놉시스 작성법

아이템을 선정하고 이에 따른 스토리와 캐릭터를 대략적으로 생각하셨나요?

그렇다면 이제 시놉시스를 작성할 차례입니다. 초보 작가들이 자주 저지르는 오류 중의 하나가 시놉시스를 제대로 작성하지 않고 소재만 잡은 채 먼저 글을 써 내려간다는 것입니다. 시놉시스를 작성하는 것이 생소하고 해본 적 없는 이들이 많기 때문이죠.

하지만 시놉시스를 작성하지 않고 글을 써 내려간다면 1화까지는 소재만으로 쓸 수 있을지 모르겠으나 그 이상을 쓴다면 돌이킬 수 없는 설정 구멍들이 생기고 앞뒤가 맞지 않아 중구난방인 글이 되어 그때그때 떠오르는 대로 써내려가다가 용두사미가 되기 십상입니다. 그만큼 초반기에 시놉시스를 최대한 상세히 작성하는 훈련을 해야만 합니다.

시놉시스를 작성하는 것은 후에 플랫폼에 프로모션 제안을 넣기 위해서 반드시 필요한 작업입니다. 요즘에는 공모전에서도 시놉시스를 요구하는 경우가 많습니다.

공모전이나 출판사에서 요구하는 시놉시스는 각각 요강이 조금씩은 다를 수는 있으나 큰 제약 없이 거의 비슷합니다. 분량은 3-5장 정도로만 제출하면 되긴 하나, 출판사별로 다를 수도 있으니 꼼꼼하게 확인해야만 합니다.

이렇게 작품 집필을 위해 필요한 시놉시스를 본격적으로 작성하기 위해 유의할 점은, 시놉시스를 반드시 처음부터 완벽하게 작성할 필요는 없다는 것입니다.

처음 글을 쓰는 작가들에게 있어서 시놉시스 작성은 부담될 수밖에 없습니다. 처음부터 모든 스토리라인을 완벽하게 잡아야 한다는 부담감 때문입니다. 아직 스토리와 캐릭터를 온전히 잡는 것도 능숙하지 않은데, 글을 써보기도 전에 시놉시스 단계에서부터 막히는 경우가 다반수입니다.

물론 할 수 있다면 시놉시스를 전부 작성해두는 것이 좋지만 불가능할 시에는 초기 시놉시스를 작성한 뒤, 먼저 작품 1화를 집필해보는 것도 방법입니다. 초기 시놉시스로 소재와 간단한 캐릭터를 잡아두고 일단 첫 회차를 구상해보는 것입니다. 소재만으로 1화를 써보면서 이 글을 끝까지 잡고 갈 수 있을지, 아닐지에 대한 느낌이 오는 경우가 있습니다.

시놉시스 단계에서 너무 힘을 많이 뺀 뒤에 막상 글을 썼는데 1화에서부터 생각보다 대사를 적어보니, 재미가 없다고 판단되는 경우도 있습니다. 이렇게 될 경우 글을 시작하기 전에 시놉시스만 쓰느라 힘만 빼고 정작 제대로 된 글은 작성하지 못하게 되니까요.

만일 자신이 초보 작가고 시놉시스 작성과 자기 자신이 쓸 수 있는 글과 쓰고 싶은 글을 알아내는, 판단 능력이 아직 미숙하다고 판단된다면 소재와 간단한 남녀 주인공 인물 정보, 도입부 스토리 정도만 잡은 채로 1화를 먼저 써보세요.

위와 같은 과정을 통해 글을 쓸 수 있겠다는 판단이 서면 그 다음 내용 구상을 위해 시놉시스를 구체화해야겠죠? 하지만 앞서 말했듯이 시놉시스 단계에서 너무 과도하게 힘을 뺄 필요는 없습니다. 글을 쓰면서 시놉시스 내용대로 꼭 가지 않아도 되고 후에 결말을 변경해도 전혀 상관없습니다. 다만 글의 내용을 최대한 통일성 있고 완성도 높게 풀어나가기 위해서 시놉시스 단계에서 노력을 기울여야 하는 것은 맞습니다.

그렇다면 웹소설 시놉시스에는 어떤 항목들이 들어가야만 할까요?

길게 설명하는 것보다 시놉시스 예시를 한 번 보고 감을 잡아보도록 하겠습니다. 아래는 제 웹소설인 〈사모님의 야릇한 침실〉 시놉시스에 해당합니다.

〈사모님의 야릇한 침실〉 시놉시스 (웹소설)

▶ 로그라인
백화점 말단 직원이었던 강지우, 하루아침에 백화점 사장의 아내 '사모님'이 되었다! 평행 세계의 사모님 자신에게 빙의한 천애고아 강지우의 은밀한 판타지 인생 역전 계약결혼 스토리.

▶작가
빅노아

▶ 장르 / 소재 키워드
현대로맨스 / 평행세계 빙의물, 계약 결혼, 신데렐라 스토리, 처연녀, 재벌남

▶ 예상 완결 회차
90회 내외

▶ 시놉시스
"하루아침에 부잣집 사모님이 된다면?"
우리는 모두 결혼을 통한 인생 역전을 꿈꾼다! 그렇다면, 하루아침에 부잣집 사모님에 빙의하게 된다면 어떨까? 넘치는 돈, 든든한 친정, 잘난 남편, 으리으리한 대저택에 나만 보는 내연남까지 얻게 된다면? 여기 이 모든 것을 가지게 된 여자가 있다! 그러나, 이 세계 생각보다 쉽지만

은 않다. 여기엔 부는 있으되 사랑은 조금도 없었으니, 사모님으로 빙의하자마자 남편은 대뜸 '1년 뒤 이혼'을 제안하며 계약서를 내민다. 그렇다. 이 이야기는 하루아침에 부잣집 사모님에 빙의해 계약 결혼 쇼윈도를 하게 된 천애고아 강지우와 재벌남 차은한의 아슬아슬한 계약 결혼 스토리이다!

▶ 등장인물
- 강지우 (29 / 여)
#상처녀 #빙의녀 #고아 #지고지순 #청순가련 #치유녀
천애고아로 백화점 의류 매장 말단 직원이다. 백화점 사장인 차은한을 동경했으며, 따뜻한 심성으로 인해 주변 사람들을 도우며 살아왔다. 폭력을 당했던 어린 시절 기억으로 인해 자존감이 낮다.

- 차은한 (35 / 남)
#츤데레 #능력남 #재벌 #상처남 #차도남
원호 백화점 사장. 외도를 일삼고 패악을 부리는 아내를 혐오한다. 전형적인 츤데레. 어린 시절, 어머니의 자살로 인한 트라우마가 있다. 지우의 어머니가 죽은 원인에 자신이 있다는 생각에 죄책감을 가지고 있다. 그녀에게 자신과 똑같은 상처를 안겨주었다는 생각에 죄책감을 가지고 있지만, 그것을 혐오로 표출한다. 지우가 첫사랑이었지만, 그 사실을 인정하려고 들지 않는다.

- 한지훈 (33 / 남)
#서브남 #싸이코패스 #집착남 #내연남 #재벌사생아
평행 세계의 '진짜 강지우'를 사랑했던 내연남. 재벌가의 사생아로 '강지우'에게 집착 증세를 보인다.

▶ 내용 줄거리
천애 고아 백화점 말단 직원 강지우. 그녀는 백화점 사장 차은한을 짝사랑하며 살아간다. 그런데 어느 날 우연한 계기로 얻은 푸른 목걸이에 소원을 빌고 다음 날 아침 눈을 뜨니, 차은한의 아내이자 '사모님'이 되어 있다!

그런데, 차은한은 외도를 일삼고 폭력적으로 굴었던 제 아내 강지우를 혐오한단다. 게다가 그녀는 전혀 모르는 내연남 한지훈까지 찾아오는 상태. 지우는 결국 은한과 필요에 의해 '1년 뒤 이혼' 계약서를 작성하고 쇼윈도 부부로 살아가기로 한다.

이전 세상에서 은한을 짝사랑했던 만큼, 적어도 계약 기간 동안은 최선을 다해 아내의 의무를 수행하려고 하는 그녀. 은한은 어딘가 달라진 지우의 모습이 계속 거슬리고 마음이 쓰인다. 그렇게 지우는 느릿하게, 그러나 확실히 특유의 따스한 성격으로 냉랭했던 저택의 분위기를 모두 바꾸고 은한의 가정이자 시댁까지 바꾸는데 성공한다. 그러나 지우에게 배신당했다고 여긴 내연남 한지훈은 그녀가 자신을 만나주지 않자, 급기야는 납치를 계획하고야 마는데…!

웹소설 시놉시스에 있어서 딱 정해진 틀이나 항목은 없습니다. 하지만 시놉시스에 반드시 들어가야 하는 항목이 있습니다. '제목 혹은 가제' '로그라인', '등장인물', '줄거리'입니다.

제목과 한 줄 소개에 해당하는 로그라인 등장인물과 줄거리는 해당 작품에 관해 파악하는데 아주 필수적이고 기본적인 정보에 해당하기 때문에 반드시 있어야만 합니다.

위의 예시에 들어간 항목은 '제목(가제)'과 '로그라인(컨셉)' '장르 / 소재 키워드', '예상 완결 회차', '시놉시스', '등장인물', '내용 줄거리'입니다. 항목들을 찬찬히 훑어보도록 하겠습니다.

☑ 제목 (가제)
처음 글을 쓸 때, 가장 어려워하는 항목 중의 하나입니다.

제목은 정말 중요합니다. 대부분의 독자들은 표지와 제목을 보고 먼저 작품에 대한 판단을 합니다. 때문에 제목은 가장 직관적이고 가장 작품에 대해서 단 번에 알아볼 수 있어야만 합니다. 가장 중요하고 숙고해야만 하는 항목인 만큼 제목은 작품 런칭 직전까지 꾸준히 고민하고 고찰하고 또 변경하기도 합니다.

이러한 제목 역시 트렌드가 있는데, 시기에 따라서 문장형의 보다 긴 제목들이 유행할 때가 있고 아니면 좀 더 짧고 임펙트 있는 제목 혹은 영어 제목이 유행할 때도 있습니다. 최근 몇 년간 유행했던 제목으로는 로맨스 판타지 장르 내에서는 '육아물[1]'이 선풍적인 인기를 끌었기 때문에 '육아물'임을 한 눈에 알아보기 쉬운 제목들이 항상 상위권에 위치했습니다.

'육아물'임을 한 눈에 알아보기 쉬운 제목의 예를 몇 가지 들어보겠습니다. '북부 대공의 막내딸로 태어났습니다.' '아기 황후님은 마법사', '빙의했는데, 막내 황녀님이다'와 같은 예시를 들어볼 수 있겠습니다. 제목만 보아도 어떤 소재인지가 짐작이 가지 않나요?

웹소설의 제목은 결코 어렵거나 함축적이거나 서정적일 필요가 없습니다. 물론 간혹 그런 제목의 웹소설들이 흥행에 성공할 때도 있습니다. 소재나 필력 등이 독보적으로 뛰어나거나 그러한 소재가 사회적인 현상 등과 맞물려 좋은 시기를 탔을 때의 경우이죠. 하지만 웹소설을 쓰는 작가가 제목을 선정할 때는 함축적인 제목보다는 직관적인 제목을 선정하는 편이 유리합니다.

---

1) 어려진 주인공이 키워지는/자라는 내용이 주된 소설

2023년 기준으로 보았을 때는 지난 몇 년간 유행했던 육아물의 열풍이 조금 누그러진 듯합니다. 말 그래도 유행하는 소재는 시기마다 다르기 때문에 유행하는 제목의 느낌과 소재 등을 플랫폼마다 살펴보고 고민한 뒤, 자신이 쓰고 싶은 작품과 잘 어울리고 눈에 잘 띄고 직관적인 제목 후보를 몇 개 선정해보세요.

그런 뒤, 그 제목을 검색창에 검색해보는 것도 아주 중요합니다. 내가 선정한 제목을 다른 작가가 이미 사용하고 있다면 그 제목은 이미 브랜딩이 된 제목이기 때문에 독자들이 내 제목을 듣고 다른 작품을 연상시키게 할 수 있기 때문입니다. 그 외에두 저작권 문제 등에 얽힐 수 있기 때문에 되도록 다른 작가가 사용한 작품의 제목을 사용하기보다는 나만의 제목을 사용할 수 있도록 검색하고 확인해보는 것도 잊지 마세요.

이렇게 작품 제목의 후보를 몇 개 정해야 하는데, 이때 여러분들이 어려움을 겪을 수 있는 것은 바로 스토리 라인을 완전히 정하지 않은 상태일 것이라는 점입니다. 소재나 스토리를 완전히 정하지 않은 상태에서 제목을 선정하는 것은 어려운 일입니다. 그래서 대부분의 작가들은 스토리라인을 전부 다 구상하기 전에 떠오르는 작품의 제목 후보들을 몇 개 적어두고 시놉시스를 줄거리까지 다 작성한 뒤에 떠오르는 작품 제목을 다시 정리한 뒤 꼽은 제목 후보들을 모두 추려 그중에 순위를 정합니다.

이때, 나 혼자 작품의 제목을 선정해 순위를 정하기 어렵다면 주변에 물어보세요. 작품의 제목을 정하는 것은 타겟팅이나 느낌 취향까지 모든 점을 아울러 고민해야 하기 때문에 지인들의 의견을 구하는 것도 아주 좋은 방법입니다.

이러한 방식을 통해 1위부터 적어도 5위 정도의 내 작품 제목 후보를 선정하면 그 단계에서 1위의 제목을 시놉시스 가장 상단에 넣고 그 뒤에 '(가제)'라고 기재를 해둔다면 후에 회차를 조금 더 집필한 뒤에 한 번 더 재고해볼 여지를 남길 수 있습니다.

물론 자신이 이 단계에서 선정한 작품의 제목에 대한 확신이 있다면 '(가제)'라는 항목을 굳이 뒤에 기재해두지 않아도 되겠지만 시놉시스 단계에서는 떠오르지 않는 작품에 딱 어울리는 제목이 글을 쓰고 캐릭터와 스토리를 직접적으로 창조해가는 과정에서 떠올리는 경우도 많다는 점을 고려해 이렇게 기재할 수 있다는 점을 참조해주세요.

☑ 로그라인(컨셉)

다음으로 들어가야 하는 항목은 바로 '로그라인'입니다. 로그라인은 작품을 1-2줄의 문장으로 소개하는 것을 뜻합니다. 가장 처음에 작품의 이미지를 좌우할 수 있고 작품에 관해 파악할 수 있는 가장 첫 번째 항목에 해당하기 때문에 최대한 흥미를 돋우는 로그라인을 꼽는 것은 작가에게 아주 중요한 덕목 중 하나입니다. 로그라인 혹은 글의 컨셉을 한 번에 알 수 있는 소개글을 가장 처음에, 임펙트 있게 뽑아 제시하세요.

☑ 작가 정보

작가 정보는 해당 작품에 사용하고 싶은 자신의 필명과 만일 실명을 함께 삽입하고 싶다면 괄호( )를 사용해서 두 개를 함께 기재해주면 됩니다. 저는 주로 필명만 기재하는 편이고 후에 작품 계약을 맺은 뒤에 해당 출판사의 담당자와 보다 구체적인 대화를 나누며 경력 등을 말하는 편입니다.

연재하는 필명과 출간하는 필명을 다르게 하고 싶다면 이 또한 참고 사항으로 기재해두어도 좋습니다. 또한, 참고 사항으로 간단히 대표작을 적어두는 것도 방법입니다. 필명과 대표작의 경우, 투고 메일을 보낼 때 따로 적어도 보내거나 생략해도 상관없으니, 과다한 정보가 되지 않도록 간단하게 기재해주세요.

신인 작가의 경우 대표작이 없을 테니, 대표작 등의 정보는 생략하여도 상관없습니다.

☑️ 장르 / 소재 키워드

장르나 소재 키워드의 경우 필수 기재 항목은 아닙니다. 사실상 로그라인만 보아도 어떤 장르에 해당하는지 파악할 수 있을뿐더러, 장르에 대한 부분은 애매하게 판단되는 소재들이 있으니 초기 시놉시스 단계에서는 필수적이지는 않습니다.

하지만 넘치는 것이 모자란 것보다는 나으니 필자는 이왕이면 장르나 소재 키워드까지 기재해 시놉시스를 보다 직관적이고 흥미롭게 만들어주는 것을 추천하는 바입니다. 장르는 키워드를 따로 기재하지 않고 상위 장르와 하위 장르로 나뉘어 기재해도 상관없습니다.

예시로 든 〈사모님의 야릇한 침실〉의 경우 상위 장르는 현대 로맨스에 해당하며 하위 장르는 빙의 로맨스 판타지에 해당합니다. 장르에 관한 것은 앞에서 자세히 언급했는데, 판타지 요소가 들어 있어서 현대를 배경으로 할 경우 현대 로맨스로 분류되는 것이 일반적이기 때문에 일단 현대 로맨스로 기재한 경우에 해당합니다.

이 책이 '로맨스 판타지'편인 것을 감안한다면 로맨스 판타지를 쓰기 위해서 이 글을 읽기 시작한 여러분들은 장르 란에 '로맨스 판타지'라고 기재하는 것이 합당하겠습니다.

장르와 더불어 저는 소재 키워드도 함께 기재해주었는데요. 〈사모님의 야릇한 침실〉 작품의 대표 키워드의 경우 평행세계 빙의물, 계약 결혼, 신데렐라 스토리, 처연녀, 재벌남로 꼽아보았습니다.

빙의물에 대한 꾸준한 수요를 고려하여 가장 상위 키워드로 꼽았고 그 이후 인기 있는 키워드인 계약 결혼 키워드 이후로는 캐릭터 키워드등을 나열했습니다. 이와 같이 가장 인기 있고 스토리를 대표할 수 있는 키워드 혹은 캐릭터 성격을 나타내는 키워드들을 하나씩 기재한다면 작품 유입과 파악에 용이할 수 있습니다.

작품의 키워드는 물론 해당 작품의 소재와 스토리에 따라 좌우되지만, 그중 투고용 시놉시스에 제시할 '대표 키워드'는 다양한 웹소설 플랫폼에 들어가 상위 랭킹 작품들의 키워드를 살핀 뒤 꼽는 것이 좋습니다. 해당 시기마다 유행하고 유입이 많은 키워드들이 변동할 수 있기 때문입니다.

후에 출간 시에도 작품의 키워드들은 함께 기재해 독자들이 유입할 때 검색 키워드로 활용할 수 있게 기재해두면 좋기 때문에 시놉시스 단계에서 내 작품의 대표 키워드들을 정해두는 연습을 하는 것이 좋습니다.

작품의 키워드들의 경우, 플랫폼별로 알람표가 따로 제시되어 있는데요.

대표적으로 리디북스 로맨스 장르의 키워드들을 참조해 위와 같이 가장 유입력이 좋고 내 작품을 대표할 수 있는 키워드들을 선정해주면 좋습니다.

아래의 키워드 알람표와 설명을 참고해주세요.

분류	키워드	설명
장르/ 배경	현대물	1990년대 이후의 현대를 배경으로 한 로맨스 소설.
	실존역사물	1990년대 이전, 실존했던 시대를 배경으로 한 로맨스 소설. 실존 시대의 가상 왕조도 포함 (ex: 해를 품은 달)
	가상시대물	실존하지 않고 작가가 창조한 국가/차원/세계관을 배경으로 한 로맨스 소설.
	판타지물	현실에서는 불가능한 소재 또는 초능력, 귀신 등 초자연적인 현상 및 존재를 다룸.
	동양풍	배경이 동양적 분위기인 소설. 이슬람 포함.
	서양풍	배경이 서양적 분위기인 소설.
	궁정로맨스	궁궐을 주된 장소적 배경으로 삼은 소설.
	캠퍼스물	현대물에만 해당. 대학을 주된 장소적 배경으로 삼은 소설.
	학원물	중고등학교를 포함하여, 아카데미 등의 학교를 배경으로 삼은 소설. (대학 제외)캠퍼스물)
	무협물	무협 세계관을 배경으로 하는 소설 또는 무공에 관련된 이야기가 나오는 소설.
소재	차원이동	주인공이 하나의 차원에서 또 다른 차원으로 이동.
	회귀/타임 슬립	주인공의 삶에서 어떤 특정한 시점으로 되돌아가거나, 동일한 차원에서 과거 또는 미래로 이동.
	전생/환생	주인공의 전생/후생/환생과 관련된 인연 또는 인과가 이야기 진행에 중요한 소재가 됨.
	영혼체인지/빙의	주인공이 다른 인물과 영혼이 맞바뀜 또는 다른 인물의 몸에 영혼이 옮겨짐.
	초능력	주인공이 현실에서 과학으로 설명할 수 없는 능력을 가짐. (ex: 사이코메트리, 순간이동, 시간여행자 등)
	초월적존재	인간이 아닌, 인간을 초월한 절대적 존재. (ex: 신, 용, 마왕 등)
	왕족/귀족	주인공이 왕족이거나 귀족.
	외국인/혼혈	외국인 또는 혼혈이라는 점이 여자주인공 또는 남자주인공의 특이하거나 주요한 특징임.
	남장여자	여자주인공이 남장을 한 경우에 해당하며, 남자로 보이고자 하는 목적을 갖고 있을 경우에만 해당. (보이시한 여주가 오해를 받는 것은 해당하지 않음)

분류	키워드	설명
소재	바람둥이	주인공이 여러 상대를 두고 관계를 맺거나 한 상대에게 집중하지 않음.
	역하렘	여자주인공의 주변에 여자 주인공을 사랑하거나/관심을 가지는 다수의 주조연급 남자 인물이 존재.
	동거	여자주인공과 남자주인공이 결혼하지 않은 상태에서 같은 집/방에서 살고 있음.
	맞선	결혼을 전제로 소개를 받는 것에서 이야기가 시작함.
	속도위반	결혼 전에 임신함.
	베이비 메신저	아이를 매개로 사랑이 이어짐. 단, 태어나지 않은 아기는 제외됨.
	조직/암흑가	주인공의 직업이 조직폭력배 또는 사채업자, 매춘부 등 지하 세계 업종인 경우. 마피아, 야쿠자 포함.
	법조계	주인공이 판/검사 또는 변호사이며 법과 관련한 이야기가 주된 내용일 경우.
	메디컬	주인공이 의사이고 관련한 내용 또는 병원을 배경으로 한 이야기가 주된 내용일 경우.
	전문직	주인공이 전문직 종사자일 경우. 단, 법조계, 의사 제외. ()법조계)메디컬)
	군대물	주인공이 군인이고 군대와 관련된 이야기가 주된 내용일 경우.
	경찰/형사/수사관	주인공이 경찰, 형사 또는 수사관이며 그와 관련된 이야기가 주된 내용일 경우.
	연예인	주인공이 연예인이며 연예계와 관련된 이야기가 주된 내용일 경우.
	스포츠물	주인공이 스포츠선수이며 그와 관련된 이야기가 주된 내용일 경우.
	천재	주인공이 천재인 경우. 머리가 좋은 정도를 넘어, 범인이 가질 수 없는 능력을 가진 경우에만 해당. (ex: 한번 본 것은 모두 기억, 최연소 MIT 입학 등)
	불치병/장애	주인공이 불치병을 앓고 있거나, 장애를 가진 내용이 주된 이야기일 경우. 난치병 포함.
	기억상실	특정 사건으로 인해 기억을 일부 또는 전부 잃은 내용이 주된 이야기일 경우.

분류	키워드	설명
소재	오해	오해가 발생하고, 그 오해가 이야기를 진행하는 데 중요한 요소로 작용.
	복수	주인공이 본인 또는 상대의 가해자에게 복수를 진행하는 것이 이야기에 중요한 요소로 작용.
	시월드	남자 쪽 집안의 패악 또는 시집살이로 인해 고난을 겪는 내용.
	신데렐라	여자주인공이 남자주인공을 만나 신분상승하는 내용.
	권선징악	선과 악의 구분이 뚜렷하며 결과적으로 선이 승리하고 악이 몰락하는 내용의 소설.
	신화물	그리스 로마 신화, 중국 신화, 한국 신화 등 신화를 기반으로 한 내용이 주된 이야기인 소설.
	재회물	과거에 헤어졌거나 오래 연락이 끊겼던 주인공이 다시 만나서 이야기가 진행되는 내용.
	오래된 연인	주인공 커플이 사귀거나 결혼한 지 오래되어 생기는 특유의 분위기 또는 그로 인해 발생하는 사건이 주요 내용인 소설.
	첫사랑	주인공 중 한 명의 첫사랑이 상대방인 경우.
관계	친구>연인	주인공이 서로 친구인 관계에서 연인으로 발전하는 경우.
	라이벌/앙숙	주인공이 서로 사사건건 부딪히거나 경쟁하던 사이에서 연인으로 발전하는 경우.
	사제지간	선생과 학생 신분으로 처음 만났거나, 그런 관계에서 진행되는 이야기.
	나이차커플	주인공 둘의 나이차가 크고, 그런 점이 캐릭터성이나 이야기 진행에 중요한 경우.
	키잡물	=키워서 잡아먹는다. 주인공 중 한명이 나이 어린 상대를 키워서 연애 감정으로 발전하는 이야기. 보통 나이차가 많이 난다.
	사내연애	주인공이 같은 직장을 다니는 직장 동료인 경우.
	비밀연애	서로의 관계를 주변에 비밀에 부치고, 그러한 점이 이야기 진행에 주요한 에피소드로 작용하는 경우.
	삼각관계	강력한 남자 또는 여자 주조연이 등장하여, 연애 관계가 한 쪽으로 쏠리지 않고 삼각관계로 흐르는 경우.
	갑을관계	주로 사회적 관계로 인하여, 주인공 간에 갑을관계가 형성되고 해당 내용이 이야기 진행에 주요하게 작용함. (예 : 작가와 편집자)

분류	키워드	설명
관계	신분차이	주인공 간에 신분 격차가 크고 해당 내용이 이야기 진행에 주요하게 작용함.
	계약연애/결혼	주인공이 서로 모종의 계약을 맺고 연애/결혼을 진행함. 개인적 계약 관계.
	정략결혼	주인공이 집안 또는 가문 등 소속 집단의 이익에 따라 결혼을 진행함.
	선결혼후연애	결혼부터 하고 이후 연애를 시작함. 맞선 또는 정략결혼 등의 키워드와 함께 적용되는 경우가 많음.
	원나잇	지속적인 관계를 전혀 고려하지 않은, 일회성 섹스로 서로 만나 이야기가 시작됨.
	몸정>맘정	마음이 없는 상태에서 몸부터 통한 뒤, 이후 차차 연애감정이 생기는 이야기.
	소유욕/독점욕/질투	상대를 소유/독점하려 하거나 질투하는 것이 주인공 캐릭터의 중요한 특징인 경우.
	여공남수	섹스 씬 묘사에서 여자가 심리/신체적으로 우위에 있거나 적극적 또는 강제적으로 임하며, 남자가 당하는 경우.
	금단의관계	사회적으로 용납되지 않는 관계를 다루는 경우. (예 : 남매, 불륜 등)
	운명적사랑	주인공이 사랑에 빠지는 이유가 운명으로 설명되는 경우.
남자주인공	평범남	주변에서 흔히 볼 수 있는 보통 평범한 남자.
	뇌섹남	이지적인 매력이 있는, 지성미 넘치는 남자.
	능력남	업무 등에서 자타공인으로 능력을 인정받는 남자.
	재벌남	재벌 기업을 소유하거나, 재벌가의 일원인 남자.
	사이다남	맺힐 것 없이 시원한 전개를 진행하는 남자주인공. 말빨 또는 복수, 능력 등으로 주도적으로 찜찜함을 남기지 않는 이야기를 진행함.
	직진남	여자주인공을 사랑하는 마음을 빙빙 돌리거나 숨기지 않고 직접적이고 저돌적으로 표현함.
	계략남	여자주인공의 마음을 얻기 위해, 남들 또는 여자주인공은 모르게 다른 계획을 세워 진행하는 남자.
	능글남	능청스러운 성격의 남자.
	다정남	여자주인공에게 다정한 모습을 보여주는 남자. 단, 여자주인공를 제외한 사람에게는 다정하지 않아도 해당.
	애교남	애교가 많은 남자

웹소설, 어떻게 쓸까?

분류	키워드	설명
남자 주인 공	유혹남	뇌쇄적이고 섹시한 매력으로 여자주인공을 유혹하는 남자.
	절륜남	섹스에 능숙하고 지치지 않는 체력을 가진 남자.
	집착남	여자주인공에게 집착하는 남자.
	나쁜남자	바람을 피거나, 속이거나, 상처를 주는 등 여자주인공에게 나쁜 짓을 하는 남자.
	후회남	여자주인공에게 한 짓을 후회하고 절실하게 뉘우치는 남자.
	상처남	상처/트라우마를 가진 남자.
	짝사랑남	여자주인공을 짝사랑하는 남자. 쌍방짝사랑의 경우에도 해당.
	순정남	여자주인공에 대한 지고지순한 사랑을 유지하고, 다른 사람에게 마음을 주지 않는 남자.
	철벽남	들어오는 유혹을 모두 쳐내는 남자. 유혹을 쳐내는 성격이 내용 중에 주요한 특징으로 드러나야 함.
	동정남	한 번도 섹스를 한 적이 없거나, 여자주인공과의 관계가 첫 섹스인 남자.
	순진남	순진한 성격의 남자.
	까칠남	성격이 까칠하고, 꼼꼼하거나 예민하여 상대에게 날카롭게 말하는 남자.
	냉정남	냉정한 성격을 가진 남자.
	무심남	감정의 변화폭이 크지 않고, 세세하게 신경쓰지 못하며 매사 담담한 성격의 남자.
	오만남	상대를 내리깔아 보는 성향이 있으며 자기 자신에 대한 자신감이 넘치는 남자.
	카리스마남	리더십이 있고 주도적이며 다소 권위적이고 지배적인 성격의 남자.
	존댓말남	여자주인공에게 주로 존댓말을 사용하는 남자.
	대형견남	덩치가 크고, 여자주인공에 대해서는 온순하며 충성심이 깊은 남자. 여자주인공을 제외한 사람에게는 위협적일 수 있음.
	연하남	여자 주인공보다 나이가 어린 남자.
	사차원남	사고방식이 다소 남들과 다르고 엉뚱한 남자.
	조신남	여자 주인공을 대하는 방식이 조심스럽고 얌전하며 말 잘 듣는 남자.

분류	키워드	설명
	츤데레남	쌀쌀맞고 인정이 없어 보이나 실제로는 따뜻하고 다정한 남자.
여자 주인 공	평범녀	주변에서 흔히 볼 수 있는 보통평범한 여자.
	뇌섹녀	이지적인 매력이 있는, 지성미 넘치는 여자.
	능력녀	업무 등에서 자타공인으로 능력을 인정받는 여자.
	재벌녀	재벌 기업을 소유하거나, 재벌가의 일원인 여자.
	사이다녀	맺힐 것 없이 시원한 전개를 진행하는 여자 주인공. 말빨 또는 복수, 능력 등으로 주도적으로 찜찜함을 남기지 않는 이야기를 진행함.
	직진녀	남자주인공을 사랑하는 마음을 빙빙 돌리거나 숨기지 않고 직접적이고 저돌적으로 표현함.
	계략녀	남자주인공의 마음을 얻기 위해, 남들 또는 남자주인공은 모르게 다른 계획을 세워 진행하는 여자.
	능글녀	능청스러운 성격의 여자.
	다정녀	남자주인공에게 다정한 모습을 보여주는 남자. 단, 남자 주인공를 제외한 사람에게는 다정하지 않아도 해당.
	애교녀	애교가 많은 여자.
	유혹녀	뇌쇄적이고 섹시한 매력으로 남자주인공을 유혹하는 여자.
	절륜녀	섹스에 능숙하고 지치지 않는 체력을 가진 여자.
	집착녀	남자주인공에게 집착하는 여자.
	나쁜여자	바람을 피거나, 속이거나, 상처를 주는 등 남자주인공에게 나쁜 짓을 하는 여자.
	후회녀	남자주인공에게 한 짓을 후회하고 절실하게 뉘우치는 여자.
	상처녀	상처/트라우마를 가진 여자.
	짝사랑녀	남자주인공을 짝사랑하는 여자. 쌍방짝사랑의 경우에도 해당됨.
	순정녀	남자주인공에 대한 지고지순한 사랑을 유지하고, 다른 사람에게 마음을 주지 않는 여자.
	철벽녀	들어오는 유혹을 모두 쳐내는 여자. 유혹을 쳐내는 성격이 내용 중에 주요한 특징으로 드러나야 함.
	동정녀	한 번도 섹스를 한 적이 없거나, 남자주인공과의 관계가 첫 섹스인 여자.
	순진녀	순진한 성격의 여자.

분류	키워드	설명
여자 주인 공	까칠녀	성격이 까칠하고, 꼼꼼하거나 예민하여 상대에게 날카롭게 말하는 여자.
	냉정녀	냉정한 성격을 가진 여자.
	무심녀	감정의 변화폭이 크지 않고, 세세하게 신경 쓰지 못하며 매사 담담한 성격의 여자.
	도도녀	상대를 내리깔아 보는 성향이 있으며 자기 자신에 대한 자신감이 넘치는 여자.
	외유내강	평소 유한 태도를 보이나, 중요한 일엔 심지가 굳은 여자. 겉으로는 여리여리한 모습이지만 마음 또는 성격이 강한 여자.
	우월녀	남자주인공에 비해 신분/지위/무력 등이 높아 인물관계에서 주도적인 지위를 점하고 있는 여자.
	걸크러시	소설 속에서, 다른 여자 등장인물들에게 존경심 또는 동경심을 불러일으키는 여자주인공
	털털녀	까다롭지 않고 무던하며 격식을 차리지 않고 편한 성격의 여자.
	엉뚱녀	사고방식이 다소 남들과 다르고 엉뚱한 여자.
	쾌활발랄녀	성격이 밝고 명랑한 성격의 여자
분위 기/ 기타	달달물	주인공의 달콤한 러브스토리가 주요하게 그려지는 소설 또는 서로 다정하여 못내 위해주는 내용의 소설.
	로맨틱코미디	유쾌하고 즐거운 내용의, 가벼운 유머 또는 개그 요소가 포함된 로맨스 소설.
	잔잔물	분위기가 잔잔하고 큰 사건이나 갈등 없이 흘러가는 소설.
	성장물	사건을 통한 주인공의 성장을 주요 소재로 다루며, 이야기의 초반에 비해 결말 부분에서 확연히 성숙한 모습을 보이는 소설.
	힐링물	읽는 사람을 치유하는 듯한 내용으로, 마음을 어루만지는 따뜻한 이야기 또는 휴머니티를 주제로 한 로맨스 소설.
	애잔물	주인공의 사랑이 갈등 및 사건으로 인해 고조되며 자못 마음이 슬프고 짠한 이야기.
	신파	정형적인 신파극의 구조를 따른 소설. 전형적인 갈등구조에 감동을 유발하는 해결방식을 특징으로 함.
	추리/미스터리/스릴러	사건을 추리하고 해결 / 초자연적인 현상 등으로 으스스한 분위기가 남 / 쫓고 쫓기는 등 스릴이 있는 이야기.

분류	키워드	설명
분위기/ 기타	피폐물	독자의 마음을 피폐하게 할 정도로 주인공을 극도로 고생시키거나 삭막한 분위기에서 진행되는 이야기.
	육아물	어려진 주인공이 키워지는/자라는 내용이 주된 소설. 주인공이 아닌 어린아이를 주인공이 기르는 소설은 해당되지 않음.
	악녀시점	여자주인공이 악녀이며 해당 여자주인공 시점으로 전개되는 소설.
	여주중심	여자 주인공의 성장, 일, 인생에 대한 내용 비중이 로맨스보다 큰 내용의 소설
	원작소설	드라마, 웹툰, 게임 등 소설이 아닌 다른 콘텐츠의 원작 소설
	더티토크	섹스 중에 오가는 말이 유난히 야하거나 적나라한 소설.
	이야기중심	주인공의 심리적/관계적 요소보다 사건 및 이야기 요소가 더 주가 되는 소설.
	고수위	수위가 높고 적나라한 성관계 묘사 장면이 다수 포함된 로맨스 소설.
	하드코어	일상보편적으로 상상하거나 경험하기 어려운 소재거나 특수한 취향의 성관계를 다룸. (예 : BDSM, 쓰리썸, 난교, 고난도의 도구 플레이 등)
	씬중심	=섹슈얼로맨스. 서사보다 성애 장면에 치중한 소설.
	삽화	책 내용에 삽화가 포함된 도서. 표지 삽화 제외.

☑ 예상 완결 회차

다음으로 예상 완결 회차입니다. 대개 초기 시놉시스를 쓸 때는 완결 회차를 확실히 짐작하기 어렵기 때문에 예상하여 작성합니다.

예상 완결 회차를 기재해두면 어떤 플랫폼과 프로모션 심사에 넣을지 판단하기에 좋습니다. 회차 수가 길다면 강력한 프로모션 심사에 넣을 수 있고 회차수가 짧다면 다른 회차수가 짧은 작품들과 함께 '묶음 프로모션' 등의 심사에 넣을 수 있습니다. 런칭 전에 높은 매출을 얻기 위해 세우는 전략이 달라지는 셈입니다. 여기서 회차 수가 길고 짧고의 기준은 '로맨스 판타지' 장르의 평균 회차가 120회, '현대 로맨스' 장르의 평균 회차가 90회 내외라는 것을 감안해 판단하시면 됩니다.

아직 정확히 몇 회차에 완결이 될지 감이 잡히지 않는다면 '120화 이상'과 같이 대략적으로 적어두어도 좋습니다.

✅ 기획 의도

기획 의도는 꼭 적지 않아도 되나 작가가 이 글을 기획한 의도를 아주 간단히 4-5줄 정도만 적어주면 됩니다. 만일 작품을 기획한 특별한 이유가 있다면 간단히 적어주세요.

✅ 시놉시스

로그라인이 소설의 내용과 이미지를 단번에 알 수 있는 1-2줄의 간단하고 명확한 소개글에 해당했다면 시놉시스는 그보다는 많은, 6-7에 해당하는 문장의 소개글을 말합니다. 예시에는 시놉시스가 있으나 생략이 가능한 항목에 해당합니다. 후에 작품 줄거리 항목에서 상세히 기재해주면 되기 때문입니다.

다만 소설에 설정값이 많아서 회차 줄거리를 상세히 기재할 때 보다 흥미를 돋우게 적지 못하겠다고 판단했을 때, 시놉시스를 적어주는 것도 하나의 방법입니다. 어디까지나 시놉시스는 읽는 사람으로 하여금 내 작품에 흥미를 가질 수 있도록 하는 기능도 탑재하는 편이 유리하기 때문입니다. 시놉시스의 가감 여부는 이러한 점을 유념하여 정하면 됩니다.

또한 예시에 기재된 것처럼 "하루아침에 부잣집 사모님이 된다면?"과 같이 첫 문장을 꼽는 방법도 있습니다. 줄거리를 적는 란이라고 해서 반드시 설명글로 적는 것보다는 질문을 던지거나 강조되는 대사를 적는 등 보는 사람이 빠져들 수 있게끔 적는 방법을 연구해보면 좋습니다.

☑ 등장인물

등장인물 항목은 결코 빠질 수 없는 항목입니다. 예시에는 간단히 남주인공과 여주인공 남자 조연까지만 적었으나, 적을 수 있다면 최대한 나오는 인물들을 더 적어주는 것이 좋습니다.

특히 로맨스 판타지 장르에서는 현대 로맨스 판타지보다 집사, 하녀, 정원사, 요리사 등 주변 인물들이 압도적으로 많은 편입니다.

때문에 이에 대해서 명확히 알 수 있도록 등장인물란에 적어주세요. 메인 캐릭터와 조연 캐릭터 항목을 소제목으로 분류해서 적는 것도 가독성을 높이는 방법 중 하나입니다.

등장인물을 적는 형식은 따로 없기는 하나, 등장인물 항목에 한해서 '작가가 가지고 있는 시놉시스용'과 '대외용 시놉시스'를 따로 만드는 것을 추천합니다.

이유는 간단합니다. 턱없이 길어질 수 있기 때문입니다. 등장인물에 관해 기입한다는 것은 어찌 보면 한 사람의 인생 스토리를 모조리 기입하는 것입니다. 이름, 성별, 나이, 출신지와 트라우마가 있었던 사건과 유년 시절까지 기록하다가 보면 정말 끝도 없이 분량이 길어질 수 있습니다.

그러나 캐릭터를 보다 입체적으로 만들기 위해서 작가 본인은 최대한 캐릭터에 대해 구체화하여 생각하고 있으면 인물의 대사를 구사하거나 행동을 생각해 내는 데 보다 도움이 됩니다. 문제는 시놉시스를 심사용으로 제출할 때 긴 글을 읽는 것은 자칫 정보 과다가 될 수 있다는 점입니다.

〈사모님의 야릇한 침실〉 등장인물 예시에 기재한 것과 같이 간단한 정보를 제시해주고 인물 키워드로 확실하게 인물에 대해 이미징이 될 수 있도록 제시해주는 것을 추천합니다. 이처럼 인물 정보는 두 개의 버전으로 정리해두고 글을 쓰면서 필요한 정보가 있다면 보다 자세한 시놉시스에서 참고하면 집필이 보다 쉬워질 것입니다.

✅ 작품 줄거리

예시에서는 보다 간단히 제시했지만 작품 줄거리는 조금 더 상세히 기재해도 좋습니다. 줄거리를 그냥 적어줘도 괜찮고 회차별 줄거리나 기승전결에 따라 나누어서 기재해도 좋습니다. 본인이 판단하기에 가장 알아보기 쉬운 형식으로 줄거리를 처음부터 끝까지 기재해주면 됩니다.

만일 초기 시놉시스이기에 결말을 아직 정하지 못했다면, 굳이 기재하지 않아도 괜찮습니다. 다만 줄거리 말미에 "그런 그들의 운명은 어떻게 될까?", "그들은 과연 사랑을 쟁취할 수 있을까?"와 같이 궁금증을 유발하는 강조 문장을 넣어준다거나, 대사로 강조를 해주는 등 가독성을 높여준다면 보다 좋은 시놉시스가 완성될 것입니다.

처음 줄거리를 짤 때는, 일단 큰 시퀀스 (한 주제의 이야기가 시작되고 끝나는 독립적인 구성단위) 단위로 먼저 플롯을 짜주는 것이 좋습니다. 아래는 시퀀스 단위로 구성한 플롯의 유형들에 해당합니다. 각자의 플롯 유형들은 확연히 구분되지 않으며 하나의 플롯 안에 다른 플롯 유형이 공존할 수 있습니다. 아래의 플롯 유형들을 참고하여 스토리를 크게, 크게 구성하는 연습을 해보세요.

NO	플롯 유형	설명
1	빌런 공략형 스토리 플롯	게임에서 흔히 등장하는 플롯. 보스 혹은 빌런을 공략한 뒤, 그보다 더 강한 보스 혹은 빌런을 공략하는 구조로 끊임없이 역경이 닥치고 그 속에서 성장하고 사랑하는 주인공의 모습을 그리는 형식. 점층적으로 공략해야 하는 보스가 강해져야 하며 다음 보스에 관한 떡밥을 미리 풀어주는 것도 좋음. 만일 다수의 빌런을 세우지 않았다면 하나의 강력한 빌런을 세우는 것이 좋음.
2	공간 확장형 스토리 플롯	타플롯의 안에 함께 존재할 수 있음. 주인공의 활동 범위가 점차 넓어지는 양상을 보이는 스토리 플롯. 처음에는 작은 방 안에만 있던 주인공이 학교를 가고 대학을 거쳐 사회에 나가고 외국까지 나가는 등 점차 주인공의 활동 반경이 넓어지면서 다양한 사람들을 만나고 스토리가 확장되어 가는 모습을 보임.
3	성장극복형 스토리 플롯	어린 시절 받았던 상처와 트라우마를 각기 다른 방식으로 극복해 나가는 플롯으로 이 과정으로써 '옴니버스 형 스토리 플롯' 혹은 '감정선 발전 위주 스토리 플롯'을 다중 선택 가능. 중요한 것은 특정 사건들을 통해 주인공이 점차 변화해 나가는 과정을 보이는 것. 이 때 각기 다른 가문의 인물들을 다양하게 다룬 소설 '왕좌의 게임'에서와 같이 다인물 성장형 플롯으로 멀티 플롯을 구성할 수도 있음.
4	다인물 공략형 스토리 플롯	다수의 주인공들이 특정 역할을 하며 각각의 주인공들과 유대감을 쌓아야 할 때, 각기 다른 인물들을 만나고 유대감을 쌓는 시기를 다르게 설립하여 한 명 한 명을 심층 있게 보여주는 플롯. 다인물 공략이 어느 정도 이루어진 뒤에는 인물들이 함께 엮이고 그 케미를 보여주는 것도 좋음.
5	(다)목적 달성형 스토리 플롯	주인공이 특정 꿈 혹은 목적을 가지고 있고 해당 목적을 위해서 다양한 사건들을 맞닥뜨리는 스토리 플롯. 하나의 목적이 이루어지거나 좌절된 뒤에는 다른 목적으로 연계, 해당 목적을 이루기 위해 다시 노력하는 구성으로 이어짐.
6	감정선 발전 위주 스토리 플롯	주로 장편보다는 단편에 용이한 플롯. 남녀 주인공이 서로에게 호감을 품고 다가가거나 고민하는 과정을 다루는 스토리 플롯. 서로에 관한 오해가 있거나 빌런이 등장하거나 스스로의 감정에 대해 명확히 모르는 시간들이 일종의 역경으로 작용함.
7	옴니버스형 스토리 플롯	변호사나 형사, 판사 혹은 퇴마사와 같은 특정 직업군의 주인공으로 채택하여 각기 다른 주제의 사건들이 등장하고 그 과정에서 주인공이 변화해 나가는 모습을 그리는 각기 다른 에피소드들에 관한 스토리.

웹소설.어떻게 쓸까?

#자료조사 & 작품고증 방법

지금까지 시놉시스 작성법에 대하여 알아보았습니다. 그렇다면 집필 이전 단계에서 필요한 '자료 조사' 즉, 고증은 얼마나 해야 좋을까요?

자료 조사는, 말 그대로 많이 할수록 좋습니다. 하지만 보통은 자료 조사를 충분히, 만족할 만큼 하기가 어렵습니다. 그리고 무엇보다 어떻게, 어떤 식으로 할지 감을 잡기 어려운 경우가 많죠.

이 책이 로맨스 판타지 장르편인 만큼 (서양풍) 로맨스 판타지에 특정하여 필요한 자료 조사에 관해 말해보자면, 일단 스토리를 구성하기 위해서 필요한 각종 이벤트들도 조사가 필요합니다. 황성에서 열리는 행사들이나 작위를 내릴 때 내리는 하사품 혹은 건축 양식과 먹는 음식 식기의 문양과 복식과 예절을 비롯해서 모든 것에 조사가 필요합니다.

(서양풍) 로맨스 판타지에 관한 조사는 어려우면서도 쉬운 양면성을 띕니다. 앞서 말했듯 로맨스 판타지의 세계관은 중세를 배경으로 하고 있되, 완전히 중세를 배경으로 하는 것이 아니기 때문에 각 작품마다 시대상 혹은 관례 등등이 다른 경향이 있습니다.

즉, 서양풍 로맨스 판타지에서 자주 사용되는 일부 용어들만 익힌다면 나머지는 재창조하면 되기 때문에 해당 용어들만 익혀둔다면 '고증'에 있어서는 비교적 자유로운 편입니다. 하지만 그렇다고 해서 작가가 어설프게 자료 조사를 하는 것은 금물입니다.

예를 들어, 복식의 특징은 옛 독일의 것을 따오고 건축 양식의 경우 고대 로마의 것을 따온다고 하면 각각의 특징과 용어들을 알고 극에 적용시킬 수 있어야 한다는 것입니다.

'중세'라는 서양권 국가들의 과거 시대상을 모방하는 시공간적 배경을 가지고 있는 만큼, 창조에 모티프가 되는 정확한 시대상과 나라를 선정하고 그에 따른 공부를 해야만 합니다.

복식과 건축 양식 등 분야에 따라서 모두 같은 시대상, 공간적 배경을 공유해야만 할 필요는 없으나 다르더라도 각 분야별로는 적어도 통일될 수 있도록 해주면 좋고 용어들도 최대한 조사를 통하여 삽입하고 글이 너무 가볍게 느껴지지 않도록 적절히 묘사해줘야 합니다.

물론, 독자들은 작가가 이런 노력을 기울여 자료 조사를 하여 용어 등을 삽입한다고 하여도 전부 다 알 수 있는 것은 아닙니다. 드레스의 종류와 소매의 겉감과 안감 등의 디자인에 대해 묘사한다고 하여도, 그 디자인들이 어느 시대와 나라를 표방했는지는 알기 힘들지요.

다만, 작가가 이렇게 세심한 부분들까지 조사를 통해 채워 넣는다면 알게 모르게 작품의 퀄리티와 생동감은 높아질 수밖에 없다는 것입니다.

이러한 고증 방법으로는 가장 먼저 당연하게도 인터넷 매체를 통해 찾아보는 방법이 있겠죠. 나무위키나 구글링 등 다양한 방식을 사용하는데, 요즘은 Chat GPT를 통해 간단한 정보들을 찾고 묘사 방법까지 자문을 구하기도 하는데 아직 믿을 수 없는 정보들이 많기 때문에 추가 서칭, 검증 과정을 거치셔야 합니다.

자료를 조사하는 방법은 하나로 정해진 것이 아니기 때문에 본인이 가장 편하다고 생각하는 방법을 택하면 되는데요. 일단 소재와 간단한 시놉시스를 적은 뒤, 조사가 어떤 분야에서 얼만큼 어떻게 필요한지를 판단하고 착수하면 됩니다.

역사에 대한 조사가 필요하거나 지역에 대한 조사가 필요할 경우 검색으로 하는 조사가 불충분하다면 직접 찾아가거나 인터뷰를 잡는 방식도 있습니다. 작가들이 인터뷰를 잡는 경우는 더러 있기 때문에 관련 기간이나 전문가에게 전화하여 인터뷰를 요청한다고 정중히 말해보거나, 지인을 통해 만남을 주선해 보는 방법도 있을 것입니다.

여기서 중요한 것은 작품에 관한 조사를 세밀하게 하면 할수록 작품에 지나친 정보를 넣는 것을 경계해야 한다는 점입니다. 작품에 관한 조사는 최대한 많이, 확실하게 하되 작품 내에 반영할 때에는 그 내용이 반드시 넘치지 않도록 해야 합니다.

자료 조사한 내용을 기반으로 웹소설을 쓰면서 반드시 유의해야 할 첫 번째는, 웹소설은 '당신의 지적 능력을 증명하기 위한 소설'이 아니라는 점입니다.

여러분이 공부하고 많은 것을 알게 되었다고 해서 그것을 웹소설에 다 반영하려고 욕심내지 마세요.

가장 최악의 콘텐츠는 제작자가 지나치게 욕심을 내는 콘텐츠입니다. 여러분이 자료 조사를 하는 것은 여러분의 지적 능력과 여러분의 노력을 뽐내기 위해서가 아닙니다. 필요한 장면에서 최대한 적절하게 생동감 있게 작품을 만들어내기 위해서입니다.

어떤 장면에서도 딱 필요한 만큼만 정보를 반영해주고 등장인물 캐릭터의 성격과 상황 감정선에 몰입할 수 있도록 전개하는 것을 항상 유의하세요.

두 번째로 유의해야 할 것은 표절의 위험성입니다.

이후 챕터에서 보다 자세히 언급하겠으나, 작가는 늘 표절을 경계해야만 합니다. 자료 조사를 하다가 보면 자연스럽게 비슷한 장르의 소설들이나 만화 혹은 드라마 등을 접할 수 있는데요. 해당 작품들을 접하다가 보면, 의식하지 않아도 무의식 중에 작품과 유사한 장면들을 묘사하게 될 수도 있습니다.

표절은 작가에게 있어서 가장 민감하고도 아픈 문제입니다. 내가 열심히 쓴 작품을 누군가가 가져다가 사용하여 수익을 거두어들인다면 도둑질이나 다름없겠죠.

작품을 쓰기 전에 조사하는 단계에서 표절을 하지 않도록 유의해야합니다. 초보 작가의 경우는 더욱 이러한 오류들을 범할 수 있기 때문에, 자신만의 조사 방식을 찾는 것도 중요합니다. 예를 들어, 저는 자료 조사를 할 때는 같은 웹소설을 접하기보다는 영상 매체나 논문 등의 자료를 좀 더 서칭하여 무의식적인 표절에 대한 위험성을 낮추는 등의 노력을 기울이는 편입니다.

사람은 보는 만큼 쓰게 되기 마련입니다. 그러니, 자료 조사는 열심히 하되 항상 유의해야만 합니다.

#세계관 설정하기

시놉시스도 다 썼고 자료 조사도 다 마쳤다고요? 이제 쓰면 되는 거냐고요? 아뇨! 그 전에 해야만 할 것이 하나 더 있습니다.

물론 현대 로맨스 장르에서는 여기까지 했을 때, 바로 집필로 넘어가면 됩니다. 하지만 로맨스 판타지에서는 그 전에 꼭 해두면 좋은 작업이 있습니다. 바로 세계관 설정입니다.

그렇다면 여기서 세계관 설정이란 과연 무엇일까요? 말 그대로 내가 스토리를 전개해 나갈 세계의 모든 것에 대한 설정을 정해둬야 한다는 것입니다.

여기서 한 가지 유의할 것은, 작가는 세계관의 설정을 최대한 방대하고 상세하게 해서 알고 있어야 하지만 이를 드러내는 것은 극히 일부여도 상관없다는 점입니다. 세계관에 대해서 전부 설명하려고 마십시오. 세계관은 말 그대로 극 중의 배경일 뿐이기 때문에 등장인물의 서사에 더욱 몰입할 수 있도록 일부만, 스며들 듯이 보여줄 수 있어야만 합니다.

그렇다면 이런 세계관 설정은 어떻게, 무엇부터 하는 게 좋을까요?

☑️ 첫째, 지도를 그려라!
반지의 제왕과 해리포터 시리즈 왕좌의 게임 등 대부분 유명한 판타지 소설의 첫 장을 펼쳐보면 '세계관 지도'가 나옵니다.

물론 전문가들이 직접 그린 세계관 지도는 우리가 따라가기 힘들 정도로 정밀하고 장대해 보일 것입니다. 저는 그렇게 완벽한 지도를 그리라는 의미는 아닙니다. 애초에 작가가 디자이너도, 지도를 그리는 일러스트레이터도 아닌데 완벽한 지도를 그리는 것은 어불성설입니다. 다만, 어설프더라도 내가 알아볼 수 있는 수준의 지도는 그려두는 편이 여러모로 글을 쓰는 데 도움이 됩니다.

지도를 그리는 방법은 의외로 간단합니다. 일단 처음에 스토리가 펼쳐지는 대륙의 이름을 먼저 정합니다. 그 다음, 제국의 이름 그리고 그 제

국 수도의 이름, 황성의 이름, 주요 가문의 이름까지 정합니다. 그 다음에
본격적으로 그리기 시작하는 겁니다.

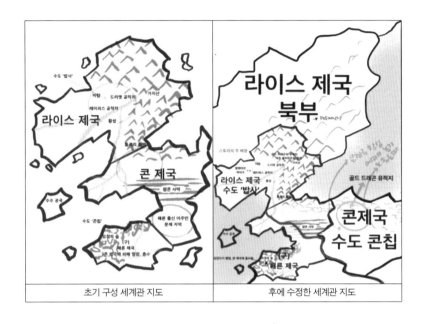

| 초기 구성 세계관 지도 | 후에 수정한 세계관 지도 |

제가 〈악역 공작 영애의 특별한 쌀재배법〉 집필을 위해 그렸던 세계
관 지도입니다. 상세하지도, 완벽하게 설정값을 써놓지도 않았지만 전체
적으로 스토리가 펼쳐지는 지역의 위치를 작가인 저 스스로가 알아볼 수
있을 정도로만 러프하게 그렸지요.

저의 경우, 왼쪽의 지도를 초기 지도로 구상했으나 제국의 크기가 너
무 작다는 점, 그리고 서로 다른 제국의 수도가 지나치게 국경에 가까이
위치해 근접해 있다는 점 등을 고안해 보다 크게 지도를 다시 그렸습니다.

하지만 스토리가 펼쳐지는 배경은 어디까지나 '라이스 제국의 수도'
와 '콘제국의 수도'였기에 라이스 제국의 북부나 이외 땅에 대해서는 형

태만 그려두고 자세한 구상은 하지 않았습니다. 그리고 스토리의 주배경지가 어디인지에 대해서 화살표로 개괄 표시를 해주었습니다. (제가 그린 지도는 꽤나 어설픈 편이라는 걸 참고해주셨으면 좋겠습니다).

특히 지형지물을 대략적으로라도 그려주는 것이 좋습니다. 예컨대 산맥이 어디에서부터 어디로 이어지고 물줄기가 어떻게 흐르는지, 사막이나 숲은 어디에 위치하는지와 같은 것들입니다. 지형지물의 위치를 대략적으로라도 표기를 해주어야 등장인물들의 이동 경로나 이동 중 벌어지는 에피소드를 짤 때 용이합니다.

이때, 숲은 보통 바다에 근접한 곳에 형성이 되는지, 사막은 어느 위치에 어떤 원리로 생성되는지, 그래서 바람은 어디에서 어떻게 부는지… 등등 지형지물에 대해서 보다 잘 알고 있다면 등장하는 마수의 특성까지도 다르게 설정값을 부여할 수 있습니다.

반지의 제왕, 왕좌의 게임 등등 지도를 살펴볼 수 있는 대표적이고 유명한 판타지 소설들을 통해 어떻게 세계관 지도를 보다 상세히 그릴 수 있을지 고민해보세요. 세계관 지도를 보다 상세하게 그릴 수 있다면 스토리 역시 자연히 탄탄해질 수밖에 없으니까요.

☑️ 둘째, 지형지물에 기반해 지역적 특징을 정하라!

물이 지나치게 많은 지역, 숲이 있는 지역, 평야가 펼쳐진 지역, 산이 우거진 지역, 광산이 있는 지역… 지역마다 자연적, 지리적 특성이 다르면 그만큼 가지고 있는 물자나 특산품이 달라집니다. 그뿐일까요. 나오는 몬스터들까지도 달라지죠.

물이 많은 지역에서는 농사가 잘되고, 산이 많은 지역에서는 목초지를 일궈서 목축업이 발달했다 등 각 지역의 주요 특징들을 간단하게 적어주는 것도 좋습니다. 또한 이주민들 혹은 소수민족들이 모여 살고있는 지역, 국경 지대의 영토 분쟁 지역이 있다면 그 또한 기재해주는 것이 좋습니다.

특히 여주인공에게 '물'이나 '불'등을 활용하는 특별한 능력치가 있다는 설정인 작품이라면 해당 지역에서 물이나 불의 의미가 어떠한지에 대해서 대충이라도 기재해두면 좋습니다. 이를 기반으로 해서 국가 간의 물자 교역 양상이나 관계까지도 함께 기재해두면 세부적인 스토리 구상에 도움이 됩니다.

☑ **셋째, 역사를 정하라!**

세계관을 만드는 것은 단순히 지형적인 것에만 해당하는 것이 아닙니다. 현재는 반드시 역사에 의해 영향을 받기 마련입니다. 현재의 대한민국이 있기까지의 역사를 알아야만 한국과 다른 국가와의 관계성 그리고 현재 우리가 살아가고 있는 양상을 파악할 수 있는 것처럼요.

지도를 대략적으로 그린 뒤에는 당신이 만든 세계의 역사에 대해서 쭉 적어보세요. 한 세계의 역사를 빌드업하라니, 너무 어렵다고요?

물론 소재에 따라서 구체적으로 짜야 하는 역사가 달라지나 아래의 것들을 중점적으로 신경 써서 구상해두도록 합시다.

고대 (신화)

한국에 단군왕검이 있는 것처럼, 어느 지역에나 건국 신화 같은 건 존재합니다. 중세에서 고대에 있었던 일들, 신화 같은 것들은 주로 어떤 것에 해당할까요? 예컨대 드래곤이 하늘에서 내려와서 인간과 아이를 낳아서 그 혈족이 황가의 일원이 되었다는 식의, 말 그대로 태초의 존재에 대한 얘기들이겠지요.

어디까지나 스토리에 얼마나 반영되는지에 따라 구체화하면 될 일이지만, 주인공의 비범한 힘이 어디서부터 기인된 것인지 혹은 제국민(일반 국민들)이 어떤 이유로 무엇을 숭배하게 되었는지는 고대 신화 설정을 통해 설명할 수 있습니다. 때문에 제국이 처음 생기게 된 계기나 내려오고 있는 신화 등에 대해서 개략적으로 적어두면 극을 전개할 때 전부 다 언급하지 않더라도 개연성을 맞추기가 보다 쉬워집니다.

전쟁의 역사

전쟁의 역사란 쉽게 말해서 국가 간의 관계를 뜻합니다. 국경을 마주하고 있는 제국 간에 어떤 전쟁이 있었고 그 전쟁의 이유가 무엇이며 또한 아직 어떤 문제가 있어서 전쟁이 이후 이어지는지에 대한 개연성을 만들어두면 좋습니다.

로맨스 판타지에서 남자 주인공 혹은 여자주인공은 국제 정세에 따라서 여러 가지 다양한 역경을 마주하곤 합니다. 그 중의 대표적인 것이 바로 '전쟁'입니다. 이웃 나라와 전쟁이 발발하거나 후는 극 중 배경이 전쟁이 끝난 직후이거나 하는 시대적, 상황적 여건에 따라 스토리는 다르게 전개될 수 있습니다.

또한 전쟁의 역사를 통해 국가의 지도층, 지배 계급의 특징과 문제점에 대해서 간략히 기재해두는 것도 바람직합니다. 지배 계급이 전쟁에서 어떤 처세를 했고 또 어떤 이유로 승전 혹은 패전하는지 그로 인해 얼마나 부패했는지 또는 성군이 되었는지를 설정해둔다면 현재의 사회상을 묘사하는데 큰 도움이 될 것입니다.

역사상 주요 인물

대한민국에서 '세종대왕'을 모르는 사람이 있나요? 세계관을 새롭게 창시할 것이라면 역사상 아주 중요한 인물들은 대략적으로 기재해두는 것이 좋습니다. 예컨대 초대 교황 혹은 초대 황제 아니면 과거 있었던 전쟁의 영웅 또는 극의 전개와 가장 직접적인 연관이 있을 주인공의 아버지 혹은 할아버지(선조)에 대한 정보 등을 기재해두는 것입니다. 이러한 인물들이 내세웠던 사상이나 기치에 따라서 현재 제국의 상황이나 인물들의 지향점 선정을 할 수 있습니다.

황권과 신권 규정

서양풍 로맨스 판타지 세계에서 보통 최고 권력자로 등장하는 '황제'와 버금가는 세력으로 '교황'이 등장하곤 합니다. 바로 종교 세력이지요. 만일 스토리를 진행하는데 있어서 종교에 대한 언급을 하고자 한다면 황권과 신권 중 어떤 힘이 더 강한 사회인지 혹은 두 권력층이 어떤 세력 다툼을 해왔는지 등등을 가볍게 규정해두는 것이 좋습니다.

'동양풍 로맨스 판타지'에서도 역시 토속 신앙, 무속인, 액받이 무녀 등 다양한 동양권의 신과 신화를 작품에 어떻게 녹여낼지 정하는 것이 좋습니다.

☑ 셋째, 직업 & 조직과 그 직업 & 조직의 특성을 분류, 정하라!

로맨스 판타지에서 흔히 나오는 조직이나 직업들은 어떤 게 있을까요? 기사나 마법사, 흑마법사, 노예, 마검사 등 아주 다양합니다. 그렇다면 그들이 속한 조직이나 국가에서의 그들에 대한 처우는 어떻게 될까요? 작가가 정하기 나름입니다! 글을 쓰면서 물론 보충해 나가야겠지만 국가에서 대표적이라고 여겨지는 기관 혹은 조직과 그 안에 속한 인물들과 그들의 위치나 계급에 관해 기재해두는 편이 좋습니다.

아래는 서양풍 로맨스 판타지에서 주로 등장하는 직업(역할) & 조직 & 작위입니다. 물론 일반적으로 쓰이는 용어들이나 작가가 설정한 세계관에 따라 조금씩 바꿀 수도 있습니다.

NO	직업	특징
1	기사, 견습기사, 호위기사	기사는 기사단에 속해 영지를 수호, 전쟁에서 전투를 하는 역할을 합니다. 기사가 되려면 입단 시험을 치러야 하며, 아직 배우는 단계인 견습 기사 기간을 거쳐 정식 기사 서임을 받게 됩니다. 기사가 된 뒤에도 하급, 중급, 상급 기사로 실력이나 경력에 따라 분류될 수 있습니다. 또한 황녀나 황태자 등 높은 신분의 특정인을 호위하는 기사를 '호위 기사'라고 칭합니다.
2	성기사 (팔라딘)	성기사는 기사와 성직자가 결합된 것으로 교황의 밑에서 신을 섬깁니다. 대개 신앙심이 깊고 신력 (신의 힘)을 가지고 있으며 성스러운 무기나 마법을 사용해 악을 물리치고 선을 수호하는 역할을 합니다.
3	종기사	전장에서 기사의 장비관리 및 기사에게 전투기술을 배우면서 기사의 시종을 드는 이를 말합니다.
4	기사단	기사들이 속한 단체입니다. 황실 혹은 가문에 따라 각기 역할이나 능력이 다른 기사단을 여러 개 보유하기도 합니다. 기사단은 자신이 속한 황실 혹은 가문의 문양을 새긴 깃발이나 무구 등을 보유합니다.
5	성녀	성스러운 힘 (신성력)을 가진 여자. 신의 축복을 받았다고 하여 많은 이들이 경애합니다. 보통 성녀는 신성력으로 사람들의 상처를 치유하거나 사악한 힘에 장악당한 이들을 '정화'하거나 미래를 예지하는 등의 능력을 보입니다.
6	교황	교황청에 머무는 종교 집단의 수장. 신성력을 사용하며 신탁을 받드는 등 신의 뜻을 전하거나 받드는 역할을 합니다. 교황 역시 사람들의 상처를 치유하거나 사악한 힘에 장악당한 이들을 '정화'하는 능력을 지니기도 합니다.

NO	직업	특징
7	추기경, 신관	1. 추기경 : 교황의 옆에서 보좌하는 인물로 교황이 직접 임명합니다. 2. 신관 : 종교에 종사하는 직업인들 모두를 일컫는 말. 신관들은 대부분 신성력으로 상처를 치료할 수 있는 능력을 가지고 있으며 하급 – 상급 신관으로 신성력의 정도에 따라 계급이 나뉘어집니다. (*종교 계급 : 교황 〉 추기경 〉 대주교 〉 주교 〉 사제 〉 부제)
8	시녀, 시종	모시는 분의 수행원. 놀이 친구, 비서라고도 볼 수 있습니다. 계급이 높은 귀족들은 주로 시녀나 시종을 수족으로 부렸습니다.
9	하녀, 하인	집안일, 잡일을 하는 사람. 하녀들을 이끄는 수장을 '하녀장'이라고 불렀으며 집사장과 거의 동등한 위치를 가졌습니다.
10	요리사	귀족들은 저택에 요리를 전문적으로 하는 요리사를 두었습니다.
11	정원사	귀족들과 황실의 성의 정원을 관리하는 사람.
12	재상	황실에서 황제 옆을 지키며 지략, 책략적인 역할을 맡는 사람. 황제의 충실한 조언자이자 집무를 처리하는 역할.
13	마법사	몸속에 있는 마력, 마나를 사용해 마법 주문을 영창하거나 마법식을 그려 물, 불, 대지, 바람을 다루는 일을 하는 사람. 물, 불, 대지, 바람 네 가지의 속성 중 몇 가지를 가지고 있는 이들이 있습니다. 마법사는 주로 마탑이라는 기관에 속해 있으며 사람의 목숨을 다루는 등의 금기된 마법이 있습니다. 기본적으로 마법사들은 마법진이나 주문을 연구하는 일을 합니다.
14	흑마법사	마법사에게 금기시 된 주문들을 연구하여 나쁜 짓을 하는 마법사들. 저주를 내리거나 금기시 된 주문들을 통하여 마왕을 깨우려고 하는 등 선을 해치는 행동을 하는 인물로 주로 나온다.
15	마탑	보통은 마탑은 독립된 기관으로 황실, 교황청과는 또 다른 영향력을 행사합니다. 마법사들이 연구하고 있는 연구 기관으로 신비스럽고 비밀스러운 이미지를 풍깁니다. 마법사 중에서도 가장 강한 마법사가 '마탑주'로 추대됩니다.
16	황제, 황후, 황비, 첩	1. 황제 : 제국을 다스리는 황실에서 가장 높은 계급의 사람 (*호칭 : 폐하) 2. 황후 : 황제의 첫 번째 아내를 말함 (*호칭 : 전하, 마마) 3. 황비 : 황제의 두 번째 아내를 말함 (*호칭 : 마마, 전하) 4. 첩 : 황후가 되지 못한 아내들을 첩이라고 칭하기도 합니다.

NO	직업	특징
17	황녀, 황자, 황태자	1. 황녀 : 황제의 딸. 나이가 많은 순서대로 제 1황녀, 제 2황녀…로 구분합니다. 황녀는 주로 정치적인 이유로 결혼을 해야만 하는 역할이었습니다. 2. 황태자 : 차기 황제가 될, 황제의 후계자. 로맨스 판타지에서는 주로 남자가 황태자가 되나, 드물게 여성이 후계자 자리를 맡기도 합니다. 3. 황자 : 황태자가 되지 못한 황제의 아들. 황녀와 마찬가지로 나이가 많은 순서대로 제 1황자, 제2황자…로 구분됩니다.
18	치료사	신관과는 다르게 약초학을 공부한 의사. 신성력을 가지고 있지는 않으나 공부한 의술로 사람들을 회복, 치료하는 역할을 합니다.
19	제빵사	빵을 만드는 사람.
20	정령술사	물, 불, 대지, 바람 등 다양한 속성의 정령들 중 몇몇과 계약한 뒤 그들의 힘을 빌려 쓸 수 있는 사람. 주로 자연을 느낄 수 있고 자연친화력이 강한 이들. 정령들의 힘은 하급 – 상급 그리고 정령왕까지 분류가 되기 때문에 더 높은 정령과 계약할수록 상급 정령술사로 분류됩니다.
21	용병	용병은 돈을 받고 전투나 호위 등의 무력이 필요한 일을 대신 해주는 직업입니다. 호위나 기사가 없는 돈이 부족한 하급 귀족, 일부 평민들이 특정 목적지를 갈 때 고용합니다.
22	암살자	'암살자 길드'에 속하는 이들. 말 그대로 '돈을 받고 누군가를 죽이는 일'을 합니다.
23	대장장이	대장간에서 무구 방어구 농기구 등 쇠붙이를 이용한 기구를 만드는 사람.
24	길드	본래 '장인 조합'이라는 의미였지만 로맨스 판타지에서는 '심부름센터 겸 직업인들 커뮤니티' 라고 볼 수 있습니다. 보통 용병 길드, 마법사 길드, 암살자 길드, 정보 길드 이렇게 총 4종류가 일반적입니다.
25	노예	인간 대접을 받지 못하는, 가장 최하층에 속하는 인간. 귀족의 소유물로 여겨지며 채찍질을 당하는 등 인격을 존중받지 못하는 행위도 문제 삼지 못하는 경우가 많습니다. 세계관 내에서 '노예 제도'는 있을 수도 없을 수도 있습니다.
26	마구간지기, 마부	마굿간을 지키는 사람. 말에게 먹이를 먹이는 등 보살핍니다. 마부는 마차를 주도해서 이끌고 가는 사람을 말합니다.
27	영애, 영식	귀족의 딸을 '영애'라고 칭하고 아들을 '영식'이라고 칭합니다.
28	연금술사	마력을 활용해 부리는 마법과는 다른 힘으로, 연구를 통해 술식을 작성하고 실현하고 싶은 힘에 맞는 대가를 지불하여 구현해내는 힘을 말합니다. 마법과는 달리 제약이 많습니다.

NO	직업	특징
29	세공사	보석이나 금품을 세공하는 직업.
30	샤프롱	젊은 여자 귀족이 사교계에 나갈 때 옆에서 보살펴 주는 역할 주로 나이가 많은 귀족 여자가 맡는다.
31	디자이너, 살롱 (의상실)	디자이너는 다양한 분야에 있지만 로맨스 판타지에서는 주로 살롱(의상실)에서 일하는 드레스 디자이너를 칭합니다.
32	집사	가문의 수장을 보필하는 역할을 하며 집안의 안주인과 함께 살림을 도맡아 하고 전반적인 것을 관리합니다. 집안의 사용인들 중 가장 지위가 높다고 할 수 있습니다.
33	마왕	주로 악의 세력으로 등장하며 '마족'이 있는 세계관에서 그들의 수장을 일컫습니다. 검은 날개와 뿔이 달리는 등 악마를 표방하는 외모를 가졌습니다.
34	용사	마왕이나 악의 세력을 무찌르는 자를 말합니다.
35	보좌관	왕을 비롯한 귀족의 상담자 내지는 조언자. 일종의 왕의 고문 역할로 많이 일컬어집니다.
36	변경백	국경, 변방 지역을 다스리는 백작을 말합니다. 왕국의 국경을 방어하는 책임을 가진 백작이지요.
37	사서	도서관에서 책을 관리하는 직업.
38	귀족	1. 공작 : 중세 귀족 중 가장 높은 계급 세력이 커서 독립 수준의 힘을 가진 자는 대공작으로 부르고 실제로 독립한 경우 공국이 설립됩니다. 2. 후작 : 공작 다음으로 높은 계급의 귀족. 3. 백작 : 후작 다음으로 높은 계급의 귀족. 4. 자작 : 백작 다음으로 높은 계급의 귀족. 5. 남작 : 자작 다음으로 높은 계급의 귀족. * 높은 계급의 귀족은 낮은 계급의 귀족을 가신으로 거느리고 있는 경우가 종종 있습니다.

☑️ **넷째, 화폐 단위를 정하라!**

세계를 만든다고 한다면, 당연히 돈의 단위와 명칭도 정해야만 하지 않겠습니까! 화폐 단위를 정해주면 좋습니다.

작은 단위부터 큰 단위로 규정해주면 좋고, 어떤 단위부터 금화로 하고 어떤 단위는 은화로 할 것인지도 정해주면 묘사할 때 훨씬 쉬워집니다. 화폐의 단위로 사용되는 단어는 작가가 임의로 정하면 됩니다.

서양풍 로맨스 판타지에서 주로 많이 사용되는 화폐 단위 용어로는 '센', '바트', '콘델', '페니', '실링', '데르함', '리람', '데나르', '솔뎀' 등 다양합니다.

처음 화폐의 단위를 정하면 혼동의 여지가 있기 때문에 10원, 100원, 1000원, 10000원, 50000원 단위로 한국의 화폐 단위를 적어두고 이에 맞게 구분하여 정하는 것도 추천합니다.

☑️ **다섯째, 현재 사회와 문화에 대해서 정하라!**

대표적인 행사

로맨스 판타지에서의 사건들은 몇 가지 이벤트들에 의해서 큰 국면이나 흐름을 맞이하고 전개되는 경우가 많습니다. 이러한 이벤트나 사건들을 규정하기 위해서는 내가 만든 세계관 속에서 가장 중요한 행사들을 쭉 적어두면 좋습니다.

아래는 일반적으로 많이 로맨스 판타지에서 나오는 행사들에 해당합니다. 아래를 참고하여 여러분이 직접 여러분의 세계관 속에서 중요한 행사들을 한 번 적어보세요.

NO	행사	내용
1	파티	– 탄신 파티 : 황족 혹은 귀족의 탄신 파티에는 각 지방의 귀족들이 초빙되며 선물을 바치기도 하며 주체측에 의해 제법 호화스럽게 열립니다. 다양한 파티가 있으며, 파티의 순서 또한 다양합니다. 춤을 추고 정찬을 가지거나 갖가지 발표를 먼저 하거나 공연이 열리는 등 작가의 재량과 파티의 테마에 따라 순서를 정할 수 있습니다. – 승전 기념 파티 : 전쟁이 끝난 뒤에는 이를 치하하는 파티를 합니다. 황제는 승전 기념 파티에서 큰 공을 세운 이에게 작위를 내리기도 합니다. – 포틀럭 파티 : 파티를 주최하는 사람은 간단한 메인 메뉴만 준비하고 참석자들이 각각 자신 있는 요리나 포도주 등을 가지고 와서 즐기는 파티. – 자선 파티 : 정치날체 혹은 종교 단체를 지원하는 목적으로 열림 저녁 식사 후 지원금이 어떻게 쓰이는가에 대한 간단한 발표가 열림. – 티파티 : 귀족의 부인 혹은 영애들이 친목을 위해 각자의 저택에서 여는, 주로 여자들의 사교 모임입니다. – 코스튬 or 가면 파티 : 파티 주최가 정하는 컨셉에 따라 가면을 쓰거나 특정 드레스 코드에 맞는 복장을 갖춰입는 등의 파티를 말합니다.
2	데뷔탕트	레이디가 성인이 되고 사교계에 처음 데뷔하는 무도회를 말합니다. 데뷔탕트에서 첫 춤을 추는 상대를 의미 있게 여깁니다.
3	건국제	처음 제국이 건국했던 날을 국경일로 지정하고 그 날에 제국민들은 축제를, 귀족들은 황성에서 무도회를 엽니다.
4	외부 인사의 환영 행사	다른 국가나 다른 종족 등 귀빈이 방문했을 경우, 환영 행사를 열기도 합니다.
5	즉위식	교황청에 머무는 종교 집단의 수장. 신성력을 사용하며 신탁을 받는 등 신의 뜻을 전하거나 받는 역할을 합니다. 교황 역시 사람들의 상처를 치유하거나 사악한 힘에 장악당한 이들을 '정화'하는 능력을 지니기도 합니다.
6	결혼식	귀족이나 황족의 결혼은 국가 행사처럼 성대하게 열립니다.
7	무투회	강한 기사들이 합법적으로 맞붙어 싸우는 대회입니다.
8	사냥 대회	사냥으로 가장 큰 짐승을 잡은 이에게 포상을 하는 귀족들의 대회입니다.

복식

옷에 대한 것은 용어를 알아두면 생동감 있게 묘사할 때 훨씬 편합니다. 또한 옷은 사회 계층 혹은 계급 출신 국가 등에 따라 다르다는 설정을 넣을 수 있기 때문에 내가 만든 세계관 내에서 복장에 대해서 간단히 적어주면 좋습니다. 예를 들자면 남부 출신의 귀족들은 '좀 더 가볍고 노출이 많은 옷을 입는다.'는 식의 특징을 적어주는 것도 좋습니다. 혹은 극이 펼쳐지는 시간대에 사교계에서 유행하고 있는 드레스의 특징을 적는다거나 여자 주인공이 주로 즐겨 입는 스타일을 정하는 것도 좋습니다.

아래는 서양풍 로맨스 판타지를 쓰며 종종 사용되는 대표적인 의상에 관련된 용어들입니다.

NO	의복 용어	내용
1	가터벨트	양말이나 스타킹이 흘러내리지 않게 잡아 주는 역할. 허리에 매는 벨트에 긴 띠가 달려있어 그것으로 스타킹의 윗부분을 집어줍니다.
2	코르셋	여성들이 주로 입는 미용을 목적으로 허리를 조이는 복대, 일종의 기능성 속옷.
3	크라바트	남성들이 넥타이처럼 목에 걸어 매는 사각형의 천.
4	페티코트	여성들이 주로 입는 속치마.
5	슈미즈	드레스 안에 입는 내복, 내의라고 할 수 있습니다. 소매의 레이스나 러플을 레이어드해서 노출시키고 가벼운 린넨 소재로 이루어져 있습니다. 가벼운 드레스로 '슈미즈 드레스'가 따로 있기도 합니다.
6	튜닉	소매가 없는 헐렁한 상의, 속옷과 겉옷을 겸했음.
7	장갑	여성들이 무도회 등의 행사에서 손에 끼는 장갑 착용.
8	달마티카	성직자들이 입는 옷. 법의.
9	전투 복장	갑옷 : 남성들이 전투에 나갔을 때 입는 옷. 투구 : 머리를 보호하기 위한 철모자. 건틀렛 : 철로 된 장갑.

NO	의복 용어	내용
10	서코트	남성들이 주로 갑옷 위에 입는 겉옷, 코트.
11	팔루다멘툼	고대 로마 시대의 군용 외투로 직사각형 대형 망토의 일종. 로맨스 판타지에서는 예식 때 착용하는 것으로 종종 묘사되곤 합니다.
11	퀼로트	귀족들의 바지로 된 무릎 기장의 반바지로 긴바지는 '상 퀼로트'.
12	드레이퍼리	아래로 늘어진 주름, 한 장의 천을 재봉하지 않고 그대로 몸에 감거나 늘어뜨린 것.

예절 & 관습

예절이라고 해서 거창하게 정할 필요는 없습니다. 어디까지나 극 중에서 등장인물들이 취하는 행동에 자연스럽게 녹아들 수 있도록 설정해주는 것이 중요하니까요.

상황 속에서 자연스럽게 녹아들 수 있는 예절은 예컨대, 다른 가문의 사람을 만났을 때 인사하는 법 혹은 어떤 행사에서 꼭 입어야 하는 복식과 같은 것들을 말합니다. 전체적으로 벌어질 사건들을 적어두었다면 그 사건에서 꼭 필요한 예절들을 간단히 정리해두세요.

아래는 로맨스 판타지에서 자주 나오는 예절 관련 용어, 설정에 해당하니 참고해주세요.

NO	예절	내용
1	인사	- 커트시 : (여성이 신분 높은 사람에 대해) 한 발을 뒤로 빼고 무릎을 굽혀 경의를 표시하는 인사, 절 - 남성은 주로 한 쪽 손을 가슴에 대고 가볍게 고개를 숙여 윗사람에 대한 경의를 표했습니다.
2	손수건 관련 예절	성이 친밀한 남성에게 무운을 빌며 사냥 대회 혹은 전장에 나갈 때 그의 무구에 직접 수를 놓은 손수건을 묶어주거나 혹은 선물로 주는 예절이 있다는 설정이 자주 등장합니다.

NO	예절	내용
3	인사말	황족 혹은 가문에 맞는 인사말들을 따로 정해두는 경우도 있습니다. 가문을 상징하는 것을 빗대어 인사말을 짓는 것이 좋습니다. 인사말은 만났을 때, 헤어질 때 나눠서 있는 경우도 있고 만났을 때만 하는 경우도 있습니다. 예를 들자면 '제국의 빛인 00가문에 성스러운 여신의 가호가 깃들기를' '제국의 태양인 황태자 전하를 뵙습니다'와 같은 말들입니다
4	무투회	남성들이 참가해 우위를 다투는 싸움을 하는 무투회. 무투회에서는 한 경기가 끝나면 그 경기의 승리자가 자신이 경애하는 여인에게 자신의 승리를 바친다는 의미로 꽃을 바치는 관습, 예절 설정을 종종 넣곤 합니다.
5	편지	다른 가문을 방문하고자 한다면 방문해도 되는지에 대해서 묻는 편지를 먼저 보내는 것이 예절입니다. 또한 티파티 등에 초대하는 것 역시 편지를 보냅니다. 귀족들의 편지는 깃펜으로 써서 동봉하여 은쟁반 위에 올려두면 시녀, 하인이 전령에게 전하도록 했습니다.
6	마차	레이디가 마차에서 내릴 때, 남성이 손을 잡아주는 예절이 있다는 설정이 종종 등장합니다. 이동 시 여성은 주로 마차를 이용, 남성은 말을 탄다는 설정으로 나옵니다.
7	식사	귀족은 시녀 혹은 시종과 함께 식사하지 않는 것이 원칙. 식기는 바깥에 놓인 순서부터 사용합니다.
8	무도회 파트너	무도회나 연회에는 파트너를 대동하는 것이 일반적입니다. 대부분 남성이 먼저 신청하는 편이나 여성이 신청하는 경우도 있습니다.
9	데뷔탕트 첫춤	여성이 처음 사교계에 데뷔하는 데뷔탕트의 첫춤과 첫 파트너는 상당히 큰 의미가 있는 편입니다.
10	기사 서임, 맹세	기사의 서임식은 검을 하사하며 칼등으로 양어깨를 한 번씩 치는 것 등의 접촉 혹은 그냥 검을 하사하는 행위 등 다양하게 설정합니다. 이처럼 기사는 검을 목숨처럼 여기기에 기사가 충성을 맹세하는 것은 검을 바닥에 꽂고 한쪽 무릎을 세우고 다른 한쪽을 굽혀 꿇어 앉아 고개를 숙여서 맹세의 말을 하는 것으로 많이 설정합니다.
11	초야	극히 드물게 넣는 설정이긴 하나, 초야를 치르지 않으면 혼인이 무효가 된다는 설정 혹은 귀족이 초야를 보낸 뒤 신관이 처녀혈을 의무적으로 확인한다는 설정이 들어가기도 합니다. 주로 종교 단체의 힘이 꽤 강하다는 설정이 있을 때, 교단에서 결혼을 이와 같은 과정을 통해 인정을 해주는 관례가 있는 것으로 설정하기도 합니다.

사회 분위기

로맨스 판타지에서는 간혹 핍박받거나 빈곤한 사회 계층에 대한 처우나 그들에 대한 대중의 시선의 설정하는 것이 중요하게 작용하곤 합니다. 특히 '여성 서사'를 설립하기 위해서 여성이 가정이나 고아원 등에서 핍박받거나 성인이 되면 결혼 시장에 억지로 팔려 가는 등 사회적인 대우를 받지 못하는 사회로 설정하는 경우가 많습니다. 여성 독자의 공감을 사야 하는 '여성향' 장르인 만큼 척박하고 차별받았던 여성이 주체적으로 모든 걸 극복하고 성공하거나 혹은 사회와 대중에게 받은 상처를 극복해 나가는 과정이 서사가 되곤 합니다. - 이와 같은 사회상에서의 여성 서사를 특별히 돋보이게 하고자 여주인공을 사회적 지탄을 받는 '사형수' 혹은 '마녀'로 설정하기도 합니다 - 이외에도 등장인물들이 '사기꾼'일 경우에는 사회에서 '사기꾼'들의 인식이 어떤지 '수인'일 경우 '수인'에 대한 대중의 인식이나 그들 간의 관계 등에 대한 설정, 전염병이 돌고 있어서 약탈이 만연한 사회 등등... 극이 전개되는 시간 공간적 배경에서 일어날 수 있는 모든 사회적 현상이나 규율들이 모두 사회 분위기 설정에 해당합니다.

#인물 관계도 만들기

시놉시스, 세계관까지 모든 걸 다 만들었나요?

마지막으로 딱 한 가지만 더 준비하면 이제 정말 글을 쓸 수 있습니다. 바로 인물 관계도를 그리는 것입니다.

아까 시놉시스를 쓸 때, 등장인물에 관한 항목은 두 가지로 만들어두면 좋다고 했죠? 첫째는 투고용 둘째는 작가가 소장할 용으로요!

인물 관계도를 만들기 위해서는 여러분이 소장하고 있는 작가용 캐릭터 시트를 꺼내 보세요. 작가용 캐릭터 시트에는 단순히 캐릭터 정보만 더 많이 있어야 하는 것이 아닙니다. 투고용 시놉시스에 적힌 캐릭터보다 더 많은, 극 중 등장하는 모든 인물이 적혀 있어야만 합니다.

자, 작가용 캐릭터 시트를 꺼내 들었다면 이제 종이를 펼치고 인물 관계도를 한 번 그려보세요. 인물 관계도를 그리는 것 역시 그다지 큰 공을 들일 필요는 없습니다.

첫째, 중앙에 남주인공과 여주인공의 이름을 적습니다. 이때, 두 주인공의 사이는 어느 정도는 벌려 놔야 합니다.

둘째, 여주인공과 남주인공의 가족들을 위쪽에 기재해줍니다.

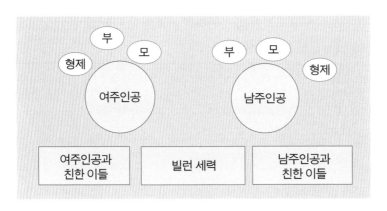

셋째, 여주인공, 남주인공과 우호적인 이들 그리고 빌런 세력을 기재해줍니다.

이 과정에서 메인 등장인물 급의 빌런 혹은 조력자가 있다면 여주인공, 남주인공과 비슷한 크기로 크게 기재해줍니다. 또한 우호적인 이들 중 후에 배신하는 이들이 있다면 색깔 등으로 따로 구분해주는 것도 방법입니다. 이렇게 기재한 뒤에는 각각 선을 그어서 서로의 관계성을 글자나 키워드로 가볍게 적어주는 것이 좋습니다.

인물 관계도에도 따로 정답은 없습니다. 자신이 알아보기 쉬운 방법으로 정리를 하면 되나, 로맨스 판타지에서는 남녀 주인공을 중심으로 관계도를 짜는 것이 알아보기 쉬우니 크게 이러한 틀을 참고해서 그리면 좋습니다. 인물관계도는 다양한 드라마 혹은 소설을 검색해 들어가면 많은 참고 자료를 볼 수 있으니 추가로 보면서 그려보면 좋습니다.

로맨스 판타지는 특성상 현대로맨스보다 더 다양한 인물이 등장할 가능성이 높습니다. 게다가 각각의 이름들이 길고 복잡해서 글을 길게 써 내려가다 보면 잊어버리거나 헷갈리는 경우도 더러 생깁니다. 특히 그게 1-2회 밖에 등장하지 않았던 조연이라면 더 그러합니다.

최대한 작가 본인이 알아보기 쉬운 인물 관계도를 그리고 이를 방에 붙여두거나 작품 노트에 끼워두고 필요할 때마다 한 번씩 보며 인물들의 관계성과 조연들의 이름에 대해서 여러 번 인지할 수 있도록 해주면 좋습니다. 단순히 줄글로 써놓은 인물 정보는 가독성이나 인지 측면에서 현저히 떨어지니까요.

2. 본격적인 집필법

자, 여러분! 그럼 이제 정말 본격적으로 웹소설의 집필 방법!

특히 '서양풍 로맨스 판타지 웹소설'에 집중한 집필 방법에 관해 상세히 알아보겠습니다. 아마 집필 단계까지 왔다면, '시놉시스 작성'과 '자료조사', '세계관 설립'까지 글을 본격적으로 쓸 준비는 모조리 완료된 상태일 것입니다.

앗, 그래도 완벽하게 준비한 게 맞는지 불안하다고요? 그렇다면 몇 가지만 확인하고 시작하시죠! 우선 이 체크리스트만 완료했다면 다른 것들은 완벽하지 않더라도 먼저 집필을 시작하고 차차 메꿔갈 수 있을 테니까요!

#집필 전 한 번 더 체크리스트!

☑ 첫째, 내가 선정한 소재가 클리셰 혹은 트렌드와 상통하는가?

몇 번이나 언급하고 있습니다. '트렌드'에 상통하는가? 그리고 '트렌드'란 곧 '클리셰'라는 단어와 직결되기도 합니다. '트렌드'에 상통하는 소재는 말 그대로 잘 먹히는 플롯을 가지기 마련이니까요. 이것이 바로 '클리셰'입니다.

클리셰는 부정적인 의미로 많이 사용되지만 특히 로맨스 판타지 웹소설에서는 그렇지 않습니다.

클리셰를 따라 쓰라고 하면 신인 작가들의 대부분은 분통을 터트립니다.

"나는 이렇게 신선한 소재들을 상상할 수 있는데 나더러 뻔한 클리셰나 쓰라니!"라고 말입니다.

클리셰를 온전히 따라 쓰라는 말이 절대 아닙니다. 클리셰를 바탕으로 한 창의력을 발휘하라는 말입니다. 계약 결혼이라는 소재가 가지는 클리셰가 있다면, 계약 결혼이라는 소재를 가지고 다르게 비틀어보십시오.

같은 플롯을 가지고 있되 주인공을 계약 결혼을 하는 당사자가 아니라, 당사자의 아이로 설정하거나 주인공에게 특별한 다른 초능력 혹은 결핍을 부여하는 등 클리셰를 바탕으로 하여 요리하는 능력을 길러야만 합니다.

웹소설, 그중에서도 특히 로맨스 장르에서는 어떤 면에서 소재 측면에서 오히려 창의력이 억압될 수도 있습니다. 영상화가 되는 대본의 경우, 영상 매체로 시각화하여 보여지기 때문에 보다 다양한 소재나 스토리들이 수용될 수 있고 흥행할 요소들이 있습니다. 시각화하는 만큼 자극이 강하기 때문에 다양한 소재들을 보다 넓게 받아들일 수 있는 것입니다.

하지만 웹소설은 다릅니다. 독자들은 활자를 참을성 있게 새로운 플롯을 알아내기 위해서 오랫동안 읽지 않습니다. 독자들은 자신이 보고 싶은 플롯을 명확하게 보고 싶어 할 때가 더 많습니다.

물론 이것은 절대적인 공식이라고 볼 수 없습니다. 하지만, 적어도 로맨스 웹소설의 작가는 클리셰를 요리할 수 있는 능력을 함양해야만 합니다. 여러분들이 웹소설을 통해 수익을 거두어들이고 싶은 생각이 있다면 말입니다.

☑ 둘째, 이입할 수 있는 캐릭터와 관계성이 확실하게 구축되었는가?
앞서 언급했듯이 처음 집필을 시작할 때 반드시 설정해야 하는 것은 이입할 수 있는 '주인공'입니다. 메인 주인공 뿐 아니라 사정 있고 매력적인 빌런과 남자 주인공 등 매력적인 캐릭터 빌드업은 아주 중요합니다.

시놉시스 단계에서 이 두 가지가 확실하게 이루어졌다고 판단한다면 여러분들은 반 이상 해낸 것입니다. 물론 이외에도 자료 조사나 스토리의 회차별 줄거리 구축 등 여러 가지를 하고 시작하면 더 좋겠으나, 일단 소재와 캐릭터를 확실히 잡았다면 스토리는 대략적으로만 잡아도 조금씩 수정, 구축해 나갈 수 있습니다.

#작법에 대해 본격적으로 알아보자!

이제 개괄적이고 형식적인 얘기들은 끝내고 본격적으로 작가들이 알아야 할 '작법'에 관해서 알아볼 차례입니다. 웹소설이 무엇인지 알고 어디에, 어떻게 연재해야 할지도 물론 중요하지만 웹소설을 처음 시작하는 사람에게 가장 중요한 것은 역시 '작법' 쓰는 것입니다! 여기서 '글을 쓰는 것'은 당연히 '스토리를 만드는 것'이겠죠. 그렇다면 '스토리'에서 중요한 것은 과연 무엇일까요?

그럼 가장 쉽지만 가장 어려운 것들에 대해서 차근차근 되짚어보겠습니다.

☑️ 스토리 구성에서 중요한 요소들

가장 중요한 건 꺾이지 않는 밸런스!

스토리에 대한 교육에서 꼭 나오는 말이 있습니다. 바로 스토리의 3요소입니다. 인물, 사건, 배경을 말하지요. 고등학교 때나 배운 진부한 이론이 여기서 튀어나오는 것입니다. 물론 인물과 사건 배경까지 그 어떤 것도 빠트릴 수 없이 모두 중요합니다. 하지만 웹소설에서 가장 중요한 것은 바로 밸런스입니다.

'웹소설'에서는 '스토리'를 이루는 많은 요소 중 하나가 부족한 작품이라 할지라도 성공할 수 있습니다.

그게 무슨 말이냐고요? 예시를 하나 들어드리겠습니다.

예컨대, 굉장한 묘사력과 매력적인 캐릭터들이 등장하지만 사건들의 개연성이 이상하게 맞지 않는 소설이 있을 수 있습니다. 혹은 굉장히 심각한 갈등을 야기했던 사건이 너무도 두서없이 갑자기 해소가 되어버리는 등, 전개 자체가 독자가 납득하지 않는 방향으로 되는 작품도 분명 있을 수 있지요.

하지만 이런 작품도 높은 성적을 기록할 수 있습니다. 왜냐하면, 이 두 주인공이 이렇게 갑자기 해소되어 버린 사건 뒤에 뜨거운 밤을 보내게 되었거든요!

물론 독자들은 이전에 있었던 사건의 개연성에 대해 의문을 품기는 하나, 두 주인공의 러브라인의 행방을 쫓아서 계속 쫓아오게 됩니다.

제가 말하는 '밸런스'가 바로 이런 것입니다.

스토리를 구성하는 데 있어서 중요한 수많은 것들이 있습니다. 그 모든 것들이 뛰어나면 스토리는 더더욱 완벽해집니다. 하지만 한두 가지 정도가 부족할 수 있습니다. 그럴 경우, 다른 요소로 이를 커버해 줄 수 있습니다.

특히 웹소설이라는 콘텐츠의 특성 때문입니다. 독자들은 웹소설을 추리하거나 깊이 생각하며 보지 않습니다. 그저 가볍게 읽고 스트레스를 해소하는 용으로 보는 경우가 더 잦습니다. 그렇다면 그저 가볍게 읽힐 수 있는 하나의 몰입할 수 있는 요소만 있다면 필력이 부족하거나 개연성이 조금 안 맞더라도 성공할 수 있다는 것입니다!

반면에 러브라인의 구축이 조금 미약하다고 하더라도 사건이 지나치게 박진감이 넘친다면 이를 따라올 수도 있을 것이며 사건이나 러브라인이 모두 조금 부족하다 하더라도 등장인물 중에 지나치게 매력적인 캐릭터가 있어서 그의 입담을 보고자 쫓아올 수도 있을 것입니다.

그러니, 스토리에서 중요한 것들을 보기 전에 가장 유의해야 하는 것은 바로 밸런스입니다.

하나의 추가 가벼우면 다른 추가 좀 더 무거우면 됩니다. 그러기 위해서는 단 하나 이상의 뾰족함을 갖는 스토리를 만드는 것이 중요하겠죠. 여러분이 만드는 웹소설의 스토리는 모든 방면에서 반드시 완벽해야 할 필요는 없습니다. 그러니, 밸런스를 맞추어 '하나의 뾰족함을 갖춘' 스토리를 만들어보세요.

주인공의 목적성 설립

'주인공의 목적성은 뚜렷할수록 좋다'라는 말이 있습니다. 주인공의 목적성을 뚜렷하게 만들라! 뭔가 있어 보이는 말이나, 사실 생각해보면 너무나도 당연한 일이죠.

스토리를 계속해서 보게 하는 힘은 바로 주인공에 대한 몰입도입니다. 그리고 주인공에게 몰입되려면 주인공의 행동에 공감하고 따라갈 수 있도록 플롯과 캐릭터를 구성해야만 합니다.

그 행동을 만드는 것이 바로 주인공이 가진 '목적성'입니다. 여기서 말하는 '목적성'이 무언지 잘 와닿지 않는 사람도 있을 것입니다. 목적성이 가장 뚜렷한 소재의 스토리를 예로 들자면 바로 '복수물'입니다.

2023년 상반기 공전의 히트를 기록한 송혜교 주연의 넷플릭스 시리즈 드라마 '더 글로리'를 본 적이 있을 것입니다. '더 글로리'의 모든 플롯들은 다 송혜교, 극 중에서는 문동은의 복수를 위해 짜여 있습니다. 그녀가 검정고시를 패스하고 교사가 되는 것도 이후에 벌이는 모든 일들도 다 그녀의 목적인 '복수'를 위해서입니다.

이 확실하고 뚜렷한 목적성과 그녀의 모든 주체적인 행동에 대한 당위성은 독자들로 하여 최고치의 몰입감을 선사합니다. 목적성이 뚜렷할수록 스토리의 플롯이 사는 것은 바로 목적이 뚜렷할수록 주인공이 더 주체적으로 움직이는 것도 있습니다. 주인공이 살아있고 주인공이 움직여야만 극은 더 살아나는 법이니까요.

얼핏 들었을 때는 '목적성'을 부여하는 것이 그다지 어렵지 않게 느껴질 수도 있습니다.

웹소설로 예를 들어보겠습니다. 웹소설에서 흔히 볼 수 있는 '악역 빙의물'은 흔히 '처형당하고 죽을 운명이었던 악역이 미래를 알고 회귀 혹은 빙의하여 죽지 않기 위해 주체적인 행동을 한다'라는 플롯을 가집니다.

여기서 주어지는 목적성은 '죽지 않고 살아남기'입니다. 이 얼마나 간단하고도 직관적이며 모든 이들이 납득할 수 있는 강력한 목적성일까요.

악역 빙의물이 흥행했던 포인트 또한 여기에 있었습니다. 악역 빙의물은 필연적으로 목적성이 강해지고 그럼 몰입도가 높아질 수밖에 없었으니까요!

그럼 목적성을 부여하는데 있어서 어떤 문제들이 있을 수 있을까요?

첫째, 목적이 금방 이루어지는 경우

여기에 한 가지를 더해보도록 하겠습니다. 악역에 빙의하지만 금방 죽을 위기를 넘기고 '죽지 않게 되었다'라는 스토리의 흐름으로 전개되었다면? 주인공이 미래를 알게 됨으로써 한 가지의 사건만 비틀어도 '죽을 운명'을 피하는 것은 어렵지 않을 수 있을 것입니다.

이 경우는 '목적을 빠르게 달성해 버리는 경우'입니다. 그럼 목적을 잃어버린 스토리는 두 가지 경우의 수를 맞습니다. 그대로 목적을 잃은 채 재미가 없는 글이 되어 버리거나 새로운 목적성을 성공적으로 부여해주는 것입니다. 하지만 어지간한 필력이 아니고서는 하나의 목적이 달성되고 나서 새로운 목적성을 부여하는 건 쉬운 일이 아닙니다.

그 전부터 새로운 목적이 생기기까지의 개연성을 줄 수 있는 요소들을 넣어주어야 촘촘한 플롯이 되기 때문입니다. 때문에 만일 글쓰기를 처음 시작하는 작가라면 필자는 강력한 '하나의 목적성'을 부여하고 글을 시작하길 추천하는 바입니다.

둘째, 목적이 두 개인 경우

목적성을 설립하며 발생할 수 있는 두 번째 오류는 바로 '목적이 두 개가 생기는 경우'입니다. 제 작품인 '악역 공작 영애의 특별한 쌀 재배법' 또한 이러한 점에서 플롯을 구성하는데 어려움을 겪었는데요.

아래는 '악역 공작 영애의 특별한 쌀 재배법'의 작품 설명글입니다.

> 어느 날 전생이 기억났다.
> 쌀 농사꾼으로의 성공을 목전에 두고 망할 트럭에 치여 허무하게 죽은 전생이!
> 게다가 전생에서 읽은 소설 속 악역 영애란다.
> 무려 사이코패스 남자 주인공들과 엮이다가 결국 처참하게 죽임당하는 악역 영애.

하늘이 무너지는 듯한 충격에 나는 굳건히 다짐했다.

이번 생에는 결코 쉽게 죽어주지 않겠어!

"그 '오빠' 소리 그만두지 그래."

메테오로 당장 날 태워죽일 것 같은 마법사도!

"예상 밖의 것. 그건 꽤 좋아할지도 모르겠군요."

싱글싱글 웃는 낯으로 속은 시커먼 흑막도!

"내가 원하는 건 죽음이야."

저를 죽여달라는 꺼림칙한 마수왕도!

"사실, 나는 영애에게 꽤 호감을 가지고 있어."

맥락 없이 들이대는 이상한 황태자도!

모두 잘 피해서 전생에 못다 이룬 '쌀 사업으로 대성공'의 꿈을 이루는 거야!

"쌀이라니, 그게 뭡니까? 아가씨?"

"아, 고대의 성현들이 재배해 먹었지만 결국 멸종된 전설의 고대 작물! 맞죠?"

……엥? 근데 뭐라고? 이 세계엔 쌀이 없단 말이야?

[악역빙의/소설빙의/긍정여주/약간 개그/먼치킨/농부물]

'악역 공작 영애의 특별한 쌀 재배법'은 말 그대로 '악역 빙의물'입니다. 그리고 앞서 말했듯 '죽을 운명에 처해 살아남아야 한다'라는 강한 목적성이 부여된 악역 빙의물이기도 합니다. 다만, 이 소설의 가장 큰 다른 점은 '살아 남아야 한다' 외에 다른 한 개의 목적성이 추가로 부여가 되었다는 점입니다.

주인공인 에리카 드리엣은 전생에 쌀농사를 지었고 성공을 목전에 두고 사고로 죽고 맙니다. 그리고 자신이 악역인 소설 속 캐릭터 에리카 드리엣으로 환생했다는 것을 어느 날 알게 됩니다. 여기서 그녀에게는 두 개의 목적이 생긴 것을 알 수 있습니다. 바로 '살아남는 것'과 '쌀을 재배하는 것'입니다.

캐릭터가 두 개의 목적성을 가지고 있는 플롯을 구상하였다면 작가가 전개에 있어서 어려움을 겪을 확률이 큽니다. 그러나 그렇다고 좌절할 필요는 없습니다. 두 개의 목적성을 캐릭터에 부여해준 플롯에서도 스토리라인에 생동감을 부여해줄 방법은 있으니까요!

두 개의 목적성을 가지고 있는 플롯을 구상하였다면 선택지는 단 하나입니다. 서브 목적과 주목적을 나누는 것입니다. 또한 두 가지 목적의 연관성을 지어주는 것도 방법중의 하나입니다.

'쌀을 재배해야만 살아남을 수 있다' 와 같이 말입니다. 필자는 여기서 주목적을 '쌀을 재배하는 것'으로 두었고 '살아남는 것'을 부목적으로 두었습니다.

이를 인지시키고 납득시키기 위한 장치로는 주인공의 성격을 최대한 단순화시키는 것이었습니다. 주인공의 성격을 단순화시킨 뒤, 목숨을 위협화하는 요소들이 아닌 자신의 꿈에 집중하도록 플롯을 구축해서 개연성을 강화시킨 것입니다. 목적성을 기반으로 하여 스토리를 구상할 때는 이처럼 캐릭터와 개연성 등 유기적으로 모든 스토리를 연계시켜서 고려해 '밸런스'를 맞춰야 한다는 것을 유의해야 합니다. 하나를 다른 하나가 보완해주는 요소로 활용할 수도 있다는 점도요.

하지만 이렇게 목적이 두 개가 부여된다면 상대적으로 복잡하고 인지하기 어려운 플롯이 될 가능성이 크기 때문에 역시 목적은 하나의 강력한 목적을 부여하고 그 목적을 달성하기까지의 소목적들을 배치, 그 과정 속에서 새로운 인물들을 만날 수 있게 스토리 플롯을 짜는 것이 이상적입니다. 특히 처음 글을 쓰는 초보 작가에게는 더더욱 강한 하나의 목적성 설립을 추천합니다.

2023년 화제가 되었던 드라마 '더 글로리'의 예시를 다시 한번 들어보겠습니다. 주인공인 '동은'은 어린 시절 자신에게 학교 폭력을 가했던 '연진'에게 복수를 하고자 수십년을 치밀하게 준비합니다.

먼저 학교 재단 이사장에게 접근하여 약점을 잡고 그것을 빌미로 '연진'의 딸의 담임 선생님이 됩니다. 또한 '연진'의 남편과 가까워지기 위하여 바둑을 배우기 위해 남주인공인 여정과 만나고 바둑을 두게 되죠.

이처럼 그녀는 하나의 큰 목적인 '연진에게 완벽한 복수'를 이루기 해 소목적들을 세우고 하나하나 이루어 나갑니다. 위와 같은 플롯은 무척 직관적이고 몰입도가 높게 다가올 수밖에 없습니다.

웹소설에서 가장 직관적이고 일반적인 큰 목적들은 위에서 언급했듯이 '복수'와 '살아남기' 혹은 '꿈을 이루기' 혹은 '평범하게 살기' 등이 있습니다. '복수' 혹은 '살아남기'와 같은 아주 강력한 목적성 외에도 '평범하게 살기' 혹은 '꿈 이루기'와 같은 목적성도 설립할 수 있습니다.

웹소설에서는 유안 작가님의 '쉬고 싶은 레이디'가 그 대표적인 예입니다.

'쉬고 싶은 레이디'에서 주인공은 그저 쉬고 싶을 뿐 강해지거나 다양한 경험을 하고 싶어하지도 않습니다. 그렇지만 그 목적성을 방해하는 수

많은 요소들이 발생하며 어려움을 겪습니다.

　이처럼 목적은 다양하게 설립할 수 있으며 그 목적에 도달할 때까지 소목적과 그에 엮인 인물들로 플롯을 다채롭게 만들 수 있습니다. 하지만 모든 흥행작에서 '목적성'이 돋보인다고 단언할 수는 없습니다. '멜로가 체질'이나 '술꾼 도시 여자들'과 같은 드라마 역시 그러합니다.

　하나의 강력한 목적이 돋보인다기보다는 (물론 각각의 목적성이 일부 있기는 하지만) 극 중 등장하는 캐릭터성이 돋보이는 플롯도 있습니다.

　이외에도 유명 웹소설인 '김 비서가 왜 그럴까'와 같이 어느 날 갑자기 회사를 그만둔다고 선언한 '김 비서'에게 사장인 이영준이 호감을 느끼게 되는 플롯 즉 '로맨스 서사'가 돋보이는 플롯일 경우 목적성이 돋보이지 않아도 몰입도를 높여줄 수 있습니다.

　이외에도 주인공의 행동에 '목적성'이 돋보이지 않지만 보는 이들로 하여금 '목적성'을 느끼게 하는 소재로 '성장물'이 있습니다.

　'이상한 변호사 우영우'와 같이 성장물의 플롯에서도 하나의 강력한 목적성이 돋보이지는 않습니다. '이상한 변호사 우영우'는 자폐 스펙트럼 장애를 가진 변호사 우영우의 성장기를 다룬 드라마죠.

　성장물 스토리 플롯은 '꿈'이라는 목적성이 주어지고 그것에 따라 성장하는 스토리와 '꿈'을 찾아나가는 스토리 혹은 가지고 있는 상처를 극복해 나가는 스토리 등 다양합니다.

　하지만 '이상한 변호사 우영우'에서는 주인공인 우영우가 '뛰어나고 좋은 변호사'가 되겠다는 명확하고 강렬한 목적을 가지고있다고 제시하는 씬들이 많이 등장하지 않습니다. 그보다는 캐릭터성의 강조와 옴니버스형 사건들을 통해 스토리를 전개해 나가는 편입니다.

그러나 이러한 플롯에서는 오히려 보고 있는 시청자 혹은 독자들이 강하게 목적을 갖게 됩니다. 독자들은 '우영우'를 응원하게 되고 그녀가 꿈을 이루게 되기를 원하고 그녀가 성장하기를 원하게 됩니다.

결국 그녀는 자신이 무얼 원하고 있는지 강하게 깨닫거나 열망한다고 제시되지 않았지만, 극의 마지막에서 그동안 넘지 못했던 회전문을 혼자서 넘나들 수 있게 되고 그동안 일했던 한바다 로펌에서 정사원으로 전환되며 '뿌듯하다'라는 감정을 표출합니다.

극 내에서 계속 제시된 것은 아니나 우영우에게는 아주 확실한 목적성이 있었던 셈입니다. 바로 '성장'이라는 목적입니다. 성장물은 극이 전개되는 동안 독자들이 주인공에게 있어서 아주 강력한 목적성이 있다고 느끼지 못할 수 있지만 극의 마지막에서 그 목적성에 대해서 깨닫게 될 수 있습니다.

즉, 스토리 라인을 구축하는 데 있어서 하나의 목적성을 부여하는 것이 바람직하나 '캐릭터성'이나 '로맨스 서사'가 보다 강한 스토리 라인을 구축할 때는 주인공에게 아주 강한 목적성을 부여하지 않더라도 스토리를 보게 하는 힘이 생기기도 합니다.

또한 '성장물'소재의 경우 주인공에게 부여된 목적성이 돋보이지는 않을 수 있으나 '성장'이라는 목적 자체를 보는 이들이 따라가게 되는 특성이 있습니다.

캐릭터 상세 구축법
이번에는 앞서 준비 단계에서 개략적으로 설정해두었던 캐릭터를 보다 상세히, 본격적으로 만들어보는 법에 대해 알아보겠습니다.

많은 작가들이 묻곤 합니다. '캐릭터는 어떻게 구축해 나가야 하나요?' 여기서 캐릭터라 함은 주인공 등장인물들을 말합니다.

스토리 라인을 구축하는데 있어서 캐릭터를 만들어내는 것은 아주 중요합니다. 스토리를 구성하는 사건의 배치들의 흥미가 조금 떨어진다고 하더라도 캐릭터의 매력도에 빠진다면 독자들은 계속해서 글을 읽을 수밖에 없습니다.

매력적인 캐릭터를 구축하는 것은 사람에 대한 통찰력에서부터 시작됩니다. 작가는 혼자만의 시간을 가장 많이 보내야 하는 직업군 중의 하나이지만 동시에 사람에 관해 가장 많이 알아야만 하는 직업군입니다.

이는 바로 캐릭터 구축이라는 큰 과제 때문입니다. 주인공 남녀의 캐릭터뿐만 아닙니다. 요즘은 사연 있는 악역이나 조연 캐릭터들의 구축 또한 극에 생명력을 불어넣는 데 아주 중요한 역할을 합니다.

그렇다면 항상 사람들에 대해서 어느 정도는 분석적인 시각으로 볼 줄 알아야만 합니다. 실제 우리의 생활 속에서 마주치는 사람들은 다들 각양각색의 캐릭터를 가지고 있습니다. 그 중에서 매력적이라고 생각되는 대사나 행동이 있다면 그 또한 메모해두는 습관을 가지면 좋습니다. (물론 많은 사람들이 이런 행동을 보이면 직업병이라고 하겠지만요)

하지만 그것만으로는 부족하기 마련입니다.

캐릭터에 이해는 해도, 해도 부족합니다. 그래서 드라마나 영화 혹은 만화나 웹툰 웹소설 등 수많은 매체를 통해서 콘텐츠를 접하고 그를 통해서 캐릭터를 공부할 필요가 있습니다. 주로 등장하는 캐릭터들이 어떤 캐릭터들이고 그들은 어떤 성장환경을 가지고 있으며 그로 인해서 그들이 내뱉는 대사나 행동들은 어떤 양상에서 나오는지까지요.

때로는 웹소설에서 탈피해 고전을 읽는 것 역시 도움이 됩니다. 대표적으로는 '작은 아씨들'과 같이 자매들의 캐릭터들이 각각 다른 소설 또한 읽어보면 캐릭터 분석에 도움이 될 것입니다.

평소에 이처럼 캐릭터에 대해서 생각하고 고찰하는 시선을 가지는 습관을 가진 뒤, 실제로 소설 속에 나오는 캐릭터를 구상하고 빌드업할 때는 키워드에서부터 시작하면 좋습니다.

Step1. 소설의 소재와 스토리에 적합한 '키워드'로 캐릭터 구축

'계약연애물' 그리고 '복수물', '회귀물'이라는 소재와 키워드를 적어보았습니다. 예를 들어 전남편에게 복수하기 위해서 회귀한 뒤 다른 남자와 계약 연애를 시작하는 스토리를 구축한다고 가정해봅시다. 이때 주인공 여자의 캐릭터는 어떻게 구축해야만 할까요?

회귀 후에 복수를 꿈꾸는 스토리인 만큼 차갑고 이성적이고 똑 부러지는 성격이어야 극의 전개가 용이할 것입니다. 지나치게 감정적이거나 우유부단하다면 복수라는 목적성을 위해서 움직이지 못할 테니까요.

Step2. 호감 캐릭터로 구축

차갑고 계획적이며 똑 부러지는 성격으로 설정하되, 주인공인 만큼 차갑고 똑 부러지되 성정만큼은 온정이 있게 설정하는 것도 방법입니다. 캐릭터 구축에 있어서 답은 없으나, 주인공 캐릭터를 설정할 때 반드시 명심해야만 할 것은 주인공은 비호감보다는 호감 캐릭터로 구축하는 것이 더 유리하다는 점입니다.

물론 비호감 캐릭터로 설정을 해도 충격적인 사건을 배치하는 등의 스토리 라인이나 사건의 배치로 인해 독자들이 쉽게 읽고 따라가는 경우도 드물게 있습니다. 하지만 주인공 캐릭터도 독자로 하여금 마음이 가도록 설정하는 것이 여러모로 극에 싫증을 내거나 하차하지 않도록 하기 위해 유리합니다.

'호감 캐릭터'의 의미는 시대에 따라 많이 바뀌었는데요. 특히 요즘은 '걸크러시'라는 단어가 성행하며 말 그대로 주인공이 답답하게 행동하지 않고 독자들이 속 시원하게 행동하는 것을 선호합니다.

글을 연재하다 보면 독자들이 '작가님 고구마 말고 이제 그만 사이다 주세요'와 같은 댓글 많이 답니다.

여기서 말하는 '사이다'는 이러한 캐릭터성에서 비롯되는 경우가 많습니다. 자칫 답답할 수 있는 상황에서도 주인공이 보다 주체적인 행동을 함으로써 이 상황을 시원하게 해결해 나가는 모습을 보이는 것이죠. '복수물'의 플롯이 유행하는 것도 같은 양상입니다. 독자들은 주인공이 아무것도 못하고 수동적인 모습을 선호하지 않습니다. 보다 주체적이고 공감이 가능하고 또 그러면서도 동정할 수도 있는 캐릭터를 원합니다.

여기서 '호감 캐릭터'라는 것이 무조건 주체적인 캐릭터라는 것은 아닙니다. 주체적이지는 않더라도 능력치가 지나치게 높거나 성격이 쿨하거나 차별 당하는 사람들에 대해서 남들과 다르게 편견이 없는 등, 주인공이 호감을 살 수 있는 요소들을 넣어주면 됩니다. 또한 만일 주체적인 캐릭터로 설정한다고 해도 반드시 크게 눈이 보일 만큼 뚜렷한 주체적인 행동을 하지 않아도 됩니다.

'상수리나무 아래에서'라는 김수지 작가의 웹소설에서 주인공인 맥시 밀리언은 말더듬이로 나옵니다. 그녀는 자기 자신에 대한 자존감이 낮습니다. 하지만 여러 가지를 배우는 등 아주 조금씩 변화하고 성장해 나갑니다. 물론, 이 경우 등장인물의 성격과 전사를 설득력 높게 설립해 '소극적 저항'이나 '성장'도 주체적 행동이라고 인식할 수 있도록 해주어야만 합니다. 이처럼 크게 계략을 꾸미거나 빌런을 해치우는 등의 행동을 하는 것이 아니라 조금씩 변화하는 것도 주체적인 행동이라고 볼 수 있습니다.

Step3. 세부적인 주인공의 설정을 위해 활용 가능한 것들

소설의 스토리와 소재에 맞게 등장인물들의 키워드와 성격을 정한 뒤, 해야 할 것은 '기준'과 '정도'를 정하는 것입니다. 예컨대, '선에 가까운 인물이냐 혹은 악에 가까운 인물이냐', '지나치게 감성적이냐 이성적이냐', '외향적이냐 내향적이냐' 등등의 기준입니다. 선과 악은 확실히 규정할 수 없는 것이기 때문에, 모호하게 적어주어도 좋습니다.

그리고 이러한 기준치를 세울 때, 활용 가능한 것이 있습니다. 바로 MBTI입니다!

한때 열풍이 일었을 정도로 MBTI에 대한 신봉자들이 많았는데요. 지금도 가끔 유튜브에서 쇼츠를 열어보면 MBTI별 다른 대답 등이 떠오르곤 합니다.

그리고 MBTI는 실제로 인물을 분석하고 성격을 설정할 때 많은 도움이 됩니다. 주인공 여자의 큰 성격과 키워드를 확립했다면 세부적인 성격은 MBTI별 분석 등을 통해 정해보는 것도 좋습니다. 주인공뿐만 아니라 다른 인물들의 MBTI도 정해둔다면 그들의 대사를 쓰거나 그들의 사고를 이해하는데 굉장히 큰 도움이 됩니다.

이 외에도 활용 가능한 것은 음악 혹은 색입니다.

부드러운 분위기의 음악이 있는가 하면 격정적인 분위기의 음악들이 있죠. 주인공의 성격에 따라 이입이 되는 음악 또한 다를 것입니다. 초반에 주인공의 성격과 어울리는 듯한 음악을 정해둔다면, 나중에 대사를 쓰면서 그 등장인물의 성격에 맞는 행동과 대사를 구사하는데 리듬을 찾고 싶을 때, 굉장히 도움이 됩니다.

색 또한 마찬가지입니다. 주인공이 밝고 온정이 깊은 성격이라면 노란색과 같이 난색을 활용해 심볼로 적어두는 것도 방법입니다. 또한 주인공이 들고 다니는 옷이나 아이템들을 그러한 색으로 강조해주는 등 이미징을 시켜 독자들로 하여금 그 주인공의 성격을 보다 구체화하도록 도와주는 것도 좋습니다. 주인공의 성격과 캐릭터가 강할수록 보다 매력적으로 보이기 마련이니까요.

로맨스 판타지 장르에서는 오히려 색으로 주인공의 캐릭터라이징을 하는 것이 더 용이한 편입니다. 서양 중세를 배경으로 하고 있는 만큼 캐릭터들의 눈색 혹은 머리색이 각양각색으로 설정할 수 있기 때문입니다. 예를 들자면, 주인공의 머리색을 검은색과 검은 눈으로 설정했다면 차갑고 이지적인 이미지를 줄 수 있고 분홍색으로 설정했다면 몽글몽글하고 귀여운 이미지를 줄 수 있을 것입니다.

하지만 외모를 그렇게 설정했다고 해서, 반드시 성격도 동일해야만 하는 것은 아닙니다. 여기서 반전 포인트를 줄 수도 있습니다. 예를 들어

분홍색 머리에 굉장히 포근한 분위기를 가진 여자 주인공(소설 빙의물이라는 가정 하에)이 사실은 성격이 굉장히 사악하고 지략적이며 악랄하다는 반전을 넣어줘서 스토리에 생동감을 넣어주는 것도 방법입니다.

특히 로맨스 판타지에서는 직업, 외양에서 드러나는 색감 등의 이미지를 활용해 '메인 캐릭터'와 '서브 캐릭터' 포지션을 나누기도 합니다. 말 그대로 '주류'와 '비주류'라고 표현하는 캐릭터 구분입니다. '주류'란 많은 독자들이 좋아하는 특징을 가진 캐릭터이고 '비주류'[1]는 그의 반대입니다.

이처럼 이미지적인 부분들을 고려하여 캐릭터를 설정하고 외양까지 함께 설정하는 것이 좋습니다.

Step4. 주인공의 능력치에 대한 설정

로맨스 판타지 장르에서는 특히 캐릭터 빌드업을 할 때 주인공의 능력치를 고려해야 합니다. 작가가 설정하기 나름이기는 하나, 세계관 자체가 '마법'이나 '오러' 혹은 이종족까지 다양한 능력치 설정값을 줄 수 있기에 주인공의 능력치는 무엇보다 중요해집니다.

흔히 '먼치킨물'이라고 하죠.

주인공이 터무니없이 강해서 역경 없이 모든 것들을 헤쳐나갈 수 있는 소재입니다. 하지만, 반드시 이런 '먼치킨물'처럼 주인공이 세계관 내에서 강한 능력치를 가지고 있을 필요는 없습니다. 오히려 주인공에게 아무런 능력치가 없더라도 주인공을 둘러싼 주변 사람들의 능력치가 지나치게 뛰어나고 그런 사람들이 아무런 능력은 없지만 그저 성실하고 주변 사람들 잘 챙기는 따뜻한 성격의 주인공을 따르고 좋아하는 스토리 또한 각광 받는 플롯 중의 하나입니다.

---

1) 주류와 비주류는 보다 대중적인 소설과 그렇지 않은 소설을 언급할 때도 쓰이는 용어입니다.

결국 반드시 능력이라는 것이 물리적이고 초능력적인 요소가 아니어도 상관이 없다는 점입니다. 주변 사람들의 호감을 사는 것 또한 능력이라고 볼 수 있겠죠. 그리고 호감을 살 수 있는 캐릭터란 앞서서 설정했던 주인공의 성격에서부터 비롯될 테고요.

그리고 이러한 주인공의 능력은 스토리 플롯에 따라 적절히 부여해 주면 좋습니다. 〈악역 공작 영애의 특별한 쌀 재배법〉이라는 저의 소설의 예시를 들어 보자면, 주인공 여자인 '에리카 드리엣'은 가문 대대로 내려오는 특별한 능력치를 부여받습니다. 바로 신체적인 능력이 남들보다 배 이상으로 뛰어나다는 것입니다. 주인공의 단순무식한 성격과 상통하기 위해 부여한 능력치였습니다. 주인공은 머리가 좋지 않고 단순하고 털털한 성격입니다. 말 그대로 농사만 좋아하는 '농사 바보'라는 설정이죠.

이 설정을 뒷받침해줄 수 있는 능력이 바로 '신체적 능력이 강하다'라는 것이었습니다. 신체적 능력이 강해야만 이토록 단순하고 바보라도 살아남기 쉬우니까요. 또한 단순하게 사고해도 신체적 능력이 강하기 때문에 모든 상황을 쉽게 타개해 나가는 사이다적 전개도 자연스럽게 가능해집니다.

이렇게 캐릭터의 성격적인 부분과 능력적인 부분들의 밸런스를 고려해 서로 보완할 수 있도록 설정하는 것이 중요합니다. 그리고 어떤 능력을 이렇게 적절하게 배치하고 밸런스를 맞춰줄 수 있는지에 대해서는 평소에 로맨스 판타지 장르를 많이 접하고 어떤 성격에 어떤 능력치가 부여되는지 캐릭터에 대한 분석을 많이 해본다면 도움이 됩니다.

로맨스 판타지에 등장하는 대표적인 능력들에 대해서 한 번 살펴보겠습니다.

‘마법을 쓸 수 있는 능력’ 혹은 ‘수인으로 변할 수 있는 능력’, ‘예지몽을 꿀 수 있는 능력’, ‘순식간에 다친 상처가 나아버리는 능력’, ‘모든 것을 기억하는 절대 기억력’, ‘오러를 잘 활용하는 검에 능한 능력’, ‘사업적인 수완이 뛰어난 능력’, ‘시간을 되돌리는 능력’, ‘정령이나 요정을 다룰 수 있는 능력’, ‘동물과 대화하는 능력’ 등 아주 다양한 능력이 로맨스 판타지에는 존재합니다.

이 외에도 여러 가지 능력들이 존재하는데요. 많은 능력치 중에 그 능력과 어울리는 성격, 스토리를 매칭, 구성하는 능력을 기르기 위해 노력하세요.

참고로 성격이나 스토리 뿐 아니라 ‘세계관’ 또한 해당 능력이 자연스러울 수 있도록 구상해주는 것이 좋습니다. 예를 들어 주인공이 새로 변하는 능력을 가지고 있는 ‘수인’이라고 한다면 주인공의 집안이 모두 다 새로 변하는 능력을 가지고 있는 ‘새의 가문’으로 설정할 수 있을 것이고 주인공 남자는 더불어 표범으로 변하는 ‘표범의 가문’으로 설정할 수 있을 것입니다.

유전적인 부분을 고려해 가문에 다소 통일성 있는 능력치를 부여해준다거나 세계관 자체에서 이러한 설정값이 어떤 영향을 끼치고 이로 인해 다른 등장인물들은 어떤 능력치를 가지는지까지 이질감 없도록 설정해야만 한다는 것입니다.

Step5. 캐릭터끼리 성격 조화도 고려하기
캐릭터의 성격에 따른 관계성 설정도 잊지 말아야만 합니다. 주인공 남녀가 사랑에 빠지는 스토리 구성을 위해서는 두 주인공이 서로에게 끌릴 수 있는 각각의 캐릭터 특징, 설정이 필요합니다. 그리고 그 성격을 서로가 포착할 수 있는 사건을 배치해주는 것도 고려해야만 합니다. 누가 보아도 싸울 수밖에 없는 양날의 검 같은 성격의 등장인물들이 지나치게 친밀하게 관계성을 설정하면 개연성이 무너지게 될 것입니다.

Step6. 캐릭터는 글을 쓰며 작가가 주는 애정도에 따라 완성된다!

대사를 쓰다 보면 애정이 가는 등장인물이 생깁니다. 메인 남주인공이 아닌 조연 캐릭터에 더 마음이 갈 때도 있기 마련입니다. 그리고 작가는 이를 반드시 경계해야만 합니다. 캐릭터 구축의 진정한 완성은 글을 쓰면서 이루어지기 때문입니다.

캐릭터의 행동 양상도 그러하지만, 어떠한 사건이 있을 때 특정 캐릭터가 활약하고 엮이는 계기를 마련해주는 것도 중요합니다. 그리고 이때, 전적으로 작가가 애정을 쏟아 붓는 캐릭터들이 돋보일 수밖에 없습니다. '비중 있는 캐릭터'가 되어 버리는 것이죠. 작가가 반드시 경계해야만 할 것은 조연 캐릭터를 메인캐릭터로 만들어 버리는 경우입니다. 항상 작가는 중심을 지켜야 하며 자신이 메인캐릭터로 정한 캐릭터에 애정을 주고 비중을 조절해 주어야만 합니다. 그래야만 극 중에서 캐릭터가 완전히 완성될 것입니다.

대표 캐릭터 키워드

남자 : 재벌남, 집착남, 후회남, 대형견남, 절륜남, 유혹남, 직진남, 능력남, 뇌섹남, 조신남, 츤데레남, 사이다남, 계략남, 능글남, 다정남, 나쁜남자, 반존대남, 상처남, 동정남, 까칠남, 냉정남, 무심남, 오만남, 짝사랑남, 연하남, 사차원남, 카리스마남

여자 : 뇌섹녀, 능력녀, 재벌녀, 사이다녀, 직진녀, 계략녀, 능글녀, 다정녀, 애교녀, 유혹녀, 절륜녀, 집착녀, 나쁜여자, 후회녀, 상처녀, 짝사랑녀, 순정녀, 철벽녀, 동정녀, 순진녀, 까칠녀, 무심녀, 외유내강, 남장여자, 걸크러시, 털털녀, 엉뚱녀, 쾌활발랄녀

캐릭터 간 대표 관계 키워드

재회, 오래된 연인, 첫사랑, 친구〉연인, 라이벌/앙숙, 사제지간, 나이차 커플, 키잡물, 사내연애, 비밀연애, 삼각관계, 갑을관계, 신분차이, 계약연애/결혼, 정략결혼, 선결혼 후 연애, 원나잇, 몸정〉맘정, 소유욕/독점욕/질투, 여공남수(여자가 남자 역할인 관계), 금단의 관계, 운명적사랑, 애증, 혐관

캐릭터 설정 시 채워 넣어보면 좋은 항목

이름, 나이, 직업, 경제적 상황, 능력, 거주지, 평판, 목소리, 외양, 학창시절, 아동기, 결핍 (트라우마)와 추억, 양육자 (부모), 의미 있는 아이템, 친구, 인생에서 가장 큰 선택이나 사건, 사랑에 관한 생각, 식성 (좋아하는 음식, 못 먹는 음식), 약점, 장점, 단점, 말할 때 특징이나 버릇, 이상형, 자주 입는 옷 혹은 선호하지 않는 옷, 그 외의 좋아하는 것과 싫어하는 것, 뚜렷한 가치관, 주요 캐릭터 간의 관계

개연성 고려하기

스토리와 캐릭터까지 설정한 뒤에는 개연성에 대한 부분을 고려해야만 합니다. 개연성은 쉽게 말해, 사건의 배치를 어떻게 하느냐 즉, 구성입니다. 앞뒤의 사건 배치가 이해되도록 해야만 한다는 것입니다.

첫째, 설정값에 어긋나는 사건을 배치하는 경우

예를 들어, 남주인공에게 전쟁영웅이며 누구나 우러러보지만 차갑고 무뚝뚝한 성격의 북부 대공이라는 설정을 부여했습니다. 그런데 사교계에서 남주인공이 수모를 당하고도 아무런 말도 못하고 미안하다고 사과해버린다면 개연성에 어긋나겠죠. 이렇게 주인공의 성격에 대한 설정을 했는데 이에 어긋나는 행동과 사건을 배치한다면 개연성에 어긋나서 독자의 몰입도를 떨어트리게 됩니다.

둘째, 주인공이 목적성을 잊고 다른 일을 하는 경우

여주인공에게 '복수'라는 아주 중요한 목적성을 부여했다고 생각해봅시다. 그러나 어느 순간 아무런 이유 없이 주인공이 '복수'라는 목적을 잊고 남주인공과의 사랑에 빠져 줄곧 데이트만 하는 스토리가 전개가 된다면 독자들은 혼란에 빠지게 될 것입니다.

목적을 뚜렷이 부여했음에도 특별한 계기나 이유 없이 다른 목적을 위해 하는 행동이 이어지게 된다면 스토리는 방향을 잃고 개연성은 자연히 떨어질 것입니다. 주인공의 행동을 목적성에 맞게 배치해주고 이에 따라서 발생하는 이벤트들도 목적으로 향해갈 수 있도록 집중도 있게 구성해주어야만 합니다.

만일 주인공의 목적이 황태자에게 복수를 하는 것이라고 한다면, 황태자의 탄신 연회가 열리는 등의 행사를 만들어주는 것이죠.

셋째, 개연성을 위해서 앞에서 '밑밥'을 뿌리라!

흔히 복선이라고도 합니다. 후에 반전을 넣어주고 싶다면 이에 맞추어 앞에서 여러 가지 장치들을 깔아주는 것입니다. 예컨대 주인공 여자가 회귀를 했는데, 그 회귀를 하도록 만든 사람이 주인공 남자였다면 주인공 남자가 계속해서 마법을 연구하는 등의 행동을 하게 하는 것입니다. 그렇다면 후에 주인공 남자가 마법으로 주인공 여자를 회귀시켰다는 것이 밝혀지면 독자들은 '아, 그래서 그랬구나!'라고 생각하게 될 것입니다. 앞과 뒤의 개연성이 딱 맞아떨어지는 것이죠. 그리고 이렇게 개연성이 맞도록 글을 전개하고 스토리를 구성하기 위해서는 초반에 탄탄한 스토리라인을 확실하게 구상하는 편이 좋습니다. 만일 초반에 스토리를 확실하게 구상하지 않고 글을 쓸 때마다 떠오르는 대로 써내려간다면 결국 스토리의 개연성은 조금씩 어긋나버릴 확률이 크고 결말은 용두사미가 될 것입니다.

추가로, 스토리가 제목과 상통하여 개연성을 맞출 수 있어야 합니다!

개연성을 맞추는데 제목과 내용이 상통해야 하는 것이 필수적인 것은 물론 아닙니다. 다만, 제목과 내용이 지나치게 상반되는 것은 피해야만 합니다. 예컨대, 제목을 '재혼 황후'라고 지었다면 스토리는 등장인물이 '재혼'을 하는 내용으로 전개되는 게 좋습니다. 제목이 '재혼 황후'인데 '이혼한 뒤 혼자 살아가는 여주인공의 스토리'가 된다면 독자들 입장에서는 '응? 이거 제목이 왜 이러지?'라고 생각하게 될 수밖에 없을 테니까요. 무릎을 탁 치게 할 정도로 제목과 상통하게끔 써내려가는 것도 개연성을 맞추기 위한 요소 중 하나입니다.

#글을 써보자!

✅ 시작이 반이다

웹소설에서 가장 중요한 것은 바로 시작입니다. 이는 드라마 극본에도 해당하는 말인데요. 바로 1-7회차 정도의 초반부로 승부를 봐야만 한다는 것입니다. 극본에서 1-2회차를 가장 중시하는 것과 같은 논리입니다. 독자는 초반부에 흥미를 얼마나 돋우냐, 마느냐에 따라 지갑을 여느냐 마느냐를 결정합니다. 여러분들은 웹소설을 단지 취미로 시작하는 것이 아닙니다.

여러분들의 생활을 책임질 수 있는 소득원으로서 '글'을 선택한 것입니다. 그렇다면 전략적으로 써야만 합니다!

초반에서 독자들을 사로잡기 위해서 여러분들이 해야만 할 것은 바로 첫 회차의 장면 구성입니다.

1회차를 집필하기 위해서 1회차의 분량을 알아야 하는데요. 보통 웹소설은 한 회차당 글자수로 편을 나누며 4200-4500자 정도를 1회차로 책정합니다. 장면(씬)의 수는 작가마다 장면의 길이 조절에 따라 달라지기는 하나, 1회차에 적으면 2개, 많으면 5개 정도의 장면을 배치하곤 합니다. 여기서 말하는 장면을 대본에서는 씬으로 표기합니다. 웹소설에서 이러한 씬과 씬 간의 구별은 보통 '***'의 기호로 해주는 편입니다. 이렇게 웹소설의 기본을 파악한 뒤, 1회차를 집필하기 위해서 1회차에 삽입하고자 하는 씬 구성을 먼저 해보세요.

✅ 씬(Scene) 구성은 어떻게 할까?

씬구성을 하는 방식은 작가마다 상이합니다. 저의 경우, 장면 구성은 키워드와 간단한 문장으로 합니다.

회차별 씬구성 메모

▶ 작품 제목 : 악역 공작 영애의 특별한 쌀 재배법

▶ 1회차에 들어갈 내용
전생에 쌀농사로 성공하려다가 죽게 된 과거를 기억하게 되는 여주인공.
자신이 '고귀한 백작 영애' 책에서 환생했다는 것을 알고 살아남아서, 농
부로 성공하고자 하는데…

▶ 1회차 씬 구성
1) 전생의 주인공이 쌀농사로 성공하기 직전의 씬
2) 전생의 주인공이 차를 타고 가면서 죽는 씬 ('고귀한 백작 영애'원작
소설 언급)
3) 이러한 전생을 기억해 낸 주인공 '에리카 드리엣'
4) 전생을 기억해 낸 소설 속 상황 설명과 농부로서 성공하려고 다짐

'악역 공작 영애의 특별한 쌀재배법'같은 경우 위와 같은 형식으로 씬
구성을 했습니다.

첫 번째 씬에서 전생의 주인공이 등장하여, 실제 주인공의 이야기가
전개되는 것처럼 하며 농사꾼으로서의 주인공의 능력을 강조하고 두 번
째 씬에서 그러한 주인공이 바로 차 사고로 죽음에 이르러서 반전 포인트
를 준 것이죠.

특히 로맨스 판타지 소설의 경우 빙의물이 많기 때문에 초반부에 과

도한 설명이 필요할 수 있습니다. 전생에서 주인공이 어떤 사람이었고 어떤 특징을 가지고 있었고, 그와 다르게 현생 – 즉, 빙의 후의 생에서는 어떤 상황인지를 설명해주어야 하기 때문입니다.

특히 '악역 공작 영애의 특별한 쌀재배법' 같은 경우에는 일반적인 로맨스 판타지 소설보다 조금 복잡할 수 있습니다. 앞서 언급했듯 주인공의 목적성이 빙의, 환생한 이세계에서 살아남는 것과 빙의, 환생한 이세계에서 농부로 성공하는 것 두 가지였기 때문입니다.

때문에, 첫 장면에서 주인공이 쌀농사꾼으로서 얼마나 성공하고 싶은 욕심이 있었고 그에 따라 어떤 능력치를 함양하고 있었는지를 가장 강조해줄 수 있도록 전생의 장면을 배치하여 주목적을 강조해주었습니다.

이렇게 극의 인트로에서 스토리에서 가장 중요한 요소 중의 하나인 목적성과 캐릭터성을 강조해줄 수 있는 씬을 배치해주는 것이 중요합니다.

☑ 임펙트 있는 첫 문장으로 매력 발산하기

이렇게 1회에 들어갈 씬을 배치하였다면 첫 문장을 한 번 써보아야겠죠.

시놉시스부터 시작해서 이렇게 많은 과정을 거쳤음에도 첫 문장을 쓰려고 하니, 아무것도 떠오르지 않는다고요?

그럴 때는 여러분이 쓰고 있는 이 소설이 직관적이고 눈에 확 들어올 수 있는 웹소설이라는 것을 잊으면 안 됩니다. 첫 문장은 최대한 직관적이고 눈에 확 들어오게 집필하는 편이 좋습니다. 첫 문장으로 대사를 선택하는 것도 그 방법 중의 하나입니다. 임펙트 있는 대사를 처음에 던지며 시작한다면 그 작품의 첫인상을 좌우하게 될 것입니다.

특히 현대 로맨스 장르에서는 첫 문장으로 '대사'를 사용하는 것을 선호합니다.

하지만 로맨스 판타지에서는 분위기나 세계관 설정에 대한 것을 드러내기 위해 첫 문장에서 임펙트를 드러내기보다는 전체적인 세계관 설명부터 시작하는 경우도 더러 있습니다.

로맨스 판타지 장르 중에서도 보다 분위기가 무거운 극의 톤앤매너를 만들고 싶다면 대사가 아닌 세계관이나 공간 혹은 주인공의 외양이나 상황 등에 대한 설명으로 첫 문장을 시작해도 좋습니다.

무엇보다 중요한 것은, 여러분이 선택한 소재와 장르에 맞는 글을 쓰는 것입니다.

☑ 후킹이 중요하다!

후킹이란, 말 그대로 독자들의 궁금증을 유발하게 하는 하나의 씬을 말합니다. 후킹을 유발하는 방법은 여러 가지가 있는데 그중 가장 대표적인 것은 첫 회의 첫 장면에 가장 자극적이고 극적이며 궁금증을 유발할 수 있는 장면을 제시하는 것입니다. 가장 궁금하고 자극적인 장면을 독자들에게 제시해주면, 당연히 독자들은 그 장면을 보기 위해서 읽게 됩니다.

따라서 가장 자극적인 씬을 1회의 시작 파트에 제시하고 그 전의 시간대의 장면부터 해당 장면이 어떤 연유로 일어나게 되었는지 쭉 스토리를 전개해 나가는 연출법을 사용하는 것도 독자를 끌어들일 수 있는 방법 중 하나입니다. 그리고 이러한 후킹을 위해서 '프롤로그'를 쓰는 것도 방법입니다.

프롤로그에서는 위의 연출법 외에도 다양한 방법으로 가장 자극적이고 또 독자들을 끌어들일 수 있는 씬을 배치하여 써주는 것이 중요합니다.

☑️ 톤앤매너 정하기

앞서 '톤앤매너'에 대해서 언급했는데요. 톤앤매너는 말 그대로 극의 전반적인 분위기나 컨셉을 뜻합니다.

극을 구성하고 전개해 나가면서, 소재에 따라서 극의 분위기나 컨셉 역시 정하는 편이 좋습니다. 예컨대 극의 장르나 소재가 '개그물'에 해당한다면 전체적인 묘사나 문장 또한 짧고 직관적이며 가볍게 적어서 가볍고 경쾌한 톤앤매너를 연출해 줄 수 있습니다.

반면, 복수극처럼 무겁고 한층 진지하게 극의 톤앤매너를 연출하고 싶다면 좀 더 무겁거나 어두운 톤의 공간적인 묘사부터 시작해서 비가 내리는 날씨 등 주변의 환경을 통해서 극의 분위기를 한층 어둡고 짙게 만들어 줄 수 있습니다.

극의 장면 연출 예시를 아래의 두 가지로 비교 분석하여 들어보겠습니다.

> 남자의 검지가 원목 소파의 팔걸이를 딱딱 두드리는 소리가 울려 퍼졌다. 바깥에서는 우르릉 소리를 내며 요란하게 천둥이 몰아치고 있었다. 남자의 시선이 흔들림 없이 그녀에게로 향했다. 남자의 얼굴은 타오르는 벽난로에 의해서 부글부글 끓고 있는 용광로에 담근 것처럼 형형한 주황색에 반쯤 잠겨 있었다.
>
> 딱. 계속해서 움직이던 남자의 손길이 뚝 멈췄다. 그리고 남자는 약속한 것처럼 그 자리에서 일어서서 유연하게 그녀를 향해 일직선으로 걸어갔다. 남청색 그림자에서 벗어나자 비로소 온전히 그의 모습이 그녀의 시야에 담겼다. 그는 쫙 달라붙어 흉흉할 정도로 울퉁불퉁한 그의 몸매를 한껏 돋보이게 하는 푸른 서코트를 입고 있었다. 그녀의 두 배는 될 것 같은 커다란 어깨와 흉통 그 아래로 유연하게 이어지는 매끈하고 탄탄한 허리는 검은 표범을 연상시켰다. 콰광! 그의 접근에 경고를 퍼붓기라

도 하듯 다시 한번 창밖에서 거센 천둥소리가 요란하게 울려 퍼졌다.

딱. 딱.
'무슨 생각을 하는 거지?'
남자가 소파 팔걸이를 검지로 두드리는 동안 그녀는 초조하게 생각했다.
'게다가… 아까부터 계속 날 보고 있잖아?'
아니, 왜 자꾸 저렇게 보냐고! 사람 초조하게!
그녀가 한껏 긴장해서 서 있는데, 남자의 손이 멈추었다.
저벅, 저벅, 저벅.
남자는 몸을 일으켜 예고도 없이 그녀의 앞으로 다가왔다.
쿠릉!
때마침 천둥소리가 울려퍼졌다.
'쓸데없이… 잘생겼어.'
그녀는 긴장감에 침을 꼴깍 삼켰다.

두 개의 예시는 분명 같은 장면이지만 다른 느낌이 듭니다.

첫 번째 예시에서는 공간적인 분위기나 남자의 외양 혹은 날씨 등을 직접적으로 묘사해줘서 어둑한 분위기가 느껴지도록 연출해주었습니다. 또한 지문을 길게 하여 전체적으로 극의 컨셉을 무겁게 만들어주었죠.

두 번째는 여주인공의 입장에서 작은따옴표를 이용해 '속마음'을 묘사함으로써 보다 직관적으로 읽히도록 했습니다.

이외에도 '저벅, 저벅, 저벅' 혹은 '쿠릉!' 등 의성어들을 줄바꿈하여 따로 분리해서 기재하는 등 전체적으로 문장을 짧게 적은 것이 돋보이죠.

또한 공간이나 외양 등에 대한 묘사를 현저히 줄이고 속마음을 알림으로써 전체적으로 극의 분위기가 보다 가벼워지고 가독성이 높아진 것을 볼 수 있습니다.

같은 장면이지만 이렇게 차이가 나는 것은, 바로 톤앤매너를 다르게 연출했기 때문입니다. 이외에도 여러 가지 방식으로 극의 분위기를 다르게 느껴지도록 연출해줄 수 있습니다. 속마음보다는 대사를 조금 더 많이 쓰고 사건 자체를 보다 속도감 있게 전개하는 등의 다양한 방식들이 이에 해당합니다.

톤앤매너를 얼마나 자유자재로 설정할 수 있고 극의 소재와 캐릭터와 맞아떨어지게 연출할 수 있느냐는 극의 완성도를 좌우합니다.

웹소설에서 어떤 톤앤매너가 더 적절할지에 대한 절대적인 정답은 없습니다. 묘사력이 더 뛰어나거나 남들이 잘 쓰지 않는 단어들을 쓰는 것 또한 크게 중요하지는 않습니다.

다만, 본인이 앞으로 이끌어나갈 스토리가 배신이나 복수 등 무거운 소재인지 아니면 개그나 힐링 등 가볍고 경쾌한 소재인지에 따라 톤앤매너를 판단하면 될 것입니다. 소재에 따라 적합한 톤앤매너를 잡고 그에 맞는 문장, 묘사, 연출을 하여 더 완성도 높은 작품을 써보시길 바랍니다.

☑ 시점 정하기
다음으로 시점입니다. 시점은 크게 네 가지로 나눕니다.

① 1인칭 관찰자 시점
② 1인칭 주인공 시점
③ 3인칭 관찰자 시점
④ 전지적 작가 시점

하지만 이 중 웹소설에서 크게 사용되는 시점은 1인칭 주인공 시점과 전지적 작가 시점에 해당합니다.

일단 두 시점의 차이점에 대해서 한 번 보시겠습니다.

1인칭 주인공 시점의 장면 묘사 예시

나는 남자를 빤히 바라보았다. 아무래도 남자가 왜 그렇게 행동하는지 도무지 이해할 수가 없었기 때문이었다. 그리고 보니, 아까 그가 들어올 때 인사를 안 했는데 그래서 그런 걸까?

"아, 안녕?"

어설프게 인사하자 그가 미간을 한껏 모았다. 아, 아무래도 이게 아닌 모양이었다.

전지적 작가 시점의 장면 묘사 예시

그녀는 그를 찬찬히 바라보았다. 아무리 생각해도 그의 행동은 이해하지 못하는 종류의 것이었다. 눈을 도르륵 굴리던 그녀가 한 가지 번뜩이는 생각을 떠올리고 주먹을 꽉 거머쥐었다.

'아까 인사를 안 해서 그런 건가 보다!'

그녀는 그 누구도 풀지 못했던 난제를 풀어낸 것처럼 사뭇 뿌듯한 표정으로 그를 향해 손을 들어 올렸다. 그리고 평소 아카데미의 동기들에게 하듯이 조심스럽게 웃으며 인사를 건넸다.

"아, 안녕?"

그러나 그녀의 인사를 받은 그의 표정이 빠르게 구겨졌다. 뭔가가 잘못되었다는 뒤늦은 깨달음이 그녀의 머리를 차게 관통했다.

두 시점의 차이점을 아주 명확하게 알 수 있을 것입니다.

1인칭 주인공 시점은 말 그대로 정말 '일기'와도 같이 소설을 써 내려가는 느낌을 받을 수 있는 시점입니다. 주인공인 '나'의 입장에서 보고 느끼는 것을 중심으로 극을 전개하고 써 내려가는 것을 뜻합니다.

전적으로 주인공 입장에서 서술이 되기 때문에 속마음을 굳이 작은따옴표로 구분해서 쓰지 않아도 됩니다. 전적으로 주인공의 시점에서 전개되기 때문에 주인공에게 몰입도가 높다는 특징이 있습니다.

그러나 나의 입장에서 보고 느끼는 것만 기재한다는 점에서 몰입도는 높아질 수 있으나 극을 연출할 수 있는 범위는 떨어질 수 있습니다. 예를 들어, 주인공이 다른 곳을 응시하고 있을 때 다른 등장인물의 표정이나 감정 상태에 대해서 묘사할 수가 없습니다. 또한 공간적인 묘사도 주인공이 보고 느끼는 바에 따라 좌우되기 때문에 전반적인 묘사를 하기가 어려울 수 있습니다.

이 때문에 1인칭 주인공 시점은 극의 분위기를 보다 가볍게 풀어가는 것이 필요하거나 사건 중심이라기보다는 주인공의 감정 중심으로 극이 전개될 경우 – 다른 등장인물의 시점이 교차적으로 보여지지 않아도 극의 전개가 가능할 경우 채택하는 편입니다.

물론 그렇다고 해서 1인칭 주인공 시점에서 완전히 다른 등장인물의 감정 상태를 독자들에게 전달할 수 없는 것은 아닙니다. 주인공이 알아채지 못하는 다른 등장인물의 감정 상태도, 표정이나 분위기 등을 통해 전달할 수 있습니다. 다음 예시를 들어보겠습니다.

1인칭 주인공 시점에서 다른 등장인물의 감정 처리법

나는 조금 아리송한 마음으로 그를 바라보았다.

왜인지는 알 수 없었으나, 그는 아까부터 나를 똑바로 보지 않고 바닥에만 시선을 내던지고 있었다. 그 모습에 왜인지 모르게 초조해져서 등허리가 파르르 떨렸다.

"왜… 나를 보지 않아요?"

내 물음에 그의 어깨가 흠칫했다. 어쩐지 그의 귓불이 평소보다 조금 달아올라 있는 것 같았다. 그는 한참을 우물거리는가 싶더니 어렵사리 입술을 떼었다.

"옷이….."

"옷?"

나는 뒤늦게 나온 그의 말 뜻을 파악하고자 내 옷을 살폈다. 새로 바꾼 살롱에서 평소와 달리 아주 화려하고 과감하게 몸매가 드러나는 옷을 맞춘 것이 눈에 띈 모양이었다. 아무래도 그는 내 드레스가 마뜩잖은 눈치였다.

"아… 별로…예요?"

"평소랑 달라서."

"…역시 안 어울리죠."

"……."

어둑한 그의 얼굴에 눈치를 살피며 묻자 그는 아무런 답도 못한 채 입을 꾹 다물었다. 어쩐지 어깨가 움츠려지는 기분에 나는 입술을 꾹 깨물었다. 역시 이런 옷 따위, 입는 게 아니었다.

"갈아입고 올게요."

"…그게 좋겠어."

내 드레스가 어지간히 마음에 안 들었던 모양이었다. 아니면 그냥 내가 싫은 게 아닐까?

눈조차 마주치지 않고 딱딱하게 말하는 그에게 상처를 받아 눈물이 핑 고였다.

해당 예시를 살펴보면, 남자주인공의 감정이나 생각이 직접적으로 묘사되는 부분은 없습니다. 그렇지만 이 글을 읽고 있는 여러분들의 90프로는 남자의 마음을 눈치채지 않았을까요?

맞습니다. 남자주인공은 여자 주인공이 지나치게 노출되는 옷을 입어서, 그런 여자주인공을 보고 가슴이 뛰기 때문에 눈을 마주치지 못하고 있는 것일 뿐입니다.

하지만 그런 남자주인공의 모습을 보면서 여자주인공은 '자신을 싫어한다'라고 오해하게 됩니다. 1인칭 주인공 시점에서 대표적으로 연출할 수 있는 유형입니다.

직접적으로 제 3자의 감정을 드러내고 묘사할 수는 없으나, 행동이나 외양 변화 등을 통해 독자들은 암시적으로 알아챌 수 있도록 유도해줄 수 있다는 점입니다.

또한 주인공의 생각과 다른 등장인물의 생각이 오해로 인해 엇갈리는 포인트를 주어 독자들이 애가 타도록 만들어줄 수 있는 하나의 장치로 활용할 수도 있습니다.

1인칭 주인공 시점은 대부분의 작가들이 쓸 때도 굉장히 용이하게 느끼는 편입니다. 작가 본인도 몰입해서 쓰기에 편안한 시점이기 때문입니다.

마치 일기를 쓰듯이 보고 있는 것을 표현하고 그에 대한 생각도 지문으로 넣는 등 주인공의 시점을 그대로 들여다보듯 느낄 수 있기 때문에 글을 쓸 때 익숙해지는 기간도 짧습니다. (물론 어떤 형태의 시점에 더 익숙한가에 따라서 사람마다 다르지만요)

다음으로 전지적 작가 시점입니다. 전지적 작가 시점은 '그' 혹은 '그녀' 아니면 등장인물들을 이름을 지칭하여 그들의 행동, 생각 등을 작가가 모두 설명해주고 묘사해줄 수 있는 시점입니다.

말 그대로 작가 시점에서 본 그들의 이야기를 독자에게 모조리 설명해줄 수 있는 시점으로 제약이 없다는 점이 매력적입니다.

전지적 작가 시점은 다소 무거운 분위기의 극 혹은 사건 중심으로 전개되는 글에도 사용하기 용이합니다. 주인공이 그 자리에 없다 하더라도 다른 사람의 입장에서만 전개되는 장면들을 삽입해주는 것 역시 이러한 서술 방식에서는 가능합니다.

물론 이 외에도 앞서 언급한 두 가지 시점이 더 있습니다.

1인칭 관찰자 시점과 3인칭 관찰자 시점입니다. 이 두 개의 시점을 채택하는 경우도 더러 있습니다.

1인칭 관찰자 시점은 주인공과 별개로 나레이터(관찰자)가 따로 있는 것을 의미합니다. 다큐멘터리에서 많이 사용되며 소설에서도 가끔 등장하긴 하지만 그다지 많이 채택하진 않습니다.

또한 3인칭 관찰자 시점은 전지적 작가 시점과 다르게 '생각'을 기재하지 않는다는 점이 도드라집니다. 말 그대로 극 중에서 제 3자의 입장에서 관찰하는 것 같은 느낌이 드는 시점 처리법입니다. 이러한 시점을 채택하면 꽤나 고풍스럽고 멋진 느낌이 드는 묘사를 할 수도 있으나 보여줄 수 있는 생각이 한정적이기 때문에 굉장히 어렵습니다.

때문에 저는 당신이 신인 작가라면 앞의 두 가지 시점 중 하나를 선택하여 시작해보는 것을 추천합니다.

시점 선택은 처음에 하면 바꾸는 것이 어렵기 때문에 초반에 아주 신중히 하는 것이 좋습니다. 극을 어떻게 전개할 것인지 또 본인이 어떤 서술 방식이 더 편한지를 따져서 시점을 선택한 뒤 써 내려가면 될 것입니다.

또한 하나의 시점을 선택한다 하더라도 중간에 한 번씩 다른 시점의 문장으로 변주를 주는 것도 글에 다이나믹하고 멋스러운 효과로 작용할 수 있습니다. 하지만 이런 연출이 잦아지면 글의 가독성이 낮아질 위험이 있기 때문에 시점 사용 연출을 활용해 보되 횟수는 자제하는 것이 좋습니다.

☑️ 절단신공 발휘하기

자, 이렇게 해서 1회를 쓰기 시작했고 첫 문장부터 여러분이 구상한 씬들을 쭉 써내려 갔다고요? 그렇게 1회에 해당하는 장면이 모두 끝나는 마지막 씬을 써내려가고 있는 사람들은 모두 집중하도록 하십시오.

웹소설은 평균적으로 4000자-4500자 사이로 글자수를 맞추어 1회를 써주면 되는데요.

처음에 글을 쓰다 보면 길이 조절도 생각보다 쉽지 않습니다. 1화에 3개의 씬을 넣으려고 했는데 2개의 씬만 넣고도 6000자가 훌쩍 넘어가 버리는 경우도 생길 수 있고 그 반대의 경우도 있을 수 있겠죠.

이건 쓰면서 차차 자신이 한 회차에 들어가도록 구성한 씬들의 길이를 조절해서 1회에 4200자 내외로 글자수가 맞춰지도록 연습을 해주면 됩니다. 씬의 길이 조절 방법은 묘사 방식 혹은 연출 방식에 변주를 주면서 충분히 할 수 있기 때문에 글을 많이 쓰면 쓸수록 늘게 됩니다.

이렇게 길이를 맞추는 훈련이 되면 회차의 마지막 씬에 다음 회차가 궁금해지는 문장을 넣어주는, 말 그대로 절단신공을 펼쳐야만 합니다!

처음 웹소설을 출간할 때는 대부분 연재본으로 공개하게 됩니다. 때문에 다음 회차로 넘어갈 수 있도록 말 그대로 다음 회차가 궁금하도록 유발하는 씬 혹은 문장으로 마무리해줘야 합니다. 이를 씬 구성 단계에서부터 유의해서 배치해야 하는데요.

여기서 가장 궁금증을 유발하는 씬이나 내용은 반드시 결제 회차로 넘어가기 바로 직전 회차 마지막 씬에 배치하는 게 좋습니다.

프로모션이나 계약에 따라 달라질 수 있긴 하나, 대부분의 플랫폼은 7-8회까지 무료로 게재하고 이후 회차는 유료 서비스합니다. 어느 플랫폼에 런칭될 지 알고 있다면 이에 따라 전략을 세워서 쓰는 것도 방법일 것입니다. 7-8회차가 무료라면 9회로 넘어가기 직전, 그러니까 8회의 마지막 씬을 반드시 궁금증을 가장 유발할 수 있도록 배치해줘야 한다는 것입니다.

로맨스 장르에서는 보통 남자 주인공과 여자 주인공의 러브라인에 초점을 맞추는 경우가 대부분이기 때문에 이 '절단신공'으로 사용하기 위해 남자 주인공과 여자 주인공의 스킨십으로 이어질 것 같은 분위기(소위 섹텐)을 활용하는 경우가 많습니다.

예시를 보시겠습니다.

> 오필리아는 황태자의 앞으로 당당히 나아갔다. 그리고 정중히 청했다.
> "잠시 사용인들을 물려주시겠습니까."
> 황태자는 그녀의 요구에 잠시 침묵하더니, 이내 손을 가볍게 들어올렸다. 그의 말뜻을 단번에 알아차린 시종들은 종종걸음으로 자리를 떴다.
> 아무도 보고 듣는 이가 없다는 것을 확인하고 나서야 그녀는 그에게 보다 가까이 다가갔다. 예고도 없이 그녀가 그의 옷자락을 움켜쥐었다.
> "이제, 벗으세요. 전하."
> 갑작스러운 그녀의 말에, 그의 동공이 확장되었다.
>
> – 다음화에서 계속 –

위의 예시에서는 여자주인공이 남자 주인공에게 다가가서 '벗으라'라고 요구를 하며 끝이 납니다.

그 누구도 예상하지 못한 상황에서 갑작스럽게 충격적인 요구를 했고 그 다음에 어떤 상황이 벌어질지 아무도 예측하지 못한 상태. 더군다나 독자들이 주목하고 있던 남녀 주인공의 스킨십 혹은 러브 라인 진전으로 이어질 수 있을 것 같은 끝맺음은 자연스레 궁금증을 유발할 수밖에 없습니다.

이 외에도 주인공 남녀가 큰 비밀을 숨기고 있다가 들키게 되거나 혹은 새로운 인물이 갑작스럽게 등장하는 등 독자들로 하여금 전혀 예상하지 못했고 또 다음 내용이 궁금하게 되는 내용 혹은 문장을 끝에 제시해 줘야만 합니다. 그리고 그렇게 해야만 독자들은 결제를 하게 됩니다.

하지만 모든 회차가 다음 회차로 넘어가는데 있어 파격적인 궁금증을 유발하게 집필하는 것은 사실상 불가능에 가깝습니다.

때문에 독자를 유입시키는데 가장 결정적인 역할을 하는 초반부, 그 중에서도 결제하는 유료 회차로 넘어가는 회차 이전에 이러한 절단신공을 발휘하도록 신경 써서 씬과 문장을 배치해야만 합니다.

다음 회차 내용에 대한 궁금증 유발을 위해서는 무작정 길고 유려한 문장이 아니라 눈에 확 들어올 수 있는 짧은 서술 문장 혹은 대사를 적어주는 것이 더 간단하게 임펙트를 줄 수 있습니다.

웹소설을 시작하며 대부분은 어떻게 하면 웹소설로 '수익'을 거둬들일 수 있는지에 관해 알고자 합니다. 결론부터 말하자면 처음 웹소설을 시작하는 사람은 기대하는 만큼의 수익을 거두지 못할 가능성이 큽니다. 많은 사람들이 웹소설을 말 그대로 돈을 벌고 싶고 쉬워 보인다며 시작합니다. 하지만 웹소설을 쓰는 것은 그만큼 쉽지도 않으며 높은 수익을 거두기는 쓰는 것보다 더 어렵습니다.

웹소설로 대부분의 신인 작가들도 회사 연봉 이상의 수익을 거둬들이던 시절도 있었습니다. 하지만 이제는 웹소설 시장이 그렇게 만만하지 않았습니다. 말 그대로 '상향평준화' 되었습니다. 첫 작품에서 당장 수익을 발생시키는 것이 어렵다는 의미입니다. 그래서 이제는 예전처럼 단순히 웹소설의 시작 부분에 자극적인 장면을 넣거나 자극적인 제목을 넣는 등의 시도가 큰 영향을 끼친다고 보기는 어렵습니다. 이제는 정말 치밀하고 치열하게 준비하여 '잘 짜여진 작품'을 써야만 합니다. 물론 여기에 재능까지 덧붙여져서 '글빨'이 산다면 더할 나위 없겠죠.

요행으로 성공하는 것이 전보다 어려워진 이 시장에서 작가들은 스토리를 구성하는 내공을 키우기 위해서 끊임없이 노력해야만 합니다. 때문에, 지금의 웹소설 시장에서 수익을 거둬들이기 위해 가장 유념해야 하는 것은 '버티기'입니다. 버텨야만 합니다. 버티고 실력을 키워서 좀 더 치밀하고 뾰족한 작품을 써야만 합니다. 그렇지 않다면 그 작가의 수익도 수명도 금세 바닥을 보이게 될 것입니다. 하지만 버티기만 한다면 필연적으로 실력이 늘 것이고 평균적인 재능만 있다면 4질에서 5질을 출간할 때쯤엔 반드시 나름 괜찮은 수준의 수익이 생길 것입니다.

그렇다면 그 시간 동안 먹고 살 수익이 없는데 어떻게 버티냐고요?
잔인한 얘기지만 실제로 많은 작가님들이 그 시간을 버티지 못해 절필했습니다. 예전보다 신인 작가가 성장하기 어려운 '상향평준화' 구조가 되고 나서는 더 많은 사람들이 수익을 위해 회사에 취직하는 등 다른 수익 활동으로 전향했습니다. 사람은 꿈으로 먹고 살 수 없습니다. 꿈도 지금 당장 돈이 있고 돈으로 살아남아야만 꿀 수 있습니다.

그러니 안타깝게도 다른 방도는 없습니다!
아르바이트를 하건 부모님에게 손을 벌리건 다른 직장을 구해 당분간은 겸업을 하건 당신만의 생존 방법을 찾으세요. '먹고 살 만한' 수익을 거둬들이기 위해서 당신이 해야 할 것은 그 시간 동안 오로지 '포기하지 않는 것' 뿐입니다. 실제로 저 역시 방송사 CD로서 29개월간 겸업하며 웹소설을 집필했습니다. 하지만 그 기간동안 결코 집필을 놓지는 않았습니다.

그럼 단순히 버티는 것 말고는 다른 방도가 없느냐고요? 아니요. 글밥을 먹고 살 만큼의 수익을 가져다줄 작품을 쓰는 시간을 좀 더 단축하는 '꿀팁'은 물론 있습니다. 하지만 앞서 언급한 것처럼 단순히 '팁'일 뿐이며 정말 큰 수익을 거둬들이기 위해서는 작가로서의 내공을 쌓는 것이 가장 중요하다는 것을 유념하며 아래를 함께 보겠습니다.

▶ 자극적이고 직관적인 제목과 소개글을 꼽으세요!

특히 로맨스 판타지의 제목은 은유적인 표현을 사용해서는 안 됩니다. '폭군 아빠의 막내딸로 환생했다'와 같이 제목에서 소재와 내용을 충분히 짐작할 수 있어야 해당 소재를 좋아하는 독자층을 제대로 타겟팅할 수 있습니다. 로맨스 판타지 장르의 경우, 2-3년 전부터 긴 제목이 더 많이 등장하고 있기 때문에 굳이 짧아야만 직관적이라고 평가하지는 않습니다. 다만 제목과 소개글을 통해 내용상으로 사람들의 이목을 잡아끌어야만 합니다.

▶ 직관적이고 유입이 좋은 표지를 선정하는 것이 좋습니다.

작품을 계약하고 출간하기 전에 출판사의 담당PD와 논의하여 표지를 의뢰, 선정하는 작업을 거칩니다. 그리고 이 작업을 위해 작가는 '표지 요청서'를 적어야만 합니다. 이때 최대한 많은 작품들을 살펴보고 가장 직관적이고 눈에 띄는 표지가 될 수 있도록 표지의 색감이나 인물들을 배치해달라고 요청하는 것이 좋습니다. 너무 많은 인물이 들어가도 오히려 산만해질 수 있고 인물 하나만 들어가도 작품의 분위기를 온전히 반영하기 어려울 수 있기 때문에 런칭할 플랫폼의 주독자층이나 유행하는 구도 등을 면밀히 살피고 최대한 상세히 '표지 요청서'를 적으세요. 물론 그전에 내 작품에 맞는 표지 일러스트레이터를 담당자와 상의 끝에 선정하는 것도 중요합니다. 이 때, 내가 원하는 일러스트레이터가 있다면 트위터 등의 매체로 직접 계정을 찾아 담당자에게 송부하고 컨택을 요청할 수 있습니다. (직접 컨택하는 것은 소통 과정에서 분쟁이 생길 수 있기에 추천하지 않습니다)

▶ 스토리 초반에 독자들을 끌 수 있는 자극적인 장면 & 소재를 많이 배치하세요

전체적인 구성력도 물론 중요하지만 가장 중요한 것은 극의 '초반부'입니다. 첫 독점 연재 때는 보통 회차별로 연재되기 때문에 1회차의 첫장면이 가장 자극적이고 흥미로운 편이 좋습니다. 특히 유료 회차로 넘어가는 7-8회차에서의 '절단 신공'이 가장 중요합니다. 극이 전개되며 모든 회차에서 반드시 다음 회차로 넘어갈 수 있을 만큼 자극적인 장면을 회차 끝에 배치해야만 하는 것은 아닙니다. 특히 성장물의 경우 등장인물의 성장에 초점을 두고 독자들이 따라가는 만큼 절단 신공을 극적으로 사용하지 않아도 보게 하는 힘이 있습니다. 하지만 그래도 전체적인 기승전결의 내용 중 초반 1-20회차 정도를 힘 있는 스토리와 장면들로 구성해주는 것이 가장 중요합니다. 절단신공의 중요도가 떨어지는 성장물에서조차 성장하는 주인공에 대해 독자들의 애정도를 쌓아줄 수 있는, 1-20회차 정도는 뒷내용이 궁금할 정도로 자극적이고 흥미로운 스토리를 배치해 주어야 하기 때문입니다. 초반 회차를 흥미롭게 구성하면 이후에는 독자들의 캐릭터에 대한 애정이 쌓이기 때문에 어지간해서는 스토리를 따라올 수 있게 되는 편입니다.

▶초반부 빠른 연재 혹은 완결편까지 많은 회차를 한꺼번에 출간해야 수익이 큽니다.

웹소설에서 수익을 거두기 위해서는 무엇보다도 많은 회차를 짧은 시간 내에 집약적으로 올리는 전략이 중요합니다. 특히 연재 초반부에는, 작가가 직접 유료 연재를 하고 있다면 가장 노출이 많이 되는 시기, 시간을 플랫폼별로 분석하여 10분에서 20분 간격으로 하루에 적어도 2-3회차 정도는 업로드 진행하는 것이 유입에 좋습니다. 또한 출판사와 계약을 하고 프로모션을 받아 출간하는 경우에도 완결 회차까지 가능하면 한꺼번에 출간하는 것이 좋으며 사람들이 소설을 많이 보는 연휴나 주말 중에 출간하는 것이 유입을 높이는 방법 중의 하나이기도 합니다. 이 경우 담당PD와 런칭 날짜, 시간 등을 조율하십시오.

▶끊이지 않고 다음 작품을 내야만 수익이 더 커집니다.

한 작품을 내고 나서 성적이 하위권에 머물렀다 하더라도 바로 끊이지 않고 차기작을 내는 것이 좋습니다. 즉, 이전 작품을 완결하기 전부터 차기작 구상을 하고 작품 완결과 동시에 공지를 올려서 차기작으로 독자들이 따라오도록 유도해주는 것이 좋습니다. 작품을 끊이지 않게 내고 팬덤을 형성하면 이후에도 작품을 출간했을 때 고정적으로 봐주는 팬층이 생기기에 일정치 이상의 수익은 항상 발생하게 되며 종수가 쌓이면 그 액수가 자연히 늘어납니다. 이렇게 꾸준히 글을 쓴다면 한 작품이 '대박'이 나지 않더라도 어느 정도의 수익을 유지할 수 있습니다.

▶필명을 장르별로 분리하세요

작가는 자신만의 '팬덤'을 형성하면 작품 출간 시에 수익을 거둬들이기에 용이한데요. 이를 위해 중요한 것이 바로 장르 별로 '필명'을 분리해주는 것입니다. 독자들은 작가를 따라가기도 하지만 자신이 즐겨 보는 장르의 웹소설을 따라가는 성향이 더 강합니다. 즉, 현대로맨스, 로맨스 판타지, BL, 현대 판타지 등등... 장르의 스펙트럼이 넓은 작가라면 각 장르별로 다른 필명을 사용하고 각 필명의 팬덤을 관리하고 성장시켜 나가는 것이 장기적으로 안정적인 수익을 거두기에 유리합니다.

▶무료 연재를 하다가 특정 회차부터 유료 연재로 전환합니다.

특히 예전에 '조아라'에서 많이 사용했던 방식입니다. 무료 연재 사이트에서 작가가 일정 회차를 연재하다가 특정 회차 다음 회차부터는 유료로 연재하거나 혹은 연재 중단을 하고 다른 플랫폼에 유료 출간을 합니다. 이 때, 무료로 연재했던 플랫폼의 게시글에 출간 공지를 올리기도 합니다. (이것이 금지된 곳도 꽤 있기 때문에 규정을 확인하세요. 플랫폼명은 직접적으로 언급하지 않고 공지만 올릴 수 있게 된 곳도 있습니다.) 무료 연재 시, 독자들이 더 많이 발생할 있기에 다음 회차를 보고 싶은 독자를 유료 회차로 유도할 수 있습니다. 다만, 자칫 이 경우 독자들의 원성을 살 수 있기 때문에 플랫폼의 성향이나 당시의 시장 상황도 면밀히 살피고 진행해야 합니다.

▶단기 수익을 거둬들이고 싶다면 19금 작품의 유료 연재를 하는 것도 방법입니다.

대부분의 사람들이 현대 로맨스 장르에서만 19금 장르가 인기 있다고 생각하는데요. 로맨스 판타지 장르의 성인물도 소비하는 계층이 꽤 있습니다. 로맨스 판타지에서도 다양한 19금 성인 로맨스 작품들이 인기작으로 떠오르고 있으며 웹툰화까지 진행되고 있습니다. 특히 단기 수익을 거두는데 있어서 19금 성인물은 굉장히 유리합니다. 성인물은 무조건 고정적으로 소비하는 계층이 존재하기 때문입니다. 하지만 성인물에 너무 치우쳐서 스토리적인 부분이 약할 경우, 2차 콘텐츠화나 전체연령가 작품을 취급하는 다른 플랫폼에 폭넓게 출간이 불가능하다는 점에서 장기적인 수익면은 약하다고 볼 수 있습니다. 그래서 만일 급전이 필요한 경우, 또한 성인물 집필에 자신이 있는 경우 19금 유료 연재 플랫폼에서 직접 유료 연재를 진행해 보는 것도 추천합니다. 또는 성인물도 출판사와 계약해 리디북스 등의 플랫폼에 출간하여 수익을 거둘 수 있습니다.

▶돈이 안 되는 작품은 빨리 접고 다음 작품을 쓰세요

여러분은 예술만 해야 하는 것이 아닙니다. 돈을 벌어야만 합니다. 돈을 벌지 못한다면 예술을 할 수 없습니다. 특히 웹소설 작가에게 글은 생업이라는 것을 유의하세요. 웹소설 작가는 냉정히 얘기해서 상업 작가입니다. 그리고 상업 작가가 되기 위해서는 돈이 벌리지 않는 글을 냉정히 포기할 줄 알아야만 합니다. 그렇다고 유료 연재를 하고 중단을 할 수는 없으니 일단 1-20회차를 무료 연재 플랫폼에서 연재를 해보고 반응이 없다면 그 작품은 출간하지 마십시오. 다른 작품을 쓰세요. 작가에게는 하루하루가 금과 같습니다. 관용어가 아니고 정말 하루하루가 '수익'과 직결된다는 뜻입니다. 그러니 아무리 아까워도 이 악물고 여러분의 작품을 때로는 포기할 줄 알아야만 합니다. 그리고 그 판단의 기준은 각자가 세워야 마땅하겠지요. 무료 연재 성적이 반드시 유료 연재 성적과 직결된다고 판단할 순 없을 테니까요.

이 외에도 외부적인 요인으로는 '선독점 기간을 최대한 짧게 하는 것이 좋다' 'R/S(수익배분)의 비율을 최대한 작가가 많이 가질 수 있게 하는 것이 좋다' 등 계약 시 여러 가지 수익을 더 높일 수 있는 방법이 있긴 합니다. 그러나 웹소설 시장이 형성된지도 꽤 시간이 흘렀기 때문에 이제 출판사에서 신입 작가들과 맺는 계약 조건이나 취급 등은 대부분 비슷합니다. (물론 미묘하게 다르긴 하나)

때문에, 출판사와의 미팅이나 계약에서 유리한 위치를 선점하고자 고민하기 보다는 자신의 작품을 더 완성도 높게 만들고 적절히 연재하는데 보다 더 큰 노력을 기울이는게 생산적이라는 생각입니다. 물론 계약을 현명하게 맺는 것도 중요하지만 말이죠!

Chapter 03
집중!
로맨스 판타지 장르
파고들기

Chapter 03
집중! 로맨스 판타지 장르 파고들기

1. 매력 넘치는 장르, 로맨스 판타지!

처음 J. K. 롤링 작가의 해리포터가 출간되었을 때 세계는 열광했습니다. 다채로운 마법을 쓰고 본 적 없었던 생물이 등장하는 새로운 세계관은 마치 지금껏 몰랐던 새로운 우주를 발견한 것 같은 설렘을 안겨주었기 때문입니다. 한국에서도 수많은 이들이 전설적인 장르 소설 작품으로 이영도 작가의 '드래곤 라자'나 '하얀늑대들'을 꼽곤 합니다.

장르 소설 중에서도 이러한 판타지 장르가 주는 설렘과 매력은 그 무엇과도 비하기 어렵습니다. 우리의 세계에는 없는 '마법사'나 '소드마스터'가 존재하는 세계. 그리고 그러한 세계 속에서 내가 펼칠 수 있는 상상력의 범위는 더 넓어지고 환상적으로 변합니다. 그런 점에서 로맨스 판타지 장르는 수많은 여류 작가들의 로망입니다.

완전히 지금 내가 살고 있는 현실을 기반으로 하지 않기 때문에, 좀 더 제한되지 않는 상상력을 펼칠 수 있다는 점. 그리고 고증이나 현실적인 문제에 대하여 보다 자유롭기 때문이죠. 로맨스 판타지를 잘 쓸 수만 있다면 정말 '내가 만든 완전히 다른 새로운 세계'를 맛보고 있는 느낌이 듭니다.

새로운 제국과 법률과 역사와 언어까지 만들어내는 과정은 결코 쉽지는 않지만 단순히 스토리를 만드는 것이 아니라, 나만의 세상을 새롭게 만들고 있다는 생경함을 줍니다. 때로는 나만의 은신처나 아지트가 있다면 바로 이곳이 아닐까 싶을 정도로 달콤한 느낌이 들지요.

　로맨스 판타지 장르의 매력은 그것뿐만이 아닙니다. 현실에서는 결코 있을 것이라 상상하기도 힘들 정도로 매력적이고 능력 많은 남자들을 자유자재로 만들어낼 수 있습니다. 그리고 그런 매력적인 남성들과 사랑에 빠지는 여주인공의 스토리를 통해 대리만족까지 얻을 수 있습니다.

　이 모든 것들이 처음 현대 로맨스 장르부터 집필하기 시작했던 제가 '로맨스 판타지' 장르를 본격적으로 집필하게 되었던 이유입니다. 현실의 이야기를 보다 중점적으로 하는 현대 로맨스는 그만의 장점이 분명 있습니다. 하지만 로맨스 판타지에서 맛보는 모든 것을 빌드업한다는 느낌과는 다른 매력이지요. 아마 이 책을 읽는 많은 분들이 이러한 로맨스 판타지의 매력에 푹 빠져서 그 집필법을 알고자 하셨던 것이라 생각합니다.

　하지만 로맨스 판타지를 잘 쓰고자 하는 과정은 결코 쉽지 않습니다. 말 그대로 정말 새로운 '세계관' 자체를 새롭게 빌드업해야 하기 때문입니다. 로맨스 판타지 장르를 이해하고 잘 쓰기 위해서는 끝없이 독서하고 공부해야만 합니다. 특히 서양풍 로맨스 판타지는 '서양 중세 유럽'을 배경으로 하고 있다는 점을 고안하여 실제 중세 시대 유럽의 역사와 문화에 관해 이해하고 있다면 큰 도움이 됩니다.

　중세 시대 여성의 복장부터 기사들의 숙소와 문화, 화폐의 단위, 예의범절과 전쟁의 과정, 전쟁 중 짜는 전략까지… 다방면으로 많은 것을 알아야 더 탄탄한 세계관을 설립할 수 있습니다. 단순히 중세의 한 토막 역사를 알고 있어야 하는 게 아니라, 전체적으로 꾀고 있다면 다른 나라, 같은 세대의 복식이나 문화가 아니라도 조합해서 새로운 세계관으로 만들 수 있습니다.

하지만, '로맨스 판타지'를 재미있게 쓰기 위해서는 이러한 세계관 설립보다도 더 중요한 것이 있습니다. 바로 '로맨스 판타지의 공식'을 완전히 파악하는 것입니다. '로맨스 판타지의 공식'이 뭐냐고요? 로맨스 판타지에서 단골 손님처럼 자주 등장하는 인물들의 특징과 스토리 유형 등의 '단골 키워드'와 '클리셰'들을 말합니다! 하지만 로맨스 판타지를 잘 쓰기 위해서는 세계관 설립을 위한 지식 자체는 얕더라도 로맨스 판타지에서 자주 등장하고 잘 먹히는 클리셰를 아는 것이 가장 중요합니다.

전체적인 세계관에 대한 설명은 물론 로맨스 판타지에서 조금이라도 기재가 되어야 하나, 꼭 자세히 모든 것을 설정하지 않아도 잘 먹히는 키워드와 클리셰를 알고 독자들이 몰입할 수 있도록만 설정해 준다면 히트를 칠 수 있습니다!

이 챕터에서는 로판을 위해 공부하다가 지친 여러분들께 속성으로 흥할 수 있는 로판을 쓸 수 있는 클리셰 키워드들을 몇 개 짚어드리고자 합니다. 이러한 키워드들과 로판에서 알아두면 좋을 대표적인 스토리 플롯들을 숙지하기에 앞서, 하나의 스토리 안에 두 개의 소재, 스토리 키워드가 함께할 수 있다는 것을 먼저 알아두어야 할 것입니다.

단, 로맨스 판타지 장르 중에서도 특히 작품 수가 더 많은 '서양풍 로맨스 판타지'에 보다 집중해서 공식들을 살펴보고 추가로 '동양풍 로맨스 판타지'에 관해서도 한 번 짚어보겠습니다.

2. 로맨스 판타지 작가에게 필요한 자질

현대 로맨스 작가와 로맨스 판타지 작가의 평균 연령대를 비교하자면 로맨스 판타지 작가의 평균 연령대가 더 낮은 편입니다. 로맨스 판타지 작가는 20대-30대 후반 혹은 40대 초반까지가 대다수이며 현대로맨스 작가의 경우 30대에서 50대까지도 꽤 있는 편이죠.

그렇다면 더 어린 것이 로맨스 판타지 작가가 되기 위한 자질일까요? 그건 절대 아닙니다!

저는 로맨스 판타지 작가의 평균 연령대가 상대적으로 더 낮은 이유를 '접하는 매체나 콘텐츠의 다양성'로 꼽고 싶습니다. 과거에는 모바일이나 PC를 기반으로 한 게임, 소설, 영상 등 현대가 아닌 다른 공상 세계에서 펼쳐지는 스토리들을 접할 기회가 적었으나 지금은 온갖 매체를 통해 접할 수 있는 폭이 넓어진 것입니다.

물론 몇몇의 유명 작품들이 있기는 했으나 지금과 비교했을 때는 확연히 그 다양성이나 수량이 확연히 적었던 것이죠. 굉장한 세계관을 구축하여 집필하였다는 '반지의 제왕'이나 '해리포터'등을 어린 시절에 접하며 컸던 세대도 20-30 연령대에 해당합니다. 단순히 우리 주변에서 일어나는 스토리가 아니라, 완전히 다른 세계를 구축하고 그 세계에서 펼쳐지는 스토리를 구상할 수 있다는 발상은 다른 세계관에서 펼쳐지는 콘텐츠들을 밀접하게 접함으로써 나옵니다.

즉, 로맨스 판타지 작가에게 필요한 것은 현실적인 것뿐 아니라 비현실적인 것들도 새로운 세계나 스토리로 구축할 줄 아는 꽤가 다른 상상력을 가지는 것입니다. 일상에서 일어나는 일들이 아닌 완전히 다른 세계관이나 능력을 상상해야 하기에 현실적인 것보다는 비현실적인 것들 혹은 콘텐츠들을 접해야만 이런 범주를 뛰어넘는 상상력을 키울 수 있습니다.

"로맨스 판타지의 경우 유독 '덕후'들이 더 잘 쓰지 않느냐"라고 질문하는 사람들이 있습니다. 덕후라 함은 사실상 콘텐츠를 보다 더 다양하고 딥하게 접하는 사람들을 말하겠죠. 그런 양상에서 보았을 때, 로맨스 판타지 작가들 중 '덕후'들이 많다는 말이 마냥 허황된 말은 아니라고 봅니다. 실제로 많은 로맨스 판타지 작가들이 비현실적인 것들을 주로 접하고 상상하다 보니 현실적인 이야기에 괴리감을 느끼기도 합니다. (물론 모든 로판 작가가 아닌 일부에 해당하는 이야기일 뿐입니다.) 하지만 이런 로판 작가들에 관해 '덕후'라는 단어로 통칭한다면 새로운 세계를 창조하는 상상력을 지닌 그들을 비하하는 것으로 느껴질 수 있습니다.

로맨스 판타지 작가들은 현실뿐만 아니라, 현실에서 일어날 수 없는 것들을 기반으로도 상상력을 펼칠 수 있는 놀라운 공상력을 가진 이들입니다. 이러한 이들의 상상력은 마땅히 존경받을 자격이 있습니다. 그들의 상상력은 비현실적인 것에 있으나 정작 현실의 사람들을 다른 세계로 인도하는, 현실 세계를 뒤흔드는 미스터리하고 거대한 힘을 지녔기 때문입니다. 과거 '해리포터'가 호그와트라는 새로운 세계로 전 세계를 인도하고 콘텐츠의 새로운 지평을 열었던 것처럼.

3. 로맨스 판타지의 대표 키워드 & 플롯

#로판의 첫 번째 대표 키워드 : 시간 회귀물

끔찍한 최후를 맞음 → 회귀 → 이전 생을 바탕으로 목적 설립 → 목적에 맞게 이전 생과는 달리 살아감 → 엔딩

　많은 작가들이 로맨스 판타지의 대표적인 키워드로 '회, 빙, 환'을 꼽습니다. '회귀', '빙의', '환생'을 의미하는 단어입니다. 여기서 '회귀'는 말그대로 시간을 거슬러 특정 시간대로 돌아가는 것입니다. 이러한 '시간 회귀물'의 대표적인 플롯은 위와 같은데요. 정리하자면 '한 번의 인생을 살고 시간을 거슬러 올라가 회귀해서 새로운 목적을 가지고 이전과는 다른 인생을 빌드업해가는 플롯'이라고 볼 수 있습니다. 쉽게 말해 '인생 다시 살기'라고 할 수 있죠.

　첫 번째 생에서 후회되는 사건들 혹은 행동에 관해 회귀 후에는 결과를 알고 있기에 피하거나 바로잡아갈 수 있습니다. 수많은 사람들이 '미래를 미리 알고 있다면 어떻게 될까?'라는 질문을 던지는 데에서 이런 키워드가 성행하게 되었다고 봅니다. 이러한 키워드를 바탕으로 플롯에는 물론 여러 가지 변주를 줄 수 있는데요. 대표적으로 많이 사용하는 변주는 아래와 같습니다.

또한 대표적인 시간 회귀물의 전개는 '이전 생에서 어떤 처참한 최후에 도달했느냐'에 따라서 주인공이 회귀 후 세우는 목적성에 따라 다르게 전개됩니다. 이러한 목적성은 자연히 어떤 첫 번째 삶을 살았는지에 따라 결정이 되는데요. 아래는 대표적인 시간 회귀물에서 볼 수 있는 첫 번째 삶의 유형들에 해당합니다.

① 주인공 본인이 악행을 저질러서 죽음에 이르는 첫 번째 삶을 살았다는 설정

깊이 후회하고 이전 생에서 자신이 벌였던 만행들을 저지르지 않고자 하는 목적성을 설정합니다. 또한 자신이 미안하게 생각하는 등장인물들을 찾아가 이전 생에서는 하지 못했던 진심 어린 소통을 통해서 변화, 성장해 나가는 플롯이 구축됩니다. 이러한 플롯에서 보통 자신이 미안하게 생각하는 인물은 이전 생의 남편 혹은 자식으로 설정되는 경우가 많습니다. 전자는 이전 생의 남편에게 악행을 저질렀던 것에 대한 후회, 개과천선 후에 남편을 대하고 그와 사랑에 빠지는 전개를 하기에 용이하기 때문입니다. 또 후자는 자식에게 퍼붓지 못했던 애정을 퍼붓는 행위를 통해서 남편과도 가까워지고 단란한 가족을 이루는 힐링, 로맨스 플롯을 연출하기에 좋습니다.
또한 이러한 플롯에서는 악행을 저지르게 되는 계기가 되는 오해나 사건

등이 있어서 이를 해소하면서 회귀를 하는 경우도 더러 있습니다.

② 주인공이 사랑했던 남자에게 배신당한 뒤 죽음에 이르렀다는 첫 번째 삶을 살았다는 설정

회귀물의 대부분은 '복수극'의 형태를 취하는 경우가 많습니다. 그리고 위와 같은 이전 생을 살았다는 설정 하에서는 자연스럽게 '회귀물'이자 '복수물'의 형태가 성립됩니다. 주인공 여자가 헌신과 노력 그리고 희생을 하여 주인공 남자를 도와 그에게 명예나 부를 선사하지만, 알고 보니 그에게 이용당한 것이었다는 걸 깨닫고 모든 것을 잃은 뒤에 회귀하는 전형적인 회귀물 스토리인데요. 당연하게도 여주인공은 회귀 후에 자신을 기만했던 남자에게 복수를 하려고 하는 목적을 설립하게 됩니다. 그리고 그 복수를 위한 과정 속에서 남자 주인공과 사랑에 빠지는 스토리가 전개됩니다.

'복수'라는 아주 강한 동기를 부여하기 때문에 여주인공이 보다 주체적으로 움직이고 행동해 나가는 사건들을 만들 수 있기 때문에 굉장히 흥미로운 설정, 플롯 중의 하나라고 볼 수 있습니다.

③ 주인공이 특정 가족 혹은 가족들 전체에게 배신당하고 결국 죽음에 이르렀다는 설정

사랑하는 남자에게 배신당하는 것보다 더 처참한 배신일 수도 있을 것입니다. 바로 가족에게 배신당하는 것이죠. 여주인공이 자신의 형제 자매혹은 부모 등 가족 중의 특정 인물에게 배신당하거나 가족 모두에게 이용당하고 배신당한 뒤 죽음에 이르게 되는 첫 번째 삶을 사는 경우입니다. 이때, 역시 여주인공은 가족들에게 복수를 하고자 목적을 설정합니다.

또한 이 과정에서 여주인공이 친딸이 아니었다던가, 가문의 힘을 타고나지 못했거나 타고났으나 뺏겨버렸다던가 하는 여러 오해들을 극복하고 해소해 나갑니다. 여기서 '가짜 - 진짜' 소재를 주제로 한 소설들이 있는데요. '가짜 - 진짜' 소재란 특정 빌런으로 인해 '진짜 딸' 혹은 '가문의 능력을 이어받은 진짜 능력자'임을 인정받지 못하고 '가짜'라고 오인받고 살다가 최후를 맞고 회귀하는 스토리 플롯을 말합니다. '가짜 - 진짜' 소재에 대한 수요가 꽤 있기 때문에 제목에서부터 '가짜' 혹은 '진짜'라는 단어를 직접적으로 언급하여 이러한 플롯임을 드러내주기도 합니다.

④ 주인공이 가족들이나 모시는 사람 등 특정인에게 지속적으로 학대를 당하고 살았으며 결국 이용당하다가 죽음에 이르렀다는 설정

주인공이라고 해서 꼭 높은 신분이어야만 하는 건 아닙니다. 노예나 하녀 등으로 태어나 제대로 대접받지 못하고 지속적으로 학대 받고 이용당하다가 죽음에 이르렀다거나, 혹은 가족들에게 '배신'당하는 것이 아니라 어릴 때부터 사랑을 갈구했으나 지속적으로 정신적, 신체적인 학대를 받고 자라다가 처참한 최후를 맞은 경우도 있을 수 있겠죠.

이런 플롯에서는 주인공이 학대를 받는 현장에서 미래의 지식을 알고 도망쳐서 다른 등장인물을 활용하거나 진짜 자신의 부모를 찾게 되어 그의 딸이 되는 등 '학대를 받지 않고 살아남고자 하는' 목적성을 설립하고 그에 따라 행동합니다.

⑤ 모종의 이유들로 인해 사랑하는 사람에게 고백하지 못했던 후회스러운 첫 번째 삶을 살았다는 설정

여러 가지 이유로 인해 과거 사랑하는 사람에게 고백하지 못했던 삶을 살았다는 설정. 이 경우 자연히 사랑했던 사람에게 고백하고 사랑을 이루고자 하는 목적성을 가집니다. 그리고 당시에 고백하지 못하게 하는 요소였던 '가문에서 맺어준 혼약자와의 관계'나 '가문의 반대' 아니면 전쟁 등의 국가 시대적인 상황 등을 개선하고자 행동하며 스토리가 펼쳐집니다.

⑥ 여러 번 회귀를 하는 삶을 살았다는 설정

이 경우, 이전에 어떤 삶을 살았는지가 하나로 특정되기 어렵기 때문에 목적성을 확실히 특정하기가 어렵습니다. 대표적인 작품들로 미루어 보아 이런 경우 여러 번의 회귀를 통해서 이미 모든 것을 이루었고 모든 능력들을 다 갖추었기 때문에 이번 생에서는 '아무 것도 하고 싶지 않다'라는 목적을 세우는 경우 혹은 이렇게 계속 반복되는 회귀의 고리를 끊기 위해 '죽기 위한 방법을 찾는다'라는 목적을 세우는 경우 두 개 정도로 볼수가 있습니다.

대표적인 시간 회귀물 안에서의 설정들과 그에 따른 목적성, 스토리 유형에 관한 예시를 들어보았는데요.

이 외에도 이전 생에 어떤 삶을 살았는지에 따라 다양한 목적성이 설립되고 그 목적성에 따라 여러 가지 플롯들이 설정될 수 있습니다. 회귀물은 기본적으로 미래를 미리 알고 있기 때문에 이전과 같은 상황이 반복되지 않고 주인공의 능력치가 이전보다 훨씬 향상되거나 역경을 어렵지 않게 극복해 나간다는 점에서 독자들에게 통쾌한 '사이다'를 선사하기 때문에 꾸준히 인기가 있는 플롯 중의 하나입니다.

여기서 회귀의 계기 또한 하나의 장치로 활용되는 경우가 있는데, 이전 생에서 주인공을 회귀시켰던 사람을 중요 인물로 설정해 줌으로써 극을 보다 다채롭게 만들어주기도 합니다.

#로판의 두 번째 대표 키워드 : 빙의물 & 환생물

'로맨스 판타지'에서 대표적으로 꼽을 수 있는 키워드 하면 아마 많은 사람들이 가장 먼저 '빙의'를 꼽을 것입니다. 빙의물의 의미는 아주 간단합니다. 주인공이 다른 인물에게 빙의되어 그 인물의 인생을 살아가는 것입니다. 빙의의 대상은 간혹 주인공이 현재 존재하는 곳, '동일 세계의 특정 인물'일 때도 있으나, 대부분은 소설, 게임 속 인물과 같이 '이 세계의 특정 인물'에 해당합니다.

이러한 빙의물의 전형적인 플롯은 상단에 제시한 바와 같으나 빙의물에는 보다 다채로운 변수들이 존재합니다. 바로 '빙의하는 대상'이 누구냐에 따라서 굉장히 여러 가지 상황들이 생길 수 있기 때문입니다.

여기서 '빙의물'과 '환생물'의 차이는 무엇일까요?

'빙의물'은 말 그대로 다른 몸에 들어가는 것을 뜻하며 '환생물'은 첫 번째 삶을 살고 다른 사람으로 새롭게 태어나는 것을 말합니다. 완전히 다른 사람이 된다는 점에서 두 가지 키워드는 공통점이 많습니다.

그렇다면 이러한 빙의물 & 환생물 안에서 발생할 수 있는 여러 가지 대표적인 플롯에 관하여 한 번 살펴보도록 하겠습니다.

---

① 악역 빙의물

소설이나 게임 속 악역에 빙의한 경우

빙의물에서 가장 대표적으로 등장하는 소재 키워드입니다. 악역 빙의물! 악역 빙의물이 흥하는 이유는 뻔합니다. 주인공에게는 무릇 시련이 있어야 하고 악역에게는 마땅히 악행에 따른 대가가 주어질 운명이기 때문입니다. '소설 속에서 결국 죽을 운명인 악역에 빙의' 한다면 어떻게 해야 할까요? 당연히 죽을 운명을 피해서 주인공이 행동하게 되겠죠?

그 무엇보다도 큰 목적성을 부여하기 좋은 플롯입니다. 자연히 주인공은 살아남고자 하는 목적성을 설립하게 되고 그에 따라서 자신이 알고 있는 소설 속 악역에게 벌어질 일들을 피하기 위해서 적극적으로 행동하게 됩니다.

원작에서는 미움받아왔던 악역이 금세 주인공들에게 사랑받게 되는 역전 상황은 독자에게 쾌감을 선사합니다!

여기서 악역을 굳이 '완전무결한 진짜 악역'으로 설정할 필요는 없습니다. 악역이긴 하나 악역으로서 행동하는 이유가 있는 '사연 있는 악역'으로 빌드업을 하기도 합니다. 빙의 전에 주인공이 원작 소설 안에서 오히려 악역을 동정하고 악역 캐릭터에 대한 애정을 가지고 있었다는 설정을 넣을 경우, 악역에게 일어나는 일들을 상세히 꾀고 있다는 개연성을 부여하기에도 보다 용이하죠.

만일 악역이 악한 행동을 하는 데 이유가 있었다는 설정이라면 그에 대한 오해를 풀어나가며 등장인물들의 호감을 사는 스토리 플롯으로 전개됩니다. 혹은 사연 있는 악역에 빙의하나 주변 등장인물의 오해를 푸는 것에 관심을 가지지 않고 그들을 떠날 결심을 하는 스토리 플롯 구성 또한 가능하죠. 주인공 캐릭터의 성격에 따라 다양한 스토리를 구성할 수 있습니다.

악역 빙의물은 주인공이 악역에게 펼쳐질 미래를 알고 있다는 점과 주인공이 행동을 바꾸는 것으로 인해 예정된 미래가 바뀌며 등장인물들의 태도와 마음이 바뀐다는 점에서 매력적인 소재입니다.

② 육아물

소설이나 게임 속 등장인물의 아이로 빙의한 경우. 혹은 자신이 사는 세계에서 알고 있던 인물의 아이로 빙의한 경우에 해당합니다.

육아물은 말 그대로 로맨스 판타지에서는 몇 년 간, '흥행 신화'를 이룩했다고 볼 수 있을 정도로 굉장히 견고하고도 대중적인 플롯입니다.

전생의 기억을 가지고 아이로 빙의했다는 설정일 경우, 어떤 전생을 살았느냐에 따라 다양한 스토리 플롯을 짤 수 있습니다.

첫째는, 전생에서 읽었던 소설 속 등장인물이 아기일 때 빙의했다는 설정으로 구성할 수 있습니다.

태어나서부터 부모에게 사랑받기 위해 노력하지만 결국 사랑받지 못하고 죽음에 이르게 되는 운명을 가진 소설 속 등장인물이 아기일 때 빙의한 여주인공. 그녀는 사랑받기 위해 어떤 행동을 할까요? 성인이 된 등장인물에게 빙의했을 경우 주변 인물이나 상황 혹은 능력치를 활용할 수 있습니다. 하지만 말조차 제대로 못하는 아이에 성인의 정신이 빙의하고 성인이 되기도 전에 죽을 운명이라면 플롯은 조금 달라집니다. 앞서 등장한 다른 빙의물처럼 '살아남는다'라는 목적성을 설립하는 것은 동일하나 그 방식이 몇 개의 이벤트성 사건을 방지하기 위한 것이 아닌, 한 사람의 애정을 얻기 위한 행동으로 변모합니다.

그래서 전형적인 육아물은 부모, 그 중에서도 특히 황제나 공작 정도의 지위가 높은 아버지에게 치명적으로 귀여운 외모를 가진 여주인공 아기가 애교를 부려서 그의 호감을 사는 스토리로 흘러갑니다. 물론 원작의 내용을 알고 있는 여주인공은 어린 시절에 어쩔 수 없이 부모와 형제자매의 호감을 사서 살아남고 성인이 된 뒤에는 가족들에게서 도망치고자 하는 목적성을 가지게 됩니다.

이러한 스토리 플롯은 어디까지나 초기의 육아물에 불과하며 더 다채로운 육아물들이 등장했습니다. 말 그대로 육아물이 제대로 히트를 쳤기 때문입니다.

육아물이 흥행했던 이유는 과연 무엇이었을까요? 사실상 그 이유는 그 누구도 명확히 알지 못합니다.

다만, 육아물의 원작에서는 아기와 마주치는 일조차 없거나 아기에게 관심이 없었던 냉혈한 아버지가 아기를 직접 마주하고 '딸바보'가 되어가는 과정, 그리고 단란한 가정으로 거듭나고 신체적으로도 정신적으로도 성숙해 가는 성장 과정이 독자들에게 있어서 또 다른 힐링과 대리 만족을 느끼게 해주었기 때문이 아닐까 추측합니다.

육아물에서는 필연적으로 로맨스 스토리 자체가 메인 플롯이 되지는 않습니다. '가족애'를 보다 강조하는 스토리 플롯이죠. 이러한 육아물의 흥행은 이제 독자들이 단순히 남녀 간의 로맨스를 갈구하지 않는다는 것을 증명했다고 봅니다. 운명적인 사랑과 치명적인 매력을 가진 이성만을 갈구하기 보다는 따뜻하고 온정 넘치는 가족애에서 얻는 만족감이 컸던 것입니다. 어쩌면 독자들이 생각하는 완연한 행복이 단순히 남녀 간의 관계에서 비롯되지 않는다고 생각했던 데에서 기인한 것이런지도 모르죠.

이처럼 흥행의 이유는 물론 정확하게 단언하기는 어려우나, 육아물은 단연코 로맨스 판타지 장르에서 한 축이라고 불릴 만큼 꽤 오랜 시간 많은 작품들이 성행했습니다. 그리고 처음에 등장했던 전형적인 플롯뿐만 아니라 다양한 플롯들이 등장했습니다.

예전처럼 단순히 아기로 빙의한 여주인공이 착하고 예쁘고 애교 많게 행동해서 부모 혹은 형제자매의 호감을 사는 내용이 아니라, 오히려 나쁘게 행동하는데 호감을 사는 스토리 플롯이 등장하기도 합니다. 이외에도 여주인공이 애교를 부리는 등의 친숙하고 온화한 행동을 통해 가족들의 호감을 사지 않고 오히려 가족들을 멀리하고 주변 사람들을 매수하거나, 아니면 능력을 키워 형제자매를 굴복시키는 등 살아남으려고 하는 방식의 측면에서 보다 다양한 스토리들이 등장했습니다. 이는 여주인공이 빙의한 소설 속 인물이 처한 상황이나 미래 혹은 가문과 능력치가 어떤지에 따라서 다릅니다.

둘째는, 엄청난 힘을 가진 여주인공이 자신이 증오하거나 대적하거나 의미 있는 다른 가문이나 황실 혹은 이종족의 아이로 태어난다는 설정

보통 복수물 키워드와 겹치는 플롯입니다. 엄청난 강자였던 여주인공이 누군가에게 배신을 당하여 죽음을 맞이하고 눈을 떴을 때는 자신이 알고 있는 다른 가문의 아이에 빙의하게 된 경우입니다. 이 경우 빙의물이 아니라 '환생물'이라고 볼 수도 있겠지요.

전생의 기억을 가지고 다른 가문의 아이로 빙의, 환생한 여주인공은 전생에서 가지고 있었던 힘을 되찾고 자신의 복수를 하기 위해서 계획을 세웁니다. 그리고 그 과정에서 새로 환생한 집안의 가족들과 친밀도를 쌓아갑니다. 전생에서 환생한 집안과 어떤 연이 있었고 어떤 정보를 가지고 있느냐에 따라서 다른 관계를 만들어갈 수 있으나, 보통 여주인공이 환생한 집안의 사람들은 여주인공을 아끼고 그녀와 유대감을 쌓으며 결국 그녀의 복수를 도와주는 역할을 합니다.

혹은 여주인공이 복수할 대상의 딸로 태어나거나 해당 집안에 태어나는 경우도 더러 있습니다. 이 경우 여주인공은 대외적으로는 친밀도를 쌓고 이면에서는 복수를 준비해 나갑니다.
이종족의 아이로 환생하는 경우도 더러 있습니다. 예컨대, 마왕과 같이 인간과 대적하는 종족의 아이로 환생, 빙의하는 경우 여주인공은 전생의 기억과 능력치를 활용해 살아남는데 전력을 다합니다. 뿐만 아니라 아예 무협지를 배경으로 하여 '무협 세가의 딸'로 환생하는 스토리 플롯도 있습니다.

이는 중세 배경을 한 로맨스 판타지가 아니라, 남성향 소설의 배경에 다수 등장하는 '무협'의 세계관을 바탕으로 하며 육아물이 다수 쏟아지는 가운데 이러한 플롯에 변주를 주었다는 점에서 새로운 평가를 받기도 합니다.

셋째는, 지난 생에서는 학대를 당하다가 죽고 말았던 여주인공이 다음 생에서는 사랑받는 아기로 태어난다는 설정

어찌 보면 가장 역경이 없어 보이는 플롯 중의 하나입니다. 말 그대로 '가족힐링, 성장물'에 해당합니다. 지난 생에서 지나치게 학대를 당하고 자존감이 깎여 나간 여주인공이 정말 사랑받는 집에서 환생하여 태어나 '사랑'이 무엇인지 '가족'이란 무엇인지 알아가며 그 상처를 회복하고 성장해 나가면서 주변인들 또한 성장시키는 스토리가 전개됩니다. 이 과정 속에서 전생에서 그녀를 학대했던 인물들에 대한 복수가 이어지기도 하지만 이러한 플롯의 핵심은 여주인공의 성장과 상처 회복에 있습니다.
큰 상처를 입었던 기억이 있음에도 그를 극복하고 용감하게 성장해 나가는 여주인공의 모습은 독자들로 하여금 감동을 불러일으킵니다.

③ 조연 빙의물

소설이나 게임 속의 조연에 빙의하는 경우

많은 빙의물들이 나오면서 나왔던 빙의물의 변주. 소설이나 게임의 원작 스토리의 진행과는 관계없는, 혹은 결정적인 역할을 하지 않는 '조연 캐릭터'에 빙의하는 플롯입니다. 이는 원작 소설 혹은 게임에서 그 조연의 역할이 어땠는지에 따라 스토리 구성이 상이해집니다.

조연 캐릭터이기 때문에, 오히려 초반부에 아무런 역할 없이 죽고 마는 원작의 내용을 비틀고자 하는 내용으로 흘러가기도 합니다. 또한 죽을 운명도 원작의 스토리에도 아무 상관이 없는 인물, 예컨대 하녀나 유모에 빙의하지만 여주인공이 원작에서 지나치게 좋아했던 캐릭터를 만나고 싶어서 주체적으로 움직이며 스토리가 전개되기도 합니다.

혹은 악역의 밑에서 일하는 악역의 수하에 빙의하는 경우 악역 빙의물과 비슷한 플롯으로, 악역의 뜻대로 행동하는 것이 아니라 살기 위해서 행

동함으로써 운명을 바꾸고자 하기도 합니다.

이와 같이 조연 빙의물의 경우, 특히 딱 정해진 스토리 플롯이 있다고 말하기 어렵습니다. 조연마다 극 내에서의 역할과 상황이 무척 상이할 수 있기 때문에 빙의물 중에서도 가장 다채로운 플롯을 구상할 수 있는 소재 중의 하나라고 할 수 있습니다.

또한 말 그대로 소설 원작의 내용과 연관점이 얕은 캐릭터인 조연에 빙의하는 것이기 때문에 원작의 내용을 알고 있다는 점이 활용될 수 있도록 주인공에게 직접적인 영향을 끼치는 계기를 만들어주는 것이 중요합니다. 이를 위해 설정을 보다 세세하고 완성도 있게 하도록 노력해야만 하는 플롯입니다.

④ 비인간 빙의물

말 그대로 인간이 아닌 존재에 빙의하는 경우

조연에 빙의할 수 있다는 것은 '인간이 아닌 존재'에도 빙의할 수 있다는 것을 뜻합니다. 인간이 아닌 존재는 아주 다양하게 있을 수 있는데요. 대표적으로 고양이나 강아지 혹은 새나 토끼와 같은 동물에 빙의하는 경우. 아니면 검이나 식물 요정이나 슬라임 드래곤 혹은 엘프나 인어 등등의 이종족 심지어는 해골과 같은 사체에까지 빙의할 수 있습니다.

이렇게 인간이 아닌 존재에 빙의하는 스토리 플롯을 짠다면 지금까지 있었던 클리셰에 온전히 따르는 것이 아니라 보다 창의적이고 새로운 내용을 구축할 수 있다는 장점이 있습니다. 다만 이러한 플롯을 짤 때 반드시 유의해야만 할 것은 시각화 했을 때 혐오감을 불러일으키는 물체에 빙의하는 것은 지양하는 게 좋다는 점 (예를 들어 벌레나 마수와 같이) 또한 후에 로맨스 라인을 구축할 때 인간과 사랑에 빠질 수 있는 형태로 여주인공이 변화할 수 있는 사건이나 장치를 넣어주어야 한다는 것입니다.

이런 소재의 경우 다소 너무 이질감이 들어서 반감을 살 수 있기 때문에 구성시 빙의하는 존재에 대해서 신중히 선정해야만 합니다.

⑤ 다른 몸에 빙의해서 살다가 원래 몸으로 다시 빙의하는 경우

여주인공이 어느 날, 혼수상태가 된 뒤 다른 사람의 삶을 온전히 살고 다시 돌아와 자신의 '원래 몸'에 빙의했다는 설정입니다. 이런 경우, 다른 사람으로 살았던 삶에서 여주인공이 무엇을 깨달았고 어떻게 바뀌게 되었는지에 따라서 스토리가 다르게 전개됩니다.

또한, 여주인공의 '원래 몸'에 다른 누군가가 빙의해 있었다면 그 빙의자가 누구이며 과거에 어떤 행동을 했었느냐에 따라 다른 스토리를 짤 수 있습니다.

⑥ 곧 죽을 운명인 시한부의 몸에 빙의하는 경우

병에 걸려서 시한부인 몸에 빙의하는 경우, 여주인공은 죽을 날이 얼마 남지 않았다는 생각에 평소 하고 싶었던 모든 일들을 하게 됩니다. 여주인공이 무작정 저지르는 일들에 남자 주인공(들)은 속절없이 그녀를 사랑하게 됩니다. 이러한 플롯의 경우 여주인공의 병이 해소되는 계기를 만들어주는 것이 중요합니다. 어떠한 특별한 영약이나 마법의 힘을 빌어, 혹은 등장인물의 호감으로 인해 상황이 바뀌고 여주인공이 시한부인 운명을 극복하고 살아남게 되는 결말에 이르기까지- 그녀의 거침없는 행동과 그에 따라 변화하는 등장인물의 모습에 독자들은 이끌립니다.

⑦ 빙의 & 환생 후 덕질, 짝사랑물

이 경우 '조연'에 빙의, 환생할 수도 '악역'에 빙의, 환생할 수도 있습니다. 주로 소설이나 게임 등에 빙의, 환생한 뒤 그 이세계 속에서 자신이 좋아하는 '최애'인물을 덕질, 짝사랑하는 플롯입니다. 여기서 '최애'는 주로 원작에서는 서브남이나 빌런으로 설정되어 주변 사람들의 멸시를 받고 결국 결말에서조차 원작 여주인공에게 선택받지 못하는 비운의 캐릭터입니다. 주인공이 해당 인물을 '덕질'하게 되는 계기는 이전 세계에서 좋아했던 연예인과 똑 닮은 얼굴을 가졌다는 설정을 부여하거나 해당 게임 혹은 소설을 보며 그 비운의 캐릭터를 유독 좋아했다는 전사를 부여하는 편입니다. 다른 사람들에게 사랑받지 못하고 인간을 환멸, 믿지 못하는 남주인공이 여주인공의 조건 없는 사랑과 헌신으로 변화해 나가는 과정을 그릴 수 있습니다. 또한 굳이 원작의 남주인공만 덕질, 짝사랑하는 플롯이 아닌 원작의 여주인공, 혹은 여성 악역을 덕질하는 스토리를 빌드업할 수도 있습니다. 원작에서는 악역 포지션이었던 여자 등장인물을 사랑하고 쫓아다니며 악역이 될 뻔했던 등장인물을 개과천선 시키고 메인 주인공들도 감화시켜 모두에게 사랑받게 되는 스토리 등 다양한 플롯 구성이 가능합니다.

⑧ 과거의 '전설적인 인물'이 환생한 경우

한국에 '세종 대왕'이나 '영조' '정조' 등 누구나 알 법한 유명한 인물들이 있습니다. 로맨스 판타지에서도 이처럼 과거, 역사 속에 유명 인물들이 존재한다는 설정을 부여할 수 있습니다. 게다가 로맨스 판타지에서의 '전설적인 인물'은 단순히 '왕'과 같이 지위가 높은 사람뿐 아니라 역사에 길이 남을 정도로 뛰어났던 '대마법사'나 '소드마스터'등의 강한 인물들이 존재할 수 있습니다.

위와 같이 뛰어난 업적을 세웠거나 뛰어난 능력을 지닌 이들이 죽고 환생할 경우, 당연히 남들보다 더 비범하겠죠. 이 경우, 전생의 원수와 대립 구도가 성립되는 스토리 플롯으로 전개되거나 혹은 전생에서 채우지 못했던 부분 (정서적인 부분 등)을 현생에서 이뤄나가는 스토리로 빌드업 가능합니다. 또한 전생에서 주인공에게 집착하거나 극도로 따르는 인물들이 있었다면, 극도로 유명해진 해당 인물들과 엮이며 갖가지 사건들이 벌어지는 스토리 또한 설계할 수 있습니다.

⑨ 특정 직업군의 인물이 환생한 경우

'환생물'에서는 무엇보다 '전생'을 어떻게 규정하는지가 중요한데요. 위의 플롯에서처럼 굳이 전생에서 '유명한 인물'이었을 필요도 없으며 같은 세계의 인물이 아니어도 상관없습니다. 현대에서 살고 있던 주인공이 죽음 뒤에 다른 세계에 환생하는 스토리 또한 가능하다는 것입니다. 이 경우, 전생에서 '특정 직업군'을 가지고 있었다는 설정을 넣을 수 있는데요. 많이 등장하는 직업군으로는 '의사' '수의사' '요리사' '농부' '어부' '공무원' 등이 있습니다.

전생에 어떤 직업을 가지고 어떤 삶을 살았느냐에 따라, 현생에서의 목적성과 행동들이 달라집니다. 특히 전생에서 주인공이 익힌 능력이 현생에서 더욱 크게 발휘해 각종 역경을 극복해 나가는 기능을 하기도 합니다.

#로판의 세 번째 대표 키워드 : 계약결혼 (선결혼 후연애물)

계약 결혼은 육아물과 더불어 가장 상위 랭킹에 오랫동안 자리했던 흥행 키워드의 하나입니다. 계약결혼의 플롯은 간단합니다. 모종의 이유로 인해 위기를 극복하기 위해서 여주인공과 남주인공은 사랑 없는, 계약 결혼을 합니다. 그들은 계약 기간이 지나고 서로가 원하는 것을 얻고 나면 이혼할 것이라는 조항의 계약을 하지만, 결국 서로를 사랑하게 되고 '진짜 결혼'을 하게 된다는 스토리입니다. 계약 결혼 소재는 독자뿐만 아니라 작가 입장에서도 상당히 매력적인 소재입니다.

'결혼'이라는 제도하에 그들이 물리적으로 함께 있어야 하는 제약들이 있기 때문에 서로에게 호감이 싹트게 하는 요소들을 삽입하기에 적절하기 때문입니다. 만일 본인이 남녀 주인공의 로맨스 라인 감정선을 중점적으로 살려 스토리 라인을 구상하고 싶다면 '계약결혼' 소재를 추천합니다. 아래는 대표적인 계약결혼의 스토리 플롯입니다.

빙의물과 키워드가 겹치는 경우입니다. 즉, 미래에 어떤 처참한 최후를 맞이할지 알고 있는 소설 속 등장인물에 빙의하고 살아남기 위해 어쩔 수 없이 '계약결혼'을 제안하는 스토리입니다. 여주인공을 원수의 딸이라고 여기는 남주인공과 결혼하게 되어, 혐오하는 관계 (혐관)에서 결국 서로를 사랑하게 되는 스토리로 전개가 되는 등 다양한 스토리들이 파생될 수 있습니다.

빙의물과 유사하나 좀 더 강한 동기 부여가 됩니다. 자신이 직접 살아본 삶 혹은 본인이 예지몽 등을 통해서 접한 미래에서 예정된 끔찍한 위기를 피하기 위해 계약 결혼을 선택하게 됩니다. 이 경우 '복수물'로 전개하기에 더 용이합니다. 미래에 다른 남자에게 배신당한 뒤 남주인공과 계약 결혼을 하여 복수를 꿈꾸고 그 과정에서 남주인공과 사랑에 빠지는 등의 좀 더 동기를 부여할 수 있는 스토리라인 구축이 가능합니다.

#로판의 네 번째 대표 키워드 : 임신튀

임신튀는 현대 로맨스 장르에서 오히려 더 흥행하고 있는 키워드라고 할 수 있는데요. 로맨스 판타지 장르에서도 이와 같은 소재 키워드 작품들이 종종 등장합니다.

'임신튀'의 의미는 말 그대도 '임신하고 튄다' 그러니까 남주인공의 아이를 임신한 뒤에 모종의 이유로 도망간 여주인공과 남주인공이 다시 재회하면서 펼쳐지는 로맨스 스토리를 말합니다. 여기서 다양한 변주를 줄 수 있는데요.

계약 결혼 소재와 결부하여 스토리가 구성되는 경우가 많습니다. 가장 많이 등장하는 스토리는 아래와 같습니다.

남주인공과 여주인공은 계약결혼을 하고 계약결혼 중에 술을 마시고 실수로 관계를 하여 아이를 갖게 되지만, 남주인공은 이를 기억하지 못합니다. 그리고 계약 기간이 끝난 뒤, 여주인공은 깔끔하게 남주인공을 떠납니다. 남주인공은 이후에 마주한 여주인공과 여주인공의 아이를 보고 '어쩐지 내 아이같다'라는 느낌을 받게 되고 자신이 여주인공을 사랑했음을 깨닫게 되면서 뒤늦게 후회, 집착남으로 돌변합니다. 늦게나마 여주인공에게 적극적으로 구애하고 그녀를 위기에서 구해주는 등의 행동을 통해 결국 사랑을 이루고 해피 엔딩을 맞이합니다.

이러한 흐름의 스토리 라인이 전개될 시, 남자 주인공은 보통 '후회남'의 면모를 보이는 캐릭터로 빌드업됩니다. 그리고 독자들은 이처럼 뒤늦게서야 여주인공에게 매달리고 집착하는 남주인공의 모습에 쾌감을 느낍니다. 물론 위의 스토리는 가장 많이 등장하는 예시일 뿐이고 상황과 세계관에 따라 보다 다양한 스토리 구성이 가능합니다.

임신튀 소재의 스토리 플롯에서의 재미 요소는 남주인공이 대부분 여주인공의 아이가 자신의 아이인 것을 한 번에 눈치채지 못하는 점에서 기인합니다. 때문에 작가는 여기서 남주인공이 후에 아이가 자신의 친자식인 것을 알아차릴 수 있는 장치들을 해주는 것이 좋습니다. 독자들은 남주인공이 언제 여주인공의 자식이 '진짜 자기 자식'인 것을 알아차리게 될지 조마조마하고 애타며 기다리는 맛으로 '임신튀' 소재의 작품들을 읽게 됩니다.

로맨스 판타지 소설이라고 해서 '원나잇'이 등장하지 않을 것이라는 편견은 버리십시오! 여주인공은 모종의 이유로 인해 지위도 높고 강인한 남주인공과 원나잇을 하게 되고 그의 아이를 가졌다는 것을 숨기기 위해 전전

긍긍하는 상황을 겪으며 로맨스가 싹트는 스토리가 이어질 수 있습니다.

③ 짝사랑하고 있지만 이어질 수 없는 남자의 아이를 가지고 숨기는 경우

여주인공이 남자 주인공을 짝사랑해서 그의 아이를 가진 뒤 도망치는 스토리에 해당합니다. 남자 주인공을 좋아하기는 하나, 그를 좋아하면 죽을 운명에 처하는 등의 위기가 닥치기 때문에 그런 선택을 하게 되는 것이죠.

④ 누구의 아이를 가졌는지 알 수 없는 경우

여주인공이 남주인공 후보들 중 한 사람과 관계를 맺고 아이를 갖게 되었으나, 아버지를 알 수 없어서 각종 사건들이 벌어지는 스토리 플롯입니다. 누구의 아이인지 알아내야 하지만 동시에 그 누구의 아이라고 해도 위기에 처하게 되는 상황 때문에 여주인공이 전전긍긍하며 벌어지는 이야기들이 펼쳐집니다.

이외에도 임신하고 도망을 친 여성이 주인공이 아닌, 그녀의 아이를 주인공으로 세워 극을 전개하는 등 '임신퇴'의 플롯은 보다 다양화될 수 있습니다.

#로판의 다섯 번째 대표 키워드 : 인외존재 – 수인물

수인물은 '동물 인간과 사랑하게 되는 로맨스 스토리'를 의미합니다. 여기서 '동물 인간'이란 단순히 '동물'을 뜻하는 것이 아니라 '늑대인간'이나 '동물 형태의 마수'등 동물의 형태를 취하고 있는 생물체 모두를 포괄합니다.

또한 수인물이라고 해서 정말 동물 형태로 사랑을 나누는 것이 아니라 동물이 사람이 될 수 있는 특수한 능력 등을 설정으로 부여하여 인간과 동물을 오가며 로맨스 라인이 싹틀 수 있도록 플롯이 구성됩니다.

즉, 수인물에서 등장하는 '동물 인간'은 인간과 동물의 특징을 결합한 존재이며 대개는 인간의 모습을 하고 있긴 하나 털이 나거나 귀나 꼬리가 있거나 혹은 동물과 인간의 모습이 오가는 등의 다양한 형태를 띠는 존재라고 할 수 있죠.

수인물은 로맨스 판타지 장르에서 꽤 인기 있는 키워드 중의 하나인데요. 이는 일반적으로 수인물에 등장하는 동물의 면모를 지니고 있는 '동물 인간'은 현실에 존재하지 않는 신비로운 매력을 지니고 있기 때문입니다. 수인물은 인간주의적인 사고에서 벗어나 독특한 재미를 줍니다.

또한 '늑대'나 '검은 표범'과 같이 평소 외양적으로나 기질, 특징적으로나 대부분의 사람들이 호감을 느끼고 있는 동물을 남자 주인공의 '동물 인간'적 특징에 포함된 동물로 선정하여 독자들의 판타지를 자극합니다.

이를 기반하여 수인물에 자주 등장하는 동물들을 살펴보겠습니다.

수인물에 자주 등장하는 동물

① 강한 수인을 나타내는 동물 : 늑대, 표범, 사자, 드래곤
동물들 중에서도 유독 강한 힘을 가지고 있다고 알려져 있는 동물들이죠.

첫째로 늑대입니다.
한 마리의 암컷과 짝을 이룬다는 동물의 습성만으로 굉장히 매력적이기 때문에 남자 주인공을 나타내는 동물로 설정하기에 용이합니다.
이러한 늑대 인간의 특징 설정은 아래와 같이 다양하게 할 수 있는데요.

- 자유자재로 늑대로 변할 수 있는 사람
- 늑대로 변하지 못하지는 못하나 신체의 일부만 늑대로 변화 가능
- 만월에는 발정기가 오거나 힘이 강해지고 충동을 주체할 수 없는 상태가 됨
- 한 명의 여자 (반려)에게 각인됨

수인물이라고 해서 반드시 동물로 온전히 변화할 수 있는 능력을 지녀야만 하는 것은 아닙니다. 신체의 일부가 변화 가능하다거나 해당 동물의 특징만 일부 가지고 있다는 설정을 부여해주는 것도 가능합니다.
늑대의 경우 하나의 암컷과만 사랑을 나눈다는 특징으로 인해 '각인'이라는 설정도 종종 부여되는 편입니다. '각인'이란 태어날 때부터 정해진 자신의 반려자를 보고 신체의 일부 혹은 영혼에 문양이 새겨져 자신의 반려를 끝없이 갈구하게 되는 것을 의미합니다. 수인물에서도 유독 '늑대 인간'에게 특히 반려에게 각인한다는 설정을 많이 부여, 사용합니다.

둘째로 표범입니다.
표범은 외양적이 굉장히 아름답기 때문에 역시 남자 주인공을 나타내는 동물로 많이 설정됩니다.

강하고 **빠**를 뿐 아니라 우아하다는 외양적인 특징을 가지고 있습니다. 단순히 강한 남자가 아니라 보다 우아하고 범접할 수 없는 아우라를 가지고 있는 수인 남자 주인공 캐릭터를 만들고 싶다면 표범 수인물을 써보는 걸 추천드립니다.

고양이과 동물이라는 특징을 가지기 때문에 등장인물이 수인화가 되었을 때, 앞발을 자주 사용하거나 꼬리로 귀찮게 구는 등의 행동을 묘사해주면 좋습니다. 높은 곳에 잘 올라가거나 나무 위에서 다른 등장인물들을 관찰하는 모습을 넣어주는 것도 표범 수인의 특징을 살리는데 효과적입니다. 특히 표범 중에서도 검은색 표범으로 설정하면 등장인물의 머리카락 색을 흑발로 설정하여 우아하고 고혹적인 이미지를 더욱 잘 살릴 수 있습니다.

셋째로, 사자입니다.

사자는 하나의 수컷이 다수의 암컷을 거느린다는 특징을 가지기 때문에 메인 등장인물 보다는 주변 등장인물 수인의 동물로 설정하기에 좋습니다.

야성미를 가지고 있기 때문에 조금 거칠고 힘이 강한 캐릭터로 설정하기에 좋습니다. 또한 '바람둥이' 캐릭터로 설정할 경우 다수의 암컷을 거느린다는 사자의 특성을 살리면서 보다 입체적인 캐릭터로 거듭나는 효과를 볼 수 있죠. 사자는 주로 찬란한 금색 색상의 이미지를 연상시키기 때문에 해당 동물의 특징을 가지고 있는 수인은 금발에 금안을 가지는 것으로 설정하면 연상이 쉬울 것입니다.

넷째로, 드래곤입니다.

종종 드래곤이나 용으로 변할 수 있는 남자 주인공들이 등장하는데요. 로맨스 판타지 세계관에서 드래곤은 가장 강력한 존재로 묘사되는 편이기 때문에 남자 주인공의 강한 면모를 보이기 위해 효과적입니다. 드래곤은 현실에 있는 동물은 아니기 때문에 어찌 보면 수인이라고 보기에 애매할 수도 있으나 기본적으로 드래곤의 존재는 오래 전부터 콘텐츠를 통해서 독자들에게 각인되어 왔기 때문에 이 역시 수인의 한 종류라고 생각됩니다.

드래곤의 특성은 파충류이며 마법을 잘 쓰고 하늘을 나는데 용이하며 수명이 길고 어린 시절을 '헤츨링'이라고 칭한다는 것 등등이 있습니다. 또한 드래곤은 대개 물, 불, 바람, 대지 중 하나의 특성을 강하게 가지고 있기 때문에 이에 따라 레드 드래곤, 블루 드래곤, 블랙 드래곤 등 각자의 색상 구분을 해줄 수 있으며 이에 맞는 특성을 부여해 줄 수도 있습니다.

② 귀엽고 사랑스러운 수인을 나타내는 동물 : 고양이, 새, 토끼

귀엽고 사랑스러운 수인은 로맨스 판타지에서 주로 여자 주인공의 종족으로 설정되곤 합니다. 물론 이외에도 수많은 동물들이 등장할 수 있으나, 가장 대표적인 동물 세 가지를 꼽아보자면 고양이, 새, 토끼가 해당합니다.

첫째로, 고양이입니다.

가장 매력적이고 인기가 많은 애완동물의 하나이죠. 처음부터 수인이라고 묘사되기보다는 정말 고양이에 빙의되었다가 후에 특정한 계기로 인간으로 자유자재로 변화할 수 있는 능력치를 얻는 플롯도 많습니다. 이러한 플롯에서의 장점은 고양이는 애완동물로 많이 키우는 동물이기 때문에 남자주인공에게 쉽게 접근할 수 있고 그의 경계심을 허무는 게 어렵지 않다는 점입니다. 고양이 수인은 '묘인'이라고도 하고 주변 인물을 할퀴거나 높은 곳에 올라가는 면모를 보여줍니다. 여자 주인공을 보다 수인이면서도 보다 주체적으로 설정하기 좋으며 도도하고 귀여운 매력을 뽐내는 캐릭터 빌드업에 탁월합니다.

둘째로, 새입니다.

새에는 다양한 종류가 있습니다. 그중에서도 로맨스 판타지에 자주 나오는 새는 매, 까마귀가 대표적입니다. 특히 매는 로맨스 판타지 세계관에서 편지를 주고받는데 탁월한 역할을 합니다. 종종 기사들이 매를 전서 구로 훈련 시켜 전시에 사용하곤 하는데요. 여주인공이 이러한 매에 빙의하거나 혹은 매가 될 수 있는 종족, 수인이라는 설정으로 인해 남자 주인공에게 손쉽게 접근하고 애정을 얻습니다.

까마귀는 빛나는 보석을 좋아하는 새라는 설정을 부여하는 편입니다. 보통 까마귀 수인이 등장하면 금붙이를 모으는 걸 좋아하거나 더 나아가 세공하는 것까지 좋아하는 특징을 지닙니다.

셋째로 토끼입니다.

토끼 수인으로 설정할 경우, 여주인공의 순진하고 귀여운 면모를 살려주기 좋습니다. 토끼의 매력은 고양이처럼 까칠하게 굴기도 하고 나름의 반항적 행동을 하기도 하지만 그 행동이 꽤나 하찮다는 점에서 기인합니다. 또한 다른 동물에 비해 겁이 더 많기도 합니다. 여주인공 나름대로는 열심히 하는 행동들이 다른 주변 인물의 눈에는 하찮고 귀여워 보이는 장면들을 연출하기에 좋습니다. 또한 겁 많고 귀여운 토끼 수인 캐릭터를 주인공으로 선정할 경우 점차 성장해 나가는 성장물의 플롯을 구성하기에 적절합니다.

수인물에서는 이처럼 다양한 '동물 인간'이 등장합니다. 그리고 현실에 존재하는 동물들의 매력적인 특징들을 직접 반영하여 스토리 구성, 캐릭터에 큰 영향을 끼칩니다.

예컨대 눈을 떴더니, 갑자기 고양이의 몸에 들어가 있다면? 그리고 고양이가 된 여주인공을 갑자기 남주인공이 줍게 된다면 어떤 스토리가 펼쳐질까요? 남주인공은 여주인공을 애완동물이라고 생각하고 마음을 주지만 후에 성인이 된 여주인공은 '묘족'의 특성을 발휘해 인간이 되고 둘은 사랑에 빠지게 될 수 있겠죠! 이외에도 여주인공이 수인으로 빙의하는데, 그 수인이 그녀가 읽었던 소설 속 세상의 수인일 경우 미래를 알고 있기 때문에 남주인공을 구하는 등의 주체적 행동을 통해 남주인공과 엮이게 되고 로맨스 라인이 싹트게 됩니다. 이처럼 수인물과 빙의, 환생물을 접목하여 다양한 스토리 플롯을 구성할 수 있습니다.

아예 수인이 존재하는 것이 공인되고 전제되어있는 세계관을 설립하고 스토리 플롯을 구성할 수도 있습니다.

이런 세계관에서는 아예 가문 자체가 특정 수인이고 이에 따라 계급이 나눠지기도 합니다. 예를 들어, 드래곤의 가문이 황가, 까마귀의 가문이 황가를 보필하는 남작가, 늑대의 가문이 황가의 검이라고 불리우는 공작가… 이런 식으로 가문마다 다른 수인의 핏줄을 잇고 있으며 동물의 특성과 힘의 우위에 따라 계급이 나뉘어졌다는 설정들도 함께 부여하는 것입니다.

이 경우, 여주인공은 수인이어도 좋지만 굳이 수인이 아니더라도 수인들에게 모두 사랑을 받을 수밖에 없는 특별한 능력을 가지고 있는 등의 추가 설정을 부여해 다양한 방식으로 극을 전개해 나갈 수 있습니다.

이외에도, 두 개의 수인 가문 혹은 세력이 있고 두 가문 간의 사이가 적대적이라는 설정 등 굳이 황실과 엮어주지 않더라도 종족에 엮인 다양한 설정을 할 수 있습니다. 종족 간의 갈등에 대한 설정을 넣어주고자 한다면 그 뿌리 깊은 갈등이 어디서부터 기인 되었는지 역사를 만들어주는 것도 필요합니다.

'미운오리 새끼'를 떠올리시면 될 것 같습니다. 주인공이 아주 강한 힘을 가진 수인인데, 같은 일족들이 몰살당하거나 혹은 같은 일족으로부터 오인받고 떨어져 나오게 되는 사건 등을 통해 타종족, 다른 수인들 틈에 끼여서 지내면서 벌어지는 일들에 관한 스토리 플롯입니다.

세계관 자체에서 '수인'의 존재가 평범하지 않을 경우 이와 같은 플롯으로 구성할 수 있습니다. 예컨대 남자 주인공이 보름마다 늑대가 되어 버리는 저주에 걸렸고 이를 사람들이 불길하게 여기고 있기 때문에 숨기고 있으나, 이 사실을 유일하게 여자 주인공에게만 들키는 등의 사건이 발생하고 스토리가 전개되는 것입니다. 혹은 수인이 되는 저주를 받아 학대, 배척을 받는 등의 유년 시절을 보냈다는 설정값을 부여해 줄 수도 있겠죠.

수의사였던 전생의 기억을 가지고 있는 에리카는 우연히 보름날 마주친 늑대를 치료해준다. 그녀는 사실 보름마다 늑대인간이 되는 저주에 걸린 서브 남자 주인공이 있는 책 속 엑스트라에 빙의한 사람이다. 그녀는 원작을 읽어 저주를 풀 수 있는 법에 대해서 알고 있다. 그것은 바로 '진정한 사랑'을 하는 것. 그녀는 그의 상처를 치료하기 위해 주기적으로 저택에 방문하게 되고 그러던 중 그의 저주가 우연한 계기로 풀려버리고 만다. 그가 그녀를 사랑하게 되어버렸기 때문. 여주인공이 아니라 자신이 직접 저주를 풀어버리자 에리카는 당황하지만 결국 늘 저주를 핑계로 그를 위협하던 빌런을 해치우고 그의 청혼을 받아들인다.

#로판의 여섯 번째 대표 키워드 : 특별한 능력자물

수인물 역시 어찌 보면 굉장히 특별한 능력에 해당합니다. 하지만 그 외에도 '로맨스 판타지'에서는 등장인물들에게 보다 다양한 능력치들을 부여할 수 있으며 그 능력치에 따라서 캐릭터부터 스토리까지 많은 것들이 결정지어 집니다. 그래서 이번에는 '특별한 능력자물'이라는 키워드를 통해서 로맨스 판타지에서 대표적으로 등장하는 인물들의 특별한 능력들에 대해서 한 번 보시도록 하겠습니다.

① 화인 - 꽃의 능력

꽃을 다루는 능력. 하지만 꽃에만 특정되는 것이 아니며 모든 식물을 성장시키거나 죽이는 등 자유자재로 다룰 수 있습니다. 꽃의 능력을 가지고 있는 등장인물은 능력을 쓰거나 지나갈 때, 꽃의 향기가 난다는 설정을 부여하기도 합니다.

주인공에게 한정되는 능력으로 설정할 수도 있으나, 만일 가문 대대로 내려오는 능력으로 설정한다면 계절의 특성을 부여해 가문들마다 능력치를 부여해주는 것도 좋은 방법입니다. 꽃은 주로 봄에 만개하기 때문에 보통 '봄의 가문'에서 대대로 내려오는 고유 특성, 능력으로 부여됩니다. 그리고 '봄의 가문'이 있다면 자연히 다른 계절을 나타내는 가문과 그 능력치들이 부여될 수 있겠지요.

식물을 다룰 수 있는 능력은 '꽃'이라는 아름다운 개체를 연상시킬 수 있으며 신비로운 분위기를 조성하기에 적절합니다.

② 마수, 마물(몬스터)을 부리는 능력

로맨스 판타지에서는 유사 중세 시대를 배경으로 하되 마수 혹은 마물, 즉 몬스터가 등장한다는 설정이 추가로 부여되기도 합니다. 몬스터의 종류는 슬라임, 고블린, 트롤, 오크, 웨어울프 등 아주 다양합니다. 판타지 소설에서 자주 등장하는 몬스터들이 종종 있기는 하나 몬스터의 종류나 이름은 하나로 정해진 것이 아니기 때문에 새롭게 창시해도 상관없습니다.

몬스터들은 로맨스 판타지 소설에서 종종 인간과 대적하는 존재로 그려지는데, 이러한 몬스터와 소통 & 설득하고 그들을 부릴 수도 있는 능력은 극 중에서 아주 큰 역할을 할 수 있습니다.

NO	몬스터	특징
1	고블린	고블린은 인간형태와 유사하지만, 작고 못생긴 모습과 더불어 날카로운 이빨과 발톱, 몇몇 버전에서는 꼬리가 있다는 특징이 있습니다. 고블린은 대개 약한 수준의 힘과 교활한 성격으로 묘사됩니다
2	트롤	트롤은 인간형태와 유사하게 묘사되지만, 거대하고 근육질인 몸뚱이와 긴 팔 다리, 더불어 넓은 입으로 묘사됩니다. 트롤은 매우 강력하며, 일부 버전에서는 빛을 싫어하는 특징이 있습니다.
3	좀비 (구울)	좀비는 인간 혹은 몬스터의 시체가 부활한 것으로 묘사됩니다. 좀비는 대개 느리지만, 끝없는 습격을 지속하는 무리로 묘사됩니다.
4	골렘	유대교 전통에서 유래한 비인간적인 존재로, 일반적으로 질풍경단이나 유령보다는 물리적인 몸집을 가진 존재로 묘사됩니다. 일부 버전에서는, 골렘은 어떤 형태의 물질(예: 진흙, 돌, 모래 등)을 사용하여 만들어지며, 비록 감정이나 인간성을 가지고 있지 않지만, 특정 목적을 위해 조종될 수 있습니다.
5	오크	주로 판타지 소설이나 게임에서 나오는 인공 종족 중 하나로, 사람과 유사한 형태를 하지만, 몸집이 크고 근육질이며, 무시무시한 외모와 힘을 지니고 있습니다. 일부 판타지 세계에서는 오크가 악당이나 괴물로 묘사되기도 하지만, 일부 세계에서는 동물과 마찬가지로 생물종으로 인정되며, 인간과 동등한 권리를 가지고 있습니다.
6	오우거	대개 거대하고 힘이 세며, 거친 외모와 무서운 행동으로 묘사됩니다. 매우 강력하며 둔갑과 함께 나이들어가는 경향이 있습니다.
7	바실리스크	뱀 형태의 마물로 환각이나 환영을 보일 수 있으며 독을 사용합니다.
8	페어리	작은 인간형 생물로 묘사되며, 자연의 신비한 힘을 가지고 있습니다. 대개 친절한 성격으로 묘사됩니다.

NO	몬스터	특징
9	웨어울프 & 다이어 울프	전설적인 인간과 늑대의 혼합물이며, 보통 반쯤 인간의 형태와 반쯤 늑대의 형태를 가지고 있습니다. 보통 월식이나 특정 조건(예: 전염, 마법적인 접촉 등)에 의해 변화합니다. 웨어울프는 전통적으로 야생적이고 무서운 생물로 묘사되며, 종종 인간과 늑대의 본능이 서로 충돌하여, 마음이 어지러워지는 상황이 나타날 수 있습니다.
10	슬라임	일반적으로 비저질성 물질로 이루어진 생물체로, 매우 느린 속도로 이동하며, 대부분의 상황에서는 무해합니다. 일부 판타지 세계에서는 슬라임이 독성이나 공격적인 행동을 할 수 있는 것으로 묘사되기도 하지만, 일반적으로는 그저 지루한 공간을 채우는 데에만 사용됩니다. 슬라임은 보통 투명한 젤리와 같은 외관을 가지고 있으며, 끈적끈적하고 미끈미끈한 소리를 내며 움직입니다.
11	인어	인어(Mermaid)는 인간과 물고기의 혼합물로, 인간의 상체와 물고기의 꼬리를 가지고 있는 생물입니다. 인어는 대개 매우 아름답고 매혹적인 존재로 묘사됩니다.
12	엘프	주로 판타지 소설이나 게임에서 나오는 인공 종족 중 하나로, 인간보다 더욱 우아하고 아름답다고 묘사됩니다. 엘프는 일반적으로 긴귀와 가느다란 신체, 숲속에서 사는 것을 선호하는 성격 등으로 묘사됩니다.
13	서큐버스 & 인큐버스	서큐버스(Succubus)와 인큐버스(Incubus)는 둘 다 성적 유혹의 대상이 되는 악마 혹은 악령으로 묘사되는 존재입니다. 서큐버스는 전통적으로 여성의 모습으로 묘사되며, 남성을 유혹하고 성적 유혹을 시도합니다. 인큐버스는 전통적으로 남성의 모습으로 묘사되며, 여성을 유혹하고 성적 유혹을 시도합니다.
14	드래곤	드래곤은 전설적인 동물로, 불에 물든 모습과 날개가 있는 파충류로 묘사됩니다. 다양한 문화권에서 등장하며, 전쟁과 부활, 그리고 힘과 지혜의 상징으로 여겨집니다.

③ 소설 작가가 빙의 - 미래를 바꿀 수 있는 능력

다른 빙의물 역시 '미래를 알고 있다'라는 특별한 능력이 있다고 볼 수 있으나 특히 소설 작가가 직접 빙의하는 경우는 그보다 특별한 능력치를 부여해 줄 수 있습니다. 어떤 특정한 아이템을 가지고 종이에 써내려 갈 경우 미래가 바뀌는 등 주인공이 직접 미래를 바꾸거나 써내려갈 수 있다는 설정이나 능력을 부여할 수 있기 때문입니다. 하지만 이러한 능력을 부여할 경우 스토리 흐름이 복잡해질 수 있기 때문에 주인공에게 제약을 부여하는 것이 중요합니다.

④ 능력자 동료물

동료를 얻어서 악당들을 해치워 나가는 전형적인 우정, 동료애를 강조한 소년 만화 본 적 있으신가요? 이러한 소재가 적용된 로맨스 판타지도 있습니다. 바로 능력자 동료물입니다. 능력자 동료물은 동료들이 있어야 개개의 능력들이 합쳐져서 하나의 능력으로 발휘될 수 있는 경우를 말합니다. 예컨대, 여자 주인공이 '사기'에 재능이 있습니다.

영화 '도둑들'에 나오듯 사기를 칠 때는 각 분야의 능력자들이 있어야 합심할 수 있겠지요. 여자 주인공은 사기를 치기 위해서 전략을 세울 수 있는 능력이 있고 다른 동료들은 '신분을 위조'하거나 '암기를 쓸 줄 아는' 등의 갖가지 사기에 필요한 능력들을 발휘하게 되고 그들의 능력이 모여서 하나의 능력으로 발휘될 수 있습니다.

능력자 동료물의 경우, 그들 간의 우정과 케미를 강조해주는 것이 큰 재미 요소로 작용합니다.

⑤ 테이머 능력

테이머를 직역하면 '조련사'입니다. 즉, 동물이나 마수들을 조련하고 자신의 편으로 만들 수 있는 능력을 말합니다. 테이머 능력을 가지고 있는 등장인물은 인간이 알아들을 수 없는 동물 혹은 마수의 언어를 자유자재로 구사하거나 알아들을 수 있습니다. 또한 자신의 전용 동물로 사역하여 사역마로 소환하여 전투에서 활용하는 등 갖가지 방식으로 나타날 수 있습니다.

⑥ 미래 예지 능력

미래 예지 능력은 주인공 뿐만 아니라 조연들이 종종 가지고 있는 능력으로 등장합니다. 말 그대로 꿈이나 환영 등을 통해서 미래를 볼 수 있는 능력을 말합니다. 미래 예지 능력은 여러모로 유용하지만 모든 미래를 알 수 없고 파편적인 장면만이 볼 수 있을 경우 오히려 독이 되기도 합니다. 때문에 미래 예지 능력을 부여할 것이라면, 얼마나 어떤 경우 어떻게 미래를 얼만큼 볼 수 있는지에 관한 능력치에 대한 세부적인 설정을 정하는 것이 좋습니다.

⑦ 뛰어난 검술 능력

로맨스 판타지에서 꼭 등장하는 능력 중 하나입니다. 바로 검술 능력입니다. 로맨스 판타지에서 보통 검술 능력이 아주 뛰어난 사람, 어느 정도 검으로서 높은 경지에 오른 사람은 '소드 마스터'라고 칭합니다. 대륙 내에서 소드 마스터의 경지에 이르는 사람은 극히 드물기 때문에 '소드 마스터'들은 극진한 대접과 봉토를 수여 받는 편입니다. 또한 검술 능력 또한 가문에서부터 대대로 내려오는 '재능'으로 설정되는 경우도 많습니다.

남성 뿐 아니라 여성도 검술 능력을 보유 가능합니다. 검을 다루는 '여기사' 캐릭터에 대한 관심과 수요가 꽤 많은 편입니다.

⑧ 변장 & 연기 능력

변장 & 연기 능력은 로맨스 판타지에서 빈번히 등장하는 능력은 아닙니다. 로맨스 판타지의 설정상 마법을 통해서 외양을 바꿀 수 있기 때문입니다. 다만 아주 간혹 변장과 연기에 능하다는 설정으로 여주인공이 다른 사람인 척 연기를 하는 등의 스토리를 부여하곤 합니다.

⑨ 예술적 능력자

그림을 잘 그리는 사람이 있는가 하면 노래를 아주 잘 부르거나 글을 아주 잘 쓰거나 조각을 잘 할 수도 있겠죠. 이러한 능력은 마법과 연금술까지 초인간적인 능력이 난무한 로맨스 판타지에서 그렇게까지 돋보이는 능력이라고 볼 수는 없으나, 등장인물 간의 공통점이나 호감 포인트를 만들어주거나 만날 수 있는 접점을 만들어주는 능력 장치로 많이 사용됩니다.

⑩ 생각을 읽는 능력자

사람들의 마음, 생각을 읽을 수 있는 능력을 가졌다는 설정입니다. 보통 이러한 능력을 가진 등장인물은 본인의 능력을 숨기고 지내다가 이러한 능력이 발휘되고 들키면서 사건의 발단이 되곤 합니다.

⑪ 절대 기억 능력

벌어졌던 일들을 하나도 빠짐없이 기억할 수 있는 능력을 가진 사람을 말합니다. 이러한 인물이라면 보통 국가에서 가장 뛰어난 재상의 자리를 맡거나 가장 뛰어난 성적으로 아카데미를 졸업하는 등 학문적 성취에서 빛을 발합니다.

⑫ 절대 치유 능력

절대 치유 능력이란 로맨스 판타지에서 흔히 등장하는 '성녀'나 '교황'이 사용하는 신성력으로 '다른 사람을 치유'하는 것과는 다릅니다. 아무리 상처를 입어도 바로 치료가 되어 버리는 '자가 치유 능력'을 일컫습니다. 이러한 능력을 가진 사람은 쉽게 죽지 않기에 전장에서도 유리한 위치를 선점할 수 있습니다.

⑬ 마물 혹은 몬스터의 능력을 보유

세이렌 혹은 인어와 같이 우리가 흔히 알고 있는 몬스터들의 능력을 보유한 경우입니다. 수인 또한 이에 해당합니다. 이와 같은 능력을 가진 경우 등장인물은 꼭 인간이 아니고 요정이거나 세이렌 혹은 인어일 수도 있습니다. 이종족일 경우 응당 그 종족이 갖는 능력을 갖는 것입니다. 혹은 이종족이 아니더라도 그 종족과의 계약 혹은 축복을 통해 그들의 능력을 사용할 수 있습니다.

⑭ 음식을 잘 만드는 능력

음식을 만드는데 천부적인 재능이 있는 사람. 얼핏 보기에 가장 보잘 것 없는 능력으로 보일 수 있으나 실제로 로맨스 판타지에서 굉장히 매력 있는 능력으로 여겨집니다. 여기서 음식이란 단순히 '식사'를 말하는 것이 아니라 '마시는 것' 혹은 '베이킹' 등등 다양한 것들을 포함합니다. 음식을 잘 만드는 주인공은 주변 사람들을 감화시켜서 그들을 움직이게 하는 힘이 있습니다. 그리고 무엇보다 독자들은 의외로 소설 내에 음식이 간혹 등장하는 것을 좋아한답니다. 특히 외국의 음식이 아니라, 한국인들이 공감하고 좋아할 수 있는 음식들을 넣어주면 좋습니다.

⑮ 정화 & 치유 능력

자가 치유 능력이 나왔다면 '타인을 치유하는 능력' 또한 나와야 마땅하겠죠. 흔히 '성녀'나 '교황' 혹은 '신관' 등이 이러한 능력을 가지고 있다고 나오나 종교 단체에 관련된 사람이 아니더라도 특수하게 이러한 능력을 가지고 있다는 설정을 넣을 수 있습니다. 단순히 상처를 입은 사람만을 치유할 수 있는 능력이 아니라, 특정인들만 치유할 수 있다는 설정을 부여할 수도 있죠.
예컨대, 강한 마법사들은 그 마법이 폭주할 때 정신이 오염되는 특징을 가지고 있는데 그러한 정신을 치유하고 정화할 수 있는 유일한 사람이 주인공이라는 설정과 같이 말입니다.
이러한 설정을 넣어준다면 주인공은 더욱 특별한 존재가 될 수 있습니다.

⑯ 마법사

검사와 더불어 마법사는 로맨스 판타지에서는 절대 빠질 수 없는 능력입니다. 대부분 마법은 몸속에 마력을 키워 마법 서클을 만들어, 마력을 회전시키고 마법 주문을 입으로 영창해 실행시키는 형식으로 구현이 됩니다.
거의 신의 힘과 비등하다고 여겨질 정도로 마법은 각종 기이한 현상을 모두 설명할 수 있는 특별한 능력이자 힘입니다. 마법사는 항상 세계관 내에서도 최강자의 자리를 차지하는 편이며, 마법사와 대척점에 있는 흑마법사 역시 아주 위험한 인물로 그려질 수 있습니다.

⑰ 그 외

그 외에도 다양한 능력들이 존재할 수 있으며 여러분이 직접 능력을 창시해 낼 수 있습니다. 이외에도 귀신을 보거나 조종할 수 있는 능력, 농작물을 잘 기를 수 있는 능력, 스마트폰을 보유해서 검색을 할 수 있는 능력, 엄청난 화장술, 금이나 마석 등 특별한 물질을 만들어 낼 수 있는 능력, 시간을 되돌리거나 멈출 수 있는 시간 능력자, 암기를 잘 쓰거나 몸을 숨길 수 있는 암살 능력, 현대의 문물을 활용할 수 있는 능력 (로맨스 판타지 세계에서 인터넷 쇼핑을 할수 있다던지 하는), 불이나 물 혹은 얼음 등을 다룰 수 있는 능력 등등… 수많은 능력들이 있습니다. 심지어는 흑마법사 등 악의 세력이 새긴 저주조차 스토리를 어떻게 부여하느냐에 따라 능력이 될 수 있죠.
로맨스 판타지 장르이기에 더욱 말도 안 된다고 여겨지는 능력들을 주인공에게 자유자재로 부여할 수 있는 것입니다. 특별한 능력은 극을 더욱 생동감 있게 만들어주고 캐릭터를 빌드업하는데 큰 도움이 됩니다.

#로판의 일곱 번째 대표 키워드 : 역하렘물

하렘, 역하렘물은 단순히 하나의 의문점에서 기인되었습니다. 이렇게 매력적인 등장인물, 조연과 서브남까지 모조리 다… 그냥 다 같이 행복해질 수는 없는 거야?

왜 꼭 서브남이 있고 꼭 비운의 서브녀가 있어야 할까?

이 모든 고민과 의문을 깔끔하게 해결해 줄 수 있는 키워드가 바로 '하렘 & 역하렘물'입니다. 특히 여성향인 로맨스 판타지에서는 하렘물이 아닌 역하렘물을 많이 볼 수 있습니다. 여기서 키워드의 의문을 보다 자세히 살펴보자면 간단합니다.

하렘물은 하나의 남주인공과 다수의 여주인공이 사랑에 빠지는 내용입니다.

반대로, 역하렘물은 하나의 여주인공과 다수의 남주인공이 사랑에 빠지는 내용입니다.

다수의 등장인물과 사랑이 어떻게 가능하냐고요? 가능합니다!

세계관을 그렇게 만들면 됩니다. 말했듯이 로맨스 판타지의 가장 큰 장점 중의 하나는 '세계관' 자체를 작가가 아예 창시할 수 있다는 점입니다. 어찌 보면 역하렘물은 로맨스 판타지의 이러한 장점을 가장 적극반영한 키워드 소재라고 볼 수 있습니다.

즉, 한 명의 여성이 다수의 남성을 거느리는 것이 합법적이고 당연한 사회상이라면 여주인공이 다수의 남성과 사랑에 빠지는 것이 도의적으로 어긋나 보이지 않습니다.

이러한 플롯이 와닿지 않으실 수 있으실 테니, 한 가지 예시를 들어보도록 하겠습니다.

역하렘 소설 플롯 예시

여주인공이 어느 날, 여황제로 빙의하였습니다. 그런데, 자신은 수많은 남첩들을 거느리고 있었고 그들은 모두 여황제를 증오하고 있었습니다. 여황제에 빙의한 여주인공은 그런 자신의 첩들의 마음을 풀어주고 차차 가까워지며 모두와 사랑에 빠지게 됩니다.

이는 빙의물과 결부한 역하렘 스토리입니다. 하지만 굳이 빙의물과 결부하지 않더라도 여주인공이 황제가 되고 그런 그녀가 모종의 이유로 수많은 남자를 거느리게 되는 스토리 또한 구상이 가능할 것입니다.

이러한 '역하렘' 소재를 전개할 때 유의해야 할 것들을 한 번 살펴보시 겠습니다.

첫째는, 남자 등장 인물들의 캐릭터성을 명확하게 해야만 한다는 것 입니다.

역하렘 소설의 가장 큰 매력은 무엇일까요?

바로 매력 있는 다양한 남자 주인공들을 만나볼 수 있다는 것입니다. 그렇다면 각기 남자 주인공의 캐릭터와 서사를 아주 다르고 짜임새 있게 만들어주는 것이 좋습니다.

흔히 '마음 속 주식을 투자한다'라고 합니다. 다수의 남자 주인공들이 나오고 그 중에 누구에게 더 마음을 주어야 할지 고민이 될 때 독자들은 이러한 표현을 씁니다. 독자들마다 좋아하는 남자의 취향은 다릅니다. 다 수의 독자들을 끌어들이기 위해서 독자들이 좋아할 만한 각기 다르지만 매력 있는 남성 캐릭터 구축이 아주 중요합니다. 그리고 이러한 캐릭터 빌드업을 위해서는 캐릭터 키워드와 흔히 나오는 남성 캐릭터들의 직업 군을 이용하면 좋습니다.

캐릭터는 어디까지나 작가가 빌드업하기 마련이지만 직업군이 가지 고 있는 이미지를 활용하여 그에 따른 반전 혹은 서사 등을 구축해 준다 면 각기 다르고 명확한 캐릭터 구축에 도움이 됩니다.

일단 직업군 키워드를 적고 그가 하는 일과 이미지 설정을 완료하고 그에 따른 외양 설정, 세부 성격을 설정하는 순서로 캐릭터 빌드업을 하면 보다 쉬워집니다. 기본적으로 해당 캐릭터가 하고 있는 일과 성격이나 외양, 풍기는 이미지가 맞물릴 수 있도록 캐릭터 빌드업해주는 것이 좋기 때문입니다.

아래는 대표적인 남성 캐릭터의 직업군 키워드와 그에 따른 특징, 그리고 추천하는 이미지 컬러들에 해당합니다. 물론 어디까지나 해당 직업군 키워드 인물에서 많이 빌드업되는 캐릭터들을 기재해둔 것이며 각 인물마다 어떤 서사를 부여하느냐에 따라, 더 다양한 캐릭터를 빌드업할 수 있습니다. 이를 참고하여 여러분만의 캐릭터를 빌드업 해보세요.

NO	대표적인 남성 캐릭터	빌드업 가능한 이미지 예시
1	황족	① 따뜻하고 빛나는 군주, 성군. ② 세기의 폭군. 형제를 모두 죽이고 황위에 오른 피의 군주. ③ 여색에 빠진 방탕한 군주. ④ 유약하고 신경질적인 군주. 어머니 등의 타인에게 통치를 의탁. *추천 컬러 : 금발 – 금안 or 적안, 흑발 – 흑안 or 벽안, 백발 – 적안
2	기사 (단장)	① 과묵, 고지식하고 겁밖에 모르는 단련 바보 (지나치게 몸이 좋음) ② 감정을 모르고 금욕적, 지나치게 차갑고 냉혈한 냉미남 ③ 야만족 출신으로, 행동은 다소 거칠거나 머리가 좋음. 리더십 있음. *추천 컬러 : 흑발 – 흑안 – 구릿빛 피부, 푸른 머리 – 벽안 – 하얀 피부, 적발 – 적안 – 구릿빛 피부
3	성기사	① 신앙심이 깊고 아주 밝고 순수함. (이런 면모 뒤에 음험한 반전 흑막 캐릭터로 빌드업도 가능) ② 고지식하고 고집이 세며 금욕적이고 원칙적임. 모범생 스타일. ③ 종교 이외에는 관심 없고 무뚝뚝하고 퉁명스러운 듯하지만 은근히 잘해주는 츤데레 *추천 컬러 : 백발 – 벽안, 푸른 머리 – 벽안, 금발 – 금안
4	마법사	① 아주 자유롭고 타인에 대한 관심이 적은 두문불출 츤데레 ② 연구하고 있는 마법밖에 관심 없는 마법 연구 덕후. 골방에 틀어박혀서 잘 나오지 않아서 사회성 부족하고 살짝 감정 결여에 늘 피곤해함. ③ 굉장히 능청스럽고 다정하게 말하는 흑막 *추천 컬러 : 흑발 – 적안, 보라 머리 – 보라색 눈, 은발 – 은안 or 적안, 적발 – 적안

NO	대표적인 남성 캐릭터	빌드업 가능한 이미지 예시
5	교황	신앙심이 깊고 아주 밝고 순수한 듯 하지만 음험한 반전 흑막 *추천 컬러 : 백발 – 벽안, 은발 – 은안, 금발 – 금안
6	노예(출신)	① 자존감이 낮고 시키는 대로 하며 소심하고 소극적. 타인을 더 우선시하고 자신을 낮춤. 점점 성장해 나가는 캐릭터. ② 무뚝뚝하고 감정이 적고 시키는 대로만 함. 자존감이 낮음. 타인에 대한 관심도, 감정도 없음. ③ 노예 출신이라는 것에 대한 콤플렉스가 있고 감정적. 자존감이 낮고 이를 건드리면 발끈함. 감정적임. ④ 노예로서 살아남기 위해서 귀족들에게 애교를 부리며 살갑게 굴었던 경험으로 인해 밝고 애교 많음. 하지만 속으로는 냉철한 계략남. *추천 컬러 : 흑발 – 적안, 보라 머리 – 보라색 눈, 은발 – 은안 or 적안, 적발 – 적안
7	정령술사	자연을 사랑하며 밝고 사랑스러움. 다른 사람들의 말을 잘 들어주고 자애롭고 무해하다. * 추천 컬러 : 은발 – 은안, 백발 or 청발 – 벽안, 녹발 – 녹안, 갈색 머리칼 – 갈색 눈동자 / 부리는 정령에 따라 어울리는 컬러 선정
8	수인	① 늑대 수인 : 츤데레, 고고하고 우아하며 신념을 지킴. 은근 고집스럽지만 한 번 꺾으면 뭐든 맞춰줌. 혹은 좋아하는 사람을 잘 따르는 순정있는 다정남 ② 용 수인 : 차갑고 무감. 감정에 대한 이해도가 낮음. (불의 용인 경우엔 무척 다혈질인 캐릭터로 설정 추천) * 추천 컬러 : 수인의 종류에 맞게 어울리는 컬러 선정
9	귀족	① 츤데레 ② 무뚝뚝하고 지나치게 이성적. 연애는 물론 인간에 대한 이해도가 낮은 냉미남. ③ 전쟁귀, 살육에 미친 남자. 웃는 얼굴로 뒤에서는 다른 일을 꾸미고 있는 흑막. * 추천 컬러 : 흑발 – 흑안, 청발 – 벽안
10	재상	① 굉장히 똑똑하고 지적이며 항상 웃는 얼굴. 하지만 뒤에서는 흑막. ② 똑똑하고 무뚝뚝하고 워커홀릭. 타인에 대한 관심 자체가 부족. 꼼꼼하고 세심함. * 추천 컬러 : 청발 – 청안, 녹발 – 녹안, 갈색 머리 – 갈색눈

둘째는, 각각의 등장인물들의 비중을 알맞게 맞춰줘야 한다는 것입니다.

역하렘 키워드 소재의 소설에서는 아무래도 남성 캐릭터들이 많이 등장합니다. 적어도 4-5명의 남주인공들이 등장한다는 것입니다. 남주인공이 하나만 등장하는 소설에서도 남주인공과의 로맨스를 위한 서사를 쌓기 위해 공을 들여야만 하는데, 4-5명과의 서사를 공평하게 쌓는 것은 생각보다 쉽지 않습니다. 때문에, 각각의 남주인공과 첫 만남 때 있었던 일 등 이전부터 쌓아왔던 서사가 있다는 설정으로 넣어주는 편이 서사 전개를 더 쉽게 해줄 수 있습니다. 4-5명과 첫 만남부터 감정선을 쌓아주기에는 시간과 분량의 압박이 있으니까요.

역하렘물에서는 이 4-5명 중 한 명의 분량만 너무 많지 않도록 적절히 조절해주는 것이 좋습니다. 말 그대로 모두가 주인공이라는 것을 살려줘야만 합니다. 다른 플롯보다도 더 초반부에 각 캐릭터와 함께하는 이벤트, 사건에 대한 분배를 철저히 하여 트리트먼트를 짜는 것이 필요합니다.

셋째는, 여주인공이 지나치게 감정적인 사람으로 그려져서는 안 된다는 것입니다.

역하렘물은 결코 '운명적 사랑'을 그리는 동화속 이야기처럼 그려져서는 안 됩니다. 주인공이 지나치게 감성적이고 또 한 사람과의 사랑에 목을 메는 스타일로 그리면 역하렘물의 플롯이 살 수가 없습니다. 여러 사람에게 마음을 주되, 그 마음이 결코 가볍지도 지나치게 무겁지도 않도록 밸런스를 조절해야만 합니다.

때문에 여주인공을 지나치게 감정적인 사람으로 그리는 것은 추천하지 않습니다. 여주인공이 지나치게 감정에 치우쳐 있는 사람이 아니라,

이성적이면서도 공정하고 배려심 있는 성품으로 설정한다면 여러 남성에게 사랑을 받고 그들 모두와 마음을 나누는데 있어서 보다 개연성을 부여할 수 있을 것입니다.

역하렘물 대표 스토리 예시

역하렘 소설 속 악역 여황제에 빙의했다. 이 소설 속에서는 여자가 황제이며 여황제는 여러 명의 처첩을 거느리고 있다. 원작에서는 폭군인 여황제가 억지로 남성들을 제 처첩으로 삼고 악행을 일삼다가 결국 처형당한다. 그리고 성녀라고 불리는 여주인공이 여황제의 모든 처첩을 모두다 거느리게 되는 것이 원작의 결말! 그러나 모든 결말을 아는 빙의자 에리카는 처첩들과의 오해를 풀고 제국을 잘 다스리기 위해 노력한다. 갑자기 돌변한 그녀의 모습에 지금껏 그녀를 증오하던 처첩들은 이상함을 감지하고... 한 편으로는 점차 그녀에게 호감을 느끼게 된다. 그렇게 여주인공 에리카는 무려 열 명이나 되는 처첩과 사랑에 빠지고 한 명도 빠짐없이 사랑을 주며 살아가게 된다.

#로판의 여덟 번째 대표 키워드 : 아카데미물

여러분들 모두 마법 아카데미를 그린 명작 '해리포터'를 보거나 들어 보셨을 것입니다. '해리포터'를 생각하면 아마 '아카데미물'이 어떤 소재인지 감이 바로 잡히셨을 것 같은데요. 아카데미물은 말 그대로 '아카데미' 그러니까, 대한민국에서는 '학교'를 배경으로 벌어지는 로맨스 판타지에서의 하이틴 로맨스입니다.

로맨스 판타지 세계관에서는 귀족이나 황족들에게 가정교사 혹은 예법 선생 등을 붙여서 가문에서 교육을 시킨다는 설정을 부여하는 경우가 많습니다. 하지만 아카데미물에서는 다릅니다. 황족부터 귀족들까지 모두 다니는 학교가 있고 아직 성인이 되지 않은 어린 나이에서부터 등장인물들은 모두 아카데미에서 서로를 만나게 됩니다.

여기서 아카데미란 '해리포터'에서처럼 단순히 마법만 익힐 수 있는 곳은 아닙니다. 아카데미 내의 설정은 작가가 하기 나름입니다. 마법을 배울 수 있는 건물과 검술을 전문으로 배우는 공간이 나뉘는 설정으로 넣을 수도 있고 대학처럼 마법 혹은 검술 수업 중 원하는 수업을 선택해서 들을 수 있다는 설정을 할 수도 있을 것입니다.

아카데미물의 매력은 어린 나이에서부터 서로 알아가고 성장해 나가며 사랑에 빠져 나가는 모습을 그린다는 데에 있습니다. 그리고 이런 아카데미물의 경우 여주인공과 남주인공을 둘러싼 친구, 동료들의 캐릭터 빌드업을 적절하게 해주는 것이 좋습니다.

또한 아카데미 안에는 도서관, 식당, 정원, 연무장, 교실, 기숙사 등 다양한 공간들이 있으니 이러한 공간에 자주 오가는 사람들을 각각 설정하여 그들과의 만남 혹은 이벤트들을 만들고 그에 맞춰 스토리를 구상해주면 좋습니다. 또한 이러한 이벤트들을 아카데미에서 있을 수 있는 행사들과 함께 엮어주는 것도 방법입니다.

아카데미 안의 공간

도서관, 식당, 식품 창고, 정원, 연무장, 교실, 기숙사, 마법장, 교무실, 교장실, 마법 창고, 비품 창고, 미술실, 음악실, 전시관 등

아카데미에서의 행사 OR 이벤트

입학시험, 반 배정, 상벌점 부여, 입학식, 쪽지 시험, 시험, 실습, 축제, 마법 OR 검술 대회, 청소 시간, 선생님과의 면담 시간, 봉사활동, 시상식, 졸업식, 유명 인사의 특강 등

#로판의 아홉 번째 대표 키워드 : 남성향 판타지물 & 남성향 무협물

로맨스 판타지 안에서 남성향 판타지라니, 잘 이해가 안 가시죠? 우리가 흔히 남성향 판타지물이라고 알고 있는 플롯과 세계관에 여성향적인 플롯을 부여한 것을 말합니다. 이해하기 쉽도록 바로 비교, 플롯 예시를 들어보겠습니다.

남성향 판타지의 플롯	로맨스 판타지 내 남성향 판타지물
어느 날, 하늘이 열리고 몬스터가 쏟아졌다. 그리고 몬스터를 처치할 수 있는 특별한 힘을 가진 '헌터'들의 각성이 시작됐다. 남주인공은 '헌터'로 각성해 던전에 들어가 보스들을 해치우고 성장해 나간다.	어느 날, 하늘이 열리고 몬스터가 쏟아졌다. 그리고 몬스터를 처치할 수 있는 특별한 힘을 가진 '헌터'들의 각성이 시작됐다. 여주인공은 미래를 예지할 수 있는 능력을 각성하고 서열 1위 남주인공이 죽고 세상이 멸망한다는 것을 알아차린다. 그래서 남주인공을 구하러 간 여주인공은 남주인공과 사랑에 빠지게 된다.

차이를 확연히 아시겠나요?

전형적인 남성향 판타지에서는 남주인공이 주인공이지만 로맨스 판타지 내에서는 주로 여자가 주인공이며 남주인공과 사랑에 빠지게 된다는 점에서 차이가 있습니다. 하지만 전체적인 플롯 자체가 남성향 판타지의 사건에 기반하고 있다는 점에서 전형적인 다른 로맨스 판타지들의 소재보다 로맨스의 색채가 짙지는 않은 편입니다.

이러한 소재의 경우, 남성향 판타지를 많이 보고 전형적인 게임 판타지 혹은 몬스터 레이드물 등을 연구하여 세계관을 만든 뒤에 그 위에 로맨스를 가미, 여자들도 몰입할 수 있는 스토리를 만들어주면 됩니다.

자칫, 로맨스 판타지 내의 남성향 판타지는 그다지 수요가 없을 것 같다고 인식할 수 있으나 그렇지 않습니다. 여성 독자들 중에서도 상당 수의 독자들이 예전보다 로맨스 라인에 집중된 플롯이 아닌 사건 중심의 소설을 읽고 싶어하는 경향이 있습니다. 또한 남성향 판타지를 즐겨 읽는 여성 독자들도 꽤 있기 때문에 이러한 소재 키워드의 인기도 꽤 있는 편입니다. 또한 남성향 소설에서 주로 남주인공이 차지하는 '가장 센 주인공' 자리를 오히려 '여주인공'이 차지하는 스토리를 통해 여성 독자들에게 대리 만족을 선사할 수 있습니다.

다만, 남성들이 많이 즐기는 게임 시스템이나 남성향 소설의 플롯에 대해 잘 모른다면 도전하기 어려운 소재입니다. 게임을 즐겨하고 남성향 소설을 좋아한다면 도전을 추천 드립니다.

여기서 한 가지 더 알아둘 것은 단순히 게임 시스템을 바탕으로 한 남성향 판타지 뿐 아니라 남성향 장르인 무협의 세계관을 바탕으로 전개되는 여성향 스토리도 종종 있다는 것입니다.

무협에 흔히 등장하는 세계관을 바탕으로 하여 로맨스 판타지 장르에서 주로 나오는 '육아물'의 플롯이 전개되도록 구성할 수 있습니다. 세계관 측면에서 장르의 벽 자체를 아예 부숴버린 것이죠. 여성향과 남성향의 접목은 로맨스 판타지에서 새로운 장르의 바람을 불러일으켰고 장르 구분 자체가 애매해지도록 했습니다.

#로판의 열 번째 대표 키워드 : 성장물

성장물은 꼭 특별한 판타지적 장치가 있지 않아도 괜찮습니다. 예시를 들자면, 아래의 로그라인과 같습니다.

평범하게 살고 있던 시골의 양치기 소녀가 황태자를 만나서 벌어지는 각종 사건들과 그로 인한 성장물

이 로그라인 중 판타지적인 요소가 느껴지는 것은 전혀 없을 것입니다. 이처럼 중세 로맨스 판타지 세계를 배경으로 해서 벌어지는 다소 평범하고도 있을 법한, 성장물 또한 하나의 인기 있는 키워드입니다.

이러한 소재를 쓰고자 한다면, 무엇보다 그 시대상이 잘 드러나야 하며 각 캐릭터들에 대한 빌드업이 아주 섬세하게 이루어지는 것이 좋습니다. 또한 성장물인 만큼 주인공 캐릭터의 결핍을 만들어주는 것이 바람직합니다. 주인공의 결핍은 다양한 데서 올 수 있을 것입니다. 부모의 학대 혹은 고아인 것, 가난한 것, 장애 등등… 주인공의 결핍을 만들어주고 이러한 결핍으로 인한 트라우마를 극복하고 성장해 나가는 플롯을 구사해보세요. 어느 순간, 많은 독자들이 주인공을 응원하고 있을 테니까요.

#로판의 열한 번째 대표 키워드 : 시한부 or 착각계

주인공이 시한부라는 설정 혹은 시한부인 줄 알았는데, 오해라는 설

정 등등… '시한부'에 대한 다양한 플롯 구사가 가능합니다.

예컨대 모두가 함부로 대하는 주인공이 '시한부'라는 것을 알고 모든 것을 포기하고 떠나려고 하는데 그제서야 모두가 그녀를 극진히 대하기 시작하는 후회물의 플롯을 구사할 수 있습니다.

아니면 시한부와 착각계를 함께 접목한 플롯으로, 주인공이 시한부인 것으로 착각해 주변 인물이 잘해주는 다소 경쾌한 개그 요소가 들어간 플롯 또한 구사가 가능합니다.

착각계 소재는 다양하게 구상할 수 있는데요. 여주인공은 의도치 않고 한 행동이 주변 남자 주인공에게는 오해와 착각을 불러 일으켜서 그들의 마음을 얻거나 여러 가지 사건들이 벌어지게 되는 스토리로 흘러갈 수 있습니다.

이러한 플롯에서 재미 요소는 독자들만이 오롯이 진실을 알고 있다는 것입니다. 여주인공도 남주인공들이 어떤 생각을 하고 있는지 모르고, 남주인공들 역시 마찬가지인 것이죠. 독자들만 알고 언제 서로가 서로의 마음과 진실을 알고 오해를 풀 것인가라는 목적성을 가지고 따라가며 보게 하는 매력이 있는 소재 키워드입니다.

#로판의 열두 번째 대표 키워드 : 피폐물 or 고어물

마지막으로 피폐물, 고어물입니다. 말 그대로 정말 정신이 피폐해질 정도로 가학적이거나 잔인한 장면들이 등장하는 소재 키워드입니다. 대표적인 피폐물 또는 고어물의 로그라인 예시들을 보시겠습니다.

① 공포 게임에 빙의해서 갖가지 방법으로 죽으면서 살아남는 방법을 찾는 여주인공의 스토리

② 탑이나 밀폐된 공간에 갇혀서 그 곳을 나가기 위해서 여러 가지 행동을 하며 끔찍하게 다치거나 정신이 파괴되는 일들을 겪는 스토리

③ 남주인공이 여주인공을 강제로 감금시켜서 가학적인 행위를 하는 스토리

듣기만 해도 숨이 막힐 만큼 가학적이고 잔인한 스토리들이죠. 이런 세계관이나 상황들을 만들어주고 그 상황 속에서 망가진 주인공이 그 상황을 빠져 나가기 위해 노력하고 성장해 나가는 스토리가 펼쳐집니다. 그리고 이러한 잔인한 상황 속에서 여주인공이 빠져나가는 것을 응원하며 독자들은 몰입하게 되지요.

이러한 소재들을 쓸 때는 자칫 지나치게 톤앤매너가 어두워지고 독자들이 계속해서 보기에 피로를 느끼거나 환멸감을 느끼게 할 수도 있기 때문에 그 정도를 조절해주는 것이 좋습니다. 지나치게 힘든 상황에서도 여주인공의 사고 자체는 무던하게 하는 등 여러 가지 장치들을 통해서 톤앤매너를 조절해 줄 수 있습니다.

#로판의 열세 번째 대표 키워드 : 키잡물 & 역키잡물

'키잡물'은 '키워서 잡아먹는 스토리'라는 뜻입니다. 풀이하자면 주인공 중 하나가 압도적으로 나이가 많고 다른 주인공이 어린 시절부터 양육, 케어하여 자라고 나면 커플로 이어지는 유형의 스토리입니다. '역키잡물'의 경우도 이와 동일하나 먼저 다가가도 사랑을 구애하는 쪽이 양육을 당한 상대적으로 나이가 어린 등장인물(피양육자)이라는 점에서 차이가 있습니다.

현대 로맨스에서는 위와 같은 스토리가 받아들여지기 어려운 측면이

있습니다. 현실에서는 나이차가 심한 커플일 경우 자칫 범죄 행위를 연상시킬 수 있기 때문입니다. 하지만 이종족이 등장할 수 있는 '로맨스 판타지'의 특성상 수명이 압도적으로 많은 종족이거나 태초부터 살아왔던 신적인 존재와 사랑으로 그려 이러한 거부감을 줄일 수 있습니다.

'키잡물'의 경우 어찌 보면 '육아물'에서 느낄 수 있는 힐링과 성장을 엿보는 동시에 주인공이 다 자란 뒤에는 양육자와 이어지는 모습으로 지금껏 독자들이 애정을 쌓아왔던 가족과 영원히 함께하는 모습에서 대리 만족을 선사합니다. 여기서 중요한 것은 등장인물이 어릴 때는 남녀 간의 애정보다는 가족 간 애정이 돋보이는 스토리로 구성하고 성인이 된 뒤에 '남녀 간의 애정이 싹트는' 스토리로 구성하는 것이 바람직하다는 것입니다. 아직은 아이와 남녀 간의 사랑을 논하는 장면은 거부감을 불러일으킬 수 있기에 해당 키워드의 스토리를 구상할 때는 유의해야만 합니다.

4. 동양풍 로맨스 판타지

앞서 언급했듯이 로맨스 판타지에는 '서양풍 로맨스 판타지'만 있는 것이 아닙니다. 동양 문화권을 배경으로 한 '동양풍 로맨스 판타지'도 있습니다. 앞선 챕터에서는 '로맨스 판타지' 장르 안에서 '서양풍 로맨스 판타지'의 비중이 더 높다는 점을 감안해, '서양풍 로맨스 판타지'를 보다 자세히 살펴보았는데요. 이번에는 '동양풍 로맨스 판타지'를 간단히 살펴보고자 합니다.

동양풍 로맨스 판타지는 서양풍 로맨스 판타지보다 공급이 적은 만큼 만일 작가가 동양풍의 글이나 분위기를 좋아한다면 도전해볼 가치가 충분히 있는 장르입니다. 동양풍 판타지의 스토리 플롯은 '서양풍 로맨스 판타지'와 유사한 점이 많습니다. '회귀', '빙의', '환생' 등 앞서 등장했던 대표 키워드 역시 '동양풍 로맨스 판타지'에서 자주 등장하는 키워드들입니다.

다만 두 로맨스 판타지는 극의 배경이 다르다는 점에서 사용하는 '용어'나 '사회'가 상이합니다. 그렇다면 이러한 '동양풍 로맨스 판타지'에서 주로 사용하는 용어들은 어떤 것들이 있을까요?

#동양풍 로맨스 판타지의 용어

동양풍 로맨스 판타지를 극도로 어렵게 생각하는 사람들이 많습니다. 한국이나 중국 혹은 일본의 역사를 누구보다도 잘 알고 있어야 쓸 수 있다고 생각하곤 합니다. 하지만 동양풍 로맨스 판타지 역시 특정한 용어들만 알고 있다면 어렵지 않게 쓸 수 있습니다. 아래는 대표적으로 많이 사용되는 '동양풍 로맨스 판타지'의 용어들에 해당합니다. (해당 용어는 조선 시대를 중심으로 하며 다른 시대별로 더 다양한 용어들이 있으니 집필 시 반드시 추가로 자료 조사를 하시길 바라며, 용어의 경우 작가가 언제든 임의로 변경 가능하다는 것을 유의하며 참고해주세요.)

① 대표 용어 (조선 시대 중심)

NO	용어	특징
1	왕	– 용상 : 용의 형상이라는 뜻으로 임금의 얼굴을 뜻함. – 전하, 짐, 과인, 금상 : 임금을 칭하는 말 – 옥좌 : 임금이 앉는 자리 – 옥새 : 국왕의 인장으로 옥으로 제작되었음 – 성군 : 어질고 덕이 뛰어난 임금, 반의어로 폭군이 있음 – 선왕 : 전대 왕을 의미함
2	내명부	– 내명부는 조선 시대 품계를 받은 왕을 모시는 여인들이 속한 곳을 말한다. 정 1품 빈부터 종 4품 숙원까지 후궁 층으로 내관이라 칭하고 정 5품 상궁부터 종 9품 주변궁까지 상궁 층으로 궁관이라 했다. – 중전 : 내명부의 수장. 왕비라고도 불리며 죽은 뒤에는 '왕후'라 호칭 됨 – 후궁 (내관) : 후궁의 처소, 집복헌에 거주. 내명부에 속함. 왕의 앞에서 '소첩' 혹은 '신첩'이라 스스로를 칭함. – 정1품 – 빈(嬪) – 종1품 – 귀인(貴人) – 정2품 – 소의(昭儀) – 종2품 – 숙의(淑儀) – 정3품 – 소용(昭容) – 종3품 – 숙용(淑容) – 정4품 – 소원(昭媛) – 종4품 – 숙원(淑媛) – 궁관 상궁 : 상궁은 궁관 가운데 으뜸이자 최고직. 왕후를 보좌할 뿐 아니라 문서 출납 등의 일도 비중 있게 했다. 또한 각 소속 처소와 맡은 직무에 따라 각기 다른 역할을 하는 전문직 여성이었다. 그들 중 지위가 가장 높은 상궁을 제조상궁이라고 칭한다. 또한 왕의 승은을 입었으나 내관(후궁)에 오르지 못한 궁인들을 '특별상궁'이라 부른다. 지밀상궁 (대령상궁)이라 하여 특정 품계를 받은 인물의 주변에서 잠시도 떠나지 않고 모시는 상궁을 칭하기도 한다. 이외에도 왕자, 왕녀의 양육을 도맡은 보모상궁, 주로 글을 문서를 관리하는 시녀 상궁이 있다.

NO	용어	특징
3	대비	왕의 어머니, 선왕의 첫 번째 정식 부인을 가리킨다. 가끔 대비가 '대리 청정' (왕 대신 집권)을 하는 등의 설정이 들어가기도 한다.
4	왕녀	– 공주 : 중전의 소생 여아로 '공주'라는 봉호는 태어나자마자 얻는 것으로 설정하지 않아도 된다. 처음에는 공주에게 아명이 주어지고 상궁들도 '공주 아기씨'라고 부르다가 이후 적절한 나이에 '공주' 군호를 수여 받고 '공주마마'로 불리는 설정이 많다. – 옹주 : 옹주는 후궁의 소생의 여아로 '옹주 자가'라고 불린다. *봉호 : 왕이 봉하여 내려 준 신분, '공주' 역시 '봉호'에 해당
5	왕자	– 대군 : 조선시대 정궁 (중전)의 소생으로 태어난 적실 왕자 – 군 : 후궁에서 태어난 아들이라는 뜻 – 세자 : 임금의 자리를 이을 이로 정한 아들. 주로 적장자 계승 원칙에 따라 중전 (왕비)의 첫째 아들이 해당 – 원자 : 중전의 아들의 어릴 때 칭호
6	시간	자시, 축시, 인시, 묘시, 진시, 사시, 오시, 미시, 신시, 유시, 술시, 해시. 달포. 일각
7	승정원	임금 직속의 비서 기관. 오늘날의 대통령 비서실. – 도승지 : 승지 중 우두머리 (대통령 비서실장 격) – 좌승지, 우승지 : 도승지 아래에서 보좌 역할 – 그 밑으로 좌부승지, 우부승지, 동부승지가 있음
8	내시부	내시부는 내궁을 담당하는 관리들의 조직. 음식 감독, 명령 전달, 청소 등에 관한 다양한 직무를 맡으며 1년에 4회씩 임무 조정, 인사 단행. – 종 2품 상선 : 내시부의 수장으로 정원은 2명
9	판서	판서는 조선의 정2품 벼슬, 대한민국에서는 '장관'에 해당 – 이조판서 : 내무와 인사 담당 – 호조판서 : 조세와 재무 담당 – 예조판서 : 외교, 교육, 문화, 왕실 의전, 의료 담당 – 병조판서 : 군사와 통신(파발을 담당하고, 역들을 관리) 담당 – 형조판서 : 형벌과 법무 담당 – 공조판서 : 다양한 산업, 교통 담당
10	삼정승	의정부의 조선시대 국정을 총괄하던 최고위 관리. 국가의 대소사는 왕 혼자 결정할 수 없고 삼정승과의 합의가 있어야 했음 – 영의정 : 수상으로 불렸고 좌의정, 우의정과 같은 정1품 품계로 같은 권한을 행사함 – 좌의정 & 우의정

NO	용어	특징
11	무수리, 방자, 노비	궁녀는 내명부의 품계를 받은 여관과 품계를 받지 못한 천비로 나뉘었음. 여관에는 나인과 상궁이, 천비에는 방자, 무수리가 있었음. 즉, 무수리, 방자, 노비는 말단 심부름, 허드렛일을 담당하던 하층 노비를 말함
12	부원군	왕의 장인을 의미. 주로 악역 캐릭터로 많이 빌드업됨.
13	유폐	죄인들을 내쫓는 것을 '유폐한다'라고 한다. '위리안치'한다고 하여 죄인이 사는 곳 주변을 가시나무나 탱자나무로 울타리를 쳐 아무도 접근하지 못하게 하기도 했음
14	파발	조선 시대에 공문을 급히 보내기 위한 용도. 횃불과 연기로 적의 상황을 전달하는 봉수의 한계를 극복하기 위해 등장했으며 말을 타고 신속히 서신을 전달하는 것을 의미
15	호패	16세 이상 남성들이랑 무조건 지니고 다녀야 하는 신분 증명패
16	암행어사	민심 시찰을 위해 민간인으로 지방을 순행하는 관직
17	세자익위사	세자의 호위, 동궁을 수호하는 역할을 맡은 관청 – 좌세마, 우세마는 조선시대에 세자익위사에 속하여 잡직을 맡아보던 정 9품의 무관을 말함
18	이외 대표 기관	– 왕이 머무는 궁 동궐 : 경복궁, 창덕궁 / 서궐 : 창경궁, 경회궁, 덕수궁 *법궁은 왕이 거처하는 궁궐들 가운데 으뜸이 되는 곳. 이궁은 부득이한 상황으로 인해 거처를 옮길 목적으로 지어진 궁 – 동궁전 : 왕세자가 머무르는 곳 – 대비전 : 대비가 머무르는 곳 – 편전 : 왕이 회의를 하는 곳 – 강녕전 : 왕의 휴식 공간 – 중궁 : 중전이 머무르는 곳 – 종학 : 왕손들의 교육 기관 – 세자시강원 : 세자의 교육 기관 (이사, 빈객, 찬선, 보덕 등 20명의 스승이 전담으로 붙음) – 성균관 : 조선시대 최고의 교육, 연구 기관 – 명륜당 : 성균관의 중심이 되는 강당 건물로 유생들이 이곳에서 글을 배웠으며 왕이 직접 유생들에게 강시를 했음 – 수라간 : 요리를 담당하는 곳. '수락사'가 주로 머물렀음. – 의금부 : 임금의 명령을 받들어 중죄인을 심문하던 곳

NO	용어	특징
19	대표 형벌	– 태형, 장형 : 태형은 엉덩이를 한 대씩 때리면서 세는 형벌. 장형은 태형보다 무거운 형벌로 처벌 방식은 태형과 같으나 회초리가 큽니다. – 도형 : 징역형에 해당하는 형벌. 죄인을 관아에 구금, 노역 시킴. 도형을 받을 시 장형도 함께 받음. – 유형 : 시골이나 섬 등 외딴 곳으로 쫓아내 일정 기간 동안 제한된 장소에만 살게 하는 벌로 '귀양'이라고도 함 (제주, 거제, 흑산도가 3개 귀양지) – 사형 : 극형이라고 하며 말 그대로 죽이는 형벌. 목을 매는 교형, 목을 베는 참형, 몸을 난도질해서 찢어 죽이는 능지처사 (능지처참)이 있음 – 곤장형 : 이는 조선 후기에 등장한 형벌로 5형에서 사용하던 회초리보다 더 넓적한 매를 사용. 가장 넓적한 것이 치도곤 – 거열형 : 사형의 방법중 하나로 죄인의 사지와 머리를 말, 소에 묶고 각기 다른 방향으로 달리게 해서 사지를 찢는 형벌
20	이외 직업군	– 화백 : 그림을 그리는 자 – 어의, 의녀 : 의술을 사용하는 자 – 백정 : 고기를 도축하는 자 – 추노꾼 : 도망간 노비를 쫓는 자 – 무희 : 춤을 추는 자 – 기생 : 춤, 노래 풍류를 하여 유흥장에서 흥을 돋웠으며 천민에 속하지만 교양인으로 대접 받음. 매춘 행위를 하는 기생의 경우 기생 중에서도 가장 등급이 낮았으며 주로 미모와 기예가 뛰어난 여성으로 묘사 – 광대 : 사람들 앞에서 공연을 하는 자들. 소리꾼도 이에 해당. – 승려 : 불교에 귀의한 자를 말함 – 상여꾼 : 사람이 죽어 장례를 치를 때 상여를 메는 자 – 상인 : 상행위를 하는 자로 시전을 이용해 상업 활동을 하는 시전상인, 봇짐, 등짐을 지고 돌아다니며 물건을 파는 보부상, 중간 상인인 객주, 거간, 여각 그리고 허락받지 않은 상인인 난전 등 다양하게 있음
21	주요 의복 및 장신구	– 장옷 : 양반집 여자들이 외출할 때 입던 두루마기와 비슷한 얼굴을 가리기 위한 옷. 주로 초록색, 소맷부리는 흰색. – 쓰개치마 : 치마의 모양을 하고 있으나 폭과 길이가 짧고 주름이 잡힌 것으로 장옷과 더불어 외출할 때 얼굴을 가리는 용도 – 도포 : 소매가 넓고 뒤쪽이 트인 옷으로 양반만 입는 옷 – 두루마기 : 트인 곳이 없고 도포보다 소매도 좁은 옷으로 평민들도 입을 수 있는 외출용 옷 – 양반은 주로 비단옷을, 평민은 주로 무명옷 (주로 흰색) 입음 – 나막신 : 나무로 만들었고 앞뒤로 높은 굽이 있는 비가 오는 날에 평민이 주로 신던 신발 – 짚신 : 볏짚으로 새끼를 꼬아 만들어 평민이 신던 신발 – 당혜 : 양반집 여자들이 주로 신던 가죽에 헝겊을 씌운 신발 – 댕기 : 머리를 묶는 천. 양반은 댕기에 다양한 장식을 했음 – 비녀 : 결혼한 여성들이 쪽 찐 머리에 꽂는 것 – 노리개 : 저고리의 고름이나 치마 허리에 차고 다니는 것

위와 같은 용어들이 '정통 동양풍 로맨스 판타지'에서 주로 사용됩니다. 이외에도 '무림'을 배경으로 한 '무협 동양풍 로맨스 판타지'가 있습니다. 하지만 해당 대표 용어들은 위에서 언급한 바 있기에 생략하도록 하겠습니다.

② 동양 판타지 요소를 살려주는 용어

'동양풍 로맨스 판타지'에서 판타지 요소를 극도로 살려주는 요소들이 있습니다. 바로 '요괴'입니다. '동양풍 로맨스 판타지'에 등장하는 요괴들은 '서양풍 로맨스 판타지'에 등장하는 마수나 몬스터들과는 다릅니다. 이러한 요괴들과 요괴에 대적하는 이들에 관련된 대표 용어들도 한 번 살펴보겠습니다.

NO	용어	특징
1	천계, 명계. 인계	– 천계 : 불교, 도교 등의 동양사상에서 거론되는 하늘나라, 천국. 천계에서의 하루는 지상에서는 1년이라는 설정도 부여 가능 – 명계 : 죽은 뒤 영혼이 가는 곳. 지옥. 견디기 힘든 고통으로 가득 찬 형벌의 장소. – 인계 (하계) : 인간들이 사는 세상을 가리키는 말
2	천녀, 선녀	하늘나라에 사는 여성을 말함.
3	옥황상제, 천신	천계의 신. 옥황, 천제, 천신, 상제, 옥제, 옥황대제, 옥황천존이라고도 부름. 천계(하늘), 지계 (땅), 인계 (인간계)를 통치하는 최상의 존재
4	염라대왕	지옥의 왕.
5	황천	죽은 자의 혼이 간다고 여기는 세계. 노란 샘. 구천이라고도 한다. 삼도천은 이승과 저승의 경계이고 황천은 그냥 저승으로 다른 의미.
6	(대)무녀	여자 무당을 이루는 말로, 동양 판타지에서는 요괴를 퇴치하거나 미래를 볼 수 있거나 예언을 할 수 있는 '무속적인 힘'을 가진 사람으로 묘사가 됨. 또한 무녀들의 수장을 '대무녀'라고 칭함.

NO	용어	특징
7	퇴마사	요괴를 퇴치하거나 악의 힘을 퇴치할 수 있는 힘을 가진 이들.
8	신력	신들이 사용하는 힘
9	신수	신들이 거느리고 있는 신령스러운 동물. 용, 봉황, 현무 등 가상의 동물들이 많음.
10	저승차사	저승으로 죽은 영혼을 인도하는 자. 저승사자와 같은 말.
11	그 외의 신	– 꽃감관 : 서천 꽃밭의 꽃을 관리하는 신 – 삼신할미 : 인계의 사람들에게 아기를 점지해주는 신 – 용왕 : 용 임금. 강, 우물, 바다 등 모든 물을 관장. – 조왕신 : 부엌을 수호하는 신으로 불을 잘 다룸. – 일월신 : 해와 달의 신 – 야차 : 도깨비. 허주, 독각귀, 망량, 이매라고 함. – 서낭신 : 마을의 수호신. – 성주신 : 가신. 집을 지키는 신. – 산신 : 흔히 호랑이로 상징되며 산을 지키는 신.
12	서천꽃밭	다양한 신계의 꽃들이 피는 꽃밭. '수라멸망악심꽃' '울음꽃' '웃음꽃' '싸움싸울꽃' '선심꽃' '환생꽃' '생불꽃' 등 다양한 인간의 운명을 점지할 수 있는 꽃들이 있음. 삼신이 꽃씨를 뿌린 뒤 이 꽃밭에서 피어난 꽃에 따라 아기의 생명과 운명을 점지했다고 함.
13	요괴	– 어둑시니 : 어둠을 상징. 사람이 보고 있으면 더 커지는 요괴 – 그슨대 : 어둠을 실체화한 요괴로 사람을 실제로 살해하는 '악귀'에 가깝다는 점에서 어둑시니와 다름. – 매구 (구미호) : 여우가 천년을 살면 매구라는 여우요괴가 됨 – 두억시니 : 도깨비의 우두머리 혹은 도깨비 유사 종족. 귀신. – 이무기 : 용이 되기 이전의 동물. – 용 : 물을 다스리는 전설의 영물. – 장산범 : 희고 긴 털을 가진 호랑이 요괴. 환각, 성대모사 능력. – 적염귀 : 붉은 수염을 한 귀신.

#동양풍 로맨스 판타지만의 꿀팁

동양풍 로맨스 판타지에서 유행하는 스토리 플롯이나 키워드는 서양풍 로맨스 판타지와 크게 다르지 않습니다. 특히 '회귀' '빙의' '환생' 키워드가 성행하는 것 역시 동일합니다.

예를 들자면 '세자빈으로 환생하는 스토리' 혹은 '버려진 옹주의 어린 몸에 빙의하는 스토리' 혹은 '특별한 힘을 지닌 천계의 일원인 주인공이 인간계의 인간의 몸에 빙의하면서 요괴를 퇴치해 나가는 스토리' '남장을 한 여성이 성균관에 잠입하는 이야기'등 다양한 플롯 구상이 가능합니다.

다만 '서양풍 로맨스 판타지'와 달리 '동양풍 로맨스 판타지'를 쓸 때 유의할 점은 실제 한국의 역사를 배경으로 하는 것이 아니라 '가상의 동양의 국가'를 배경으로 한다는 것을 명시해주어야 한다는 것입니다. 물론 여러분들이 역사에 대해 잘 알고 있고 실존하는 역사적 사실을 배경으로 집필하고 싶을 수도 있습니다. 그 경우에는 굳이 '가상의 동양의 국가'를 배경으로 하지 않아도 좋습니다. 다만, 역사적 고증을 굉장히 치밀하고 확실하게 하셔야만 합니다. 특히 '동양풍 로맨스 판타지'의 경우 역사 왜곡 논란이 많이 날 수 있기에 이 부분에서 항상 유의하시길 바랍니다.

또한 동양풍 로맨스 판타지에서는 실제 역사상 존재했던 유명한 인물(광해군, 연산군 등)을 모델로 하는 주요 인물을 설정하거나 설화 혹은 신화를 모티프로 하여 스토리를 구상하는 것도 좋습니다. 동양풍 로맨스 판타지에서는 서술에서도 '동양'임이 드러날 수 있도록 분위기를 살려주면 좋습니다. 이를 위해서 드라마 사극이나 동양풍의 소설을 참고하는 것도 좋은 방법입니다.

5. 앞으로의 로맨스 판타지는?

　이렇게 다양한 로맨스 판타지의 대표 키워드들과 그의 특징 그리고 발생할 수 있는 대표 플롯들 등을 살펴보았습니다. 그렇다면 여기서 한 가지 물음을 던질 수 있을 것입니다. 지금껏 이런 로맨스 판타지 작품들이 나왔고 위와 같은 키워드들을 바탕으로 많은 작품들이 나왔다면 앞으로 로맨스 판타지 장르에선 어떤 작품이 나올까요?

　사실 앞으로 로맨스 판타지가 어떤 식으로 바뀌어 갈지는 그 누구도 예측할 수 없습니다. 다만 지난 10년간 로맨스 판타지에서의 변화와 콘텐츠 양상들을 살펴보자면, 앞으로는 보다 더 다양하게 장르의 벽을 허무는 작품들이 등장하지 않을까 싶습니다.

　남성향 판타지와 여성향 판타지를 접목시킨 작품들이 성장한 것처럼 말입니다. 그러니, 우리가 함께 살펴본 클리셰들과 대표적인 키워드 외에도 다양한 소재들을 고민하고 또 구축해 나가야만 할 것입니다.

"로맨스 판타지 장르의 영감은 어디서 오나요?" 라는 질문을 참 많이도 받았습니다.

로맨스 판타지 장르의 영감이라고 해서 다른 장르와 다를 건 없습니다. 똑같이 제가 살면서 듣고 보고 생각한 것에서 옵니다.

당연한 얘기죠. 예컨대 그런 겁니다. '악역 공작 영애의 특별한 쌀재배법'은 중세 시대를 배경으로 쌀밥을 지어 먹고 김치 만두도 먹는 소설이 나온다면 어떨까? 라는 의문에서 시작되었습니다. 계기는 사실 별거 아니었어요. 저는 중세 시대 로맨스 판타지를 워낙 좋아했고 한식 마니아거든요. 밥 먹는 게 너무 좋아서 시작된 발상이었습니다. 정말 특별한 거 없는 발상의 시작이죠?

저에겐 오히려 아이디어를 던지는 것보다는 늘 그 뒤의 과정이 어려웠던 것 같습니다. 아이디어를 내는 건 단순히 소재를 떠올리는 것이지만 그렇게 떠올린 소재를 스토리로 엮어주는 것은 더 복잡하니까요. 저는 쌀을 재배하기 위한 주인공의 여정을 만들기 위해서, 봉인된 쌀을 깨우고 키우기까지 다른 등장인물들을 엮어서 스토리를 배치하고 구성했습니다. 그렇게 탄생한 것이 바로 '악역 공작 영애의 특별한 쌀재배법'입니다.

저는 이렇게 제가 '좋아하는 것'에서 영감을 얻는 편입니다. 제가 좋아하고 즐겨하고 또 느끼는 것에서요. 그래서 늘 생활 속에서 질문을 던져보려고 노력 중입니다. 이렇게 된다면 어떨까? 이걸 이렇게 결부시켜 보면 어떨까?

그렇게 질문한 뒤에는 그 모든 질문들을 조합시켜 봅니다. 적어보고 이 질문과 다른 질문을 짜집기 해보기도 합니다. 그러다 보면 보다 좋은 소재나 아이디어가 생성이 됩니다. 스토리 역시 마찬가지입니다. 제가 어디서 보고 듣고 생각한 것들을 알맞게 조합하다 보면 새로운 것이 생깁니다. 하늘 아래 완전히 새로운 것은 없다고 하죠. 어쩌면 조합은 가장 큰 창작일지도 모르겠습니다. 그러니, 여러분들도 언제나 상시 메모하는 습관을 가지세요. 나에게 보내기로 키워드만 보내두는 것도 좋습니다. 늘 생각하는 것들을 적어두세요. 일기 쓰는 것도 하나의 방법입니다.

사실 로맨스 판타지라고 해도 현실과 결부되는 지점도 꽤 많습니다. 특히 캐릭터성에 있어서는 더 그러합니다. 그저 중세 시대를 배경으로 하여 캐릭터들에게 역경이나 특징 능력 등을 부여하는데 있어서 더 범주가 넓기 때문에 좀 더 구성하는 게 용이할 뿐입니다. 캐릭터의 결핍이나 특징 등은 오히려 우리가 주변에서 쉽게 볼 수 있고 공감이 될 수 있는 요소들도 있는 것이 좋습니다. '여자 주인공을 사랑하는 스스로의 마음을 쉽게 눈치채지 못하는 남자 주인공'도 이런 양상에서 나옵니다. 결핍과 성격은 공감이 가능하되 능력치나 외모는 현실에서 볼 수 없을 정도로 물론 뛰어나야겠지요.

결국 많이 보고 듣고 고민하고 생각해야만 합니다. 말했듯이 '로맨스 판타지' 장르의 영감이라고 다를 건 없습니다. 그저 떠올린 영감을 구현시키는데 있어서 더 용이할 수 있다는 점이 다른 부분입니다.

Chapter 04

내가 쓴 글을
어떻게
출간할까?

Chapter 04
내가 쓴 글을
어떻게 출간할까?

1. 투고 & 연재 & 공모전

　로맨스 판타지에 대해서 파악하고 글까지 본격적으로 쓰기 시작했다면 이러한 글을 독자들이 볼 수 있는 곳에 올려야겠지요?

　여기서 지금 여러분들이 시놉시스와 웹소설 15회차 이상을 집필했으며 여러분들의 컴퓨터에 축적해둔 상태라고 가정해보겠습니다!

　여기서 여러분이 가장 먼저 해야 할 것은 '투고'를 할지 '연재'를 할 것인지 아니면 '공모전'을 도전할 것인지 결정하는 것입니다.

　여러분이 써 놓은 글을 출간하기 위해 해야 하는 첫 번째 선택인 셈이죠.

　각 선택지에 따라 여러분이 해야 하는 것들은 아래와 같습니다.

　그렇다면 이 각각의 선택지에 대해서 한 번 상세히 살펴보겠습니다.

1	투고한다	1) 투고하고 싶은 출판사 선정 및 투고 기준을 살핀다 2) 투고 기준에 맞추어 투고 메일로 원고와 시놉시스를 보낸다 3) 투고 메일에 대한 답을 기다린다.
2	연재한다	1) 연재하고 싶은 사이트를 선정한다. 2) 작품 정보를 기재하고 작품을 등록 & 연재를 시작해 일정 시간에 지속적으로 작품을 업데이트한다. 3) 작품에 대한 출간 문의를 기다린다. 혹은 해당 작품의 성적이 나쁘지 않을 경우 작품의 연재 성적을 기재하여 출판사에 투고한다.
3	공모전 도전	1) 도전하고 싶은 공모전을 선택한다. 2) 공모전 요강에 맞추어 투고하거나 혹은 연재를 한다. 3) 공모전 시상 결과를 확인하고 출간한다.

#투고한다

'출간'의 개념을 이해하고 있는 사람이라면 가장 먼저 '투고'를 생각할 것입니다. 웹소설의 출간은 '출판사'라는 에이전시를 거쳐서 이루어지니까요. 출간을 하기 위해서는 당연히 출판사에 작품을 보내야만 합니다.

하지만, 그렇다면 '출판사'란 대체 어떤 곳이며 어떤 '출판사'에 어떻게 원고를 보내야 할까요? 이것에 대한 답은 아주 간단히 확인할 수 있습니다. 지금 바로 검색창에 웹소설 출판사를 검색해보십시오. 아주 다양한 출판사에 관한 정보들이 인터넷에 돌아다니고 있을 것입니다. 다양한 출판사의 정보에 대해서 상세히 기재하지 않는 것은 그 수가 너무도 많고 시기에 따라 합병 이슈 등 출판사마다의 변동성이 짙기 때문입니다.

그러니, 여러분이 연재하는 시기에 맞추어 출판사들에 관한 정보를 서칭해보세요. 해당 출판사에서 출간한 작품들을 쭉 보는 것도 좋은 방법입니다. 여러분들도 들어보고 보았던 웹소설을 출간한 출판사들이 더러 보일 것입니다. 여기서 '웹소설 커뮤니티'를 이용하는 것도 방법입니다.

투고하고자 하는 출판사를 찾아볼 때는

첫째는, 그 출판사에서 주로 출간하는 글들의 성향이 내 소설과 맞는지 보십시오.

그 출판사에서 다수 출간한 작품의 장르와 주로 출간한 플랫폼 등을 보는 것이 좋습니다. 그리고 내가 보유한 작품과 그 출판사에서 주로 출간하는 플랫폼의 성향이 맞는다고 생각하면 투고 조건에 들어맞는다고 봅니다. 그리고 내가 쓴 글이 만일 이미 많이 나온 클리셰에 해당하지 않는 글이라 생각된다면, 다소 서정적이거나 문학적인 작품들도 출간하는 장르에 대한 허용도가 높은 출판사를 찾아보세요.

둘째는, 나와 맞는 출판사를 찾으세요!

출판사마다 장단점이 있습니다. 신생 출판사의 경우, 보통 보유한 원고가 그다지 많지 않기 때문에 어지간해서는 투고 성공을 할 가능성이 높습니다. 그리고 보유하고 있는 작가가 적은 만큼 소수의 작가들에게 더 큰 프로모션을 주거나 교정, 교열 작업에 더 신경을 쓰고 소통도 더 원활할 수 있습니다.

다만, 좀 더 오래된 출판사에 비해 영업력이 좋지 않거나 혹은 교정교열 등의 일을 어설프게 하는 등의 수모를 겪을 수도 있겠죠. 반면, 큰 출판사는 수많은 작가를 보유하고 있기 때문에 나와의 소통은 원활하지 않을 수도 있고 큰 프로모션 제의도 들어가기 어려울 수도 있습니다. 다만, 믿을 수 있고 일처리 또한 안정적일 것입니다. 어디까지나 출판사와 작가의 상성은 같이 작업해보기 전에는 짐작하기 어렵습니다.

그러니, 내가 원하는 바가 무엇인지를 파악해 그것에 맞는 출판사를 선정하시는게 좋습니다. 그를 위해서 저는 여러 출판사에 투고해보는 것도 추천드립니다.

회신 메일만 보고도 그 출판사의 담당자 성향을 알 수 있을 테니까요. 만일 여러분이 처음 글을 쓰기 시작하기 때문에 담당자의 전적인 소통과 케어가 필요하다면 규모가 크지 않은 출판사와 시작하는 것을 추천 드리며, 그런 것은 관계 없다면 비교적 역사가 깊은 출판사와 함께하는 것을 추천드립니다.

또한, 출판사마다 웹툰 레이블을 가지고 있는 출판사와 아닌 출판사가 나뉩니다. 아무래도 웹툰 레이블을 보유하고 있는 출판사와 함께할 경우, 웹툰화가 보다 빨리 진행될 가능성이 있기 때문에 이 또한 살펴보고 진행하는 게 좋습니다.

셋째는, 정산이 투명한 출판사를 알아보세요!

커뮤니티를 활용하라는 이유가 이 때문입니다. 간혹가다가 정산이 투명하지 않은 출판사가 있습니다. 작가의 돈을 일부 떼어먹는 등의 행위를 하는 출판사입니다. 요즘은 웹소설 시장이 자리를 잡으며 이러한 출판사가 거의 없긴 하나, 혹여 신생 출판사에서 정산을 제대로 하지 않을 수도 있습니다.

그러니, 이러한 정보들을 최대한 서칭하여 확인하고 되도록 믿을 수 있는 출판사에 투고하는 걸 추천 드립니다.

내 글을 투고할 출판사를 정했다면 그 출판사의 사이트에 들어가서 요강을 살펴봅니다. 투고 메일과 더불어, 몇 장 분량의 시놉시스와 소설을 보내면 될지 요강이 나와있을 것입니다. 이러한 요강에 맞추어 해당 메일로 여러분이 써둔 글을 보내면 됩니다. 대부분 담당자가 늦어도 1-2주 안에 답변과 계약 조건 등을 제시할 것입니다. 여러 곳에 투고를 하면 이러한 계약 조건을 비교해보고 더 나은 쪽으로 계약을 진행하면 됩니다.

#연재한다

그렇다면, 이렇게 투고를 통해서 출판사가 전자책 유통 사이트에 게재하는 것 만으로만 출간할 수 있느냐? 답은 아닙니다. 여러분이 자유 연재 사이트에 자유롭게 연재할 수 있습니다. 자유 연재 사이트는 앞서 말한 것처럼 굉장히 다양하기 때문에 일부 무료로 연재하다가 유료 회차로 연재하는 등 작가 본인이 판단하여 자체적으로 수익까지 거둬들일 수 있습니다.

작가가 자유 연재를 할 때는 두 가지 경우의 수로 나뉘어집니다.

첫째는 무료로 연재한 경우

무료로 연재한 경우, 출판사 쪽에서 출간 제의가 오게 되면 작품을 중간에 내리고 출간 공지를 올린 뒤 유통사에 출간합니다.

둘째는 유료로 연재한 경우

유료로 연재한 경우는 보통 완결 회차까지 해당 사이트에서 쭉 유료로 연재하는 편입니다. 그리고 출판사와 계약을 맺은 뒤, 2차 유통 플랫폼을 정해 프로모션을 받아 출간하는데 이 때는 외전 등 추가로 프로모션 받을 수 있는 미공개 회차를 추가로 집필해 출간하는 경우가 많습니다.

그렇다면 본격적인 출간 전, 자유 연재를 선택했을 때, 장단점은 어떤 것이 있을까요?

장점	– 무료 연재 시 좋은 성적을 거둬들이면, 신인 작가라고 해도 더 좋은 조건으로 계약 후에 큰 프로모션을 받아 출간할 수 있습니다. – 아무에게도 보이지 않고 글을 혼자 쓰는 게 어려운 신인 작가 시절에 독자의 피드백을 받으며 글을 쓰면 원동력이 생겨서 글을 끝까지 집필할 수 있습니다. – 급전이 필요할 때, 유료 연재를 통해서 바로바로 수익을 거둬들일 수 있습니다. – 내 글이 트렌드에 맞는 글인지 확실하게 파악할 수 있다. 또한 어느 플랫폼에서 더 잘 먹히는지에 대해 알 수 있다. – 단순히 웹에서 글을 집필했을 때와 달리, 모바일 – 웹소설 플랫폼으로 내 글을 봤을 때, 어떤 식으로 써야 가독성 높은 문장을 쓸 수 있는지에 대한 파악을 할 수 있게 된다.
단점	– 이미 연재 회차를 통해 내용이 공개되었다면, 연재 시점에서 좋은 성적을 거두지 못했을 때 오히려 프로모션을 받지 못하게 될 가능성도 있습니다. 이미 많은 사람들이 보았기 때문에 결제율이 떨어질 수 있기 때문입니다. – 완결 후에 많은 회차를 한 번에 올릴 경우, 더 오랫동안 노출되어 한 번에 큰 수익을 거둘 수 있는데 선 유료 연재를 할 경우 전체적인 수익 면에서는 떨어질 위험이 있습니다.

이러한 장단점이 있습니다. 그리고 저는 이런 이유로, 처음 웹소설을 시작하는 여러분들께는 사실 연재를 먼저 해보시기를 추천합니다.

웹소설 작가들이 흔히 '벽 보고 쓴다'라고 말합니다. 아무런 반응도, 내 글이 정말 잘 쓴 글인지 재미있는 글인지 수익을 거둬들일 수 있는 글인지조차 알지 못하는 채 완결까지 많은 시간을 할애해 글을 써 내려가는 작업을 하는 상태를 말합니다.

솔직히, 무료 연재를 처음부터 하면 한 번에 큰 성적을 거둬들이기 어려울 가능성이 큽니다. 작품성의 문제가 아니라, 시기 등의 운도 작용하여 랭킹 시스템에 올라가야 무료 연재 성적이 잘 나올 수 있기 때문입니다.

그럼에도 제가 처음 글을 쓰기 시작할 때 연재를 추천하는 것은, 처음 글을 쓰기 시작할 때는 '성공'이 문제가 아니라 '쓰는 것' 자체가 고역이기 때문입니다.

10년 동안 전업 작가로 일한 사람들에게도 아무런 반응 없이 벽을 보고 혼자서 글을 써 내려가는 것은 고역인데 처음 글을 쓰는 사람들에겐 얼마나 일이겠습니까.

연재의 확실하고 아주 큰 장점은, 글을 쓸 수 있게 도와준다는 것입니다.

자칫 독자들의 의견에 휩쓸리거나 정신이 흔들릴 수도 있습니다. 하지만 그 누구라도 내 글을 꾸준히 보아주는 사람이 있다는 건, 내가 글을 쓸 수 있도록 붙잡아주는 큰 힘이 됩니다.

또한 내 글이 어느 플랫폼에서 더 잘 먹히는지, 내 글이 트렌드에 걸맞는 글인지를 뼈저리게 느낄 수 있습니다.

독자들은 생각보다 귀신같이 재미있는 글을 알아봅니다. 연재 성적을 통해서 내 글이 트렌드에 어떤 점에서 걸맞지 않는지에 대한 판단이 명확히 서게 됩니다.

그뿐일까요. 연재를 통해 모바일 친화적인 글이 무언가에 대한 실감을 하게 됩니다. 많은 작가들이 글을 쓸 때, 한글이나 워드 창을 띄워두고 키보드를 두드립니다. 한글에서 써 내려 갔을 때는 내가 쓴 문장들이 모바일에서 어느 정도의 가독성을 지닐지 판단하는 게 어렵습니다. 그리고 무료 연재를 통해서 어느 정도 길이로, 어떻게 모바일 친화적인 문장을 구사할 수 있는지에 대한 공부를 할 수 있습니다.

이처럼 연재는 특히 신인 작가들에게는 굉장히 장점이 많은 첫 출간 방법입니다. 그렇다면 이런 정보를 기반으로 '어떻게 하면 연재를 잘 할 수 있을까'에 대해 알아보도록 하겠습니다.

☑️ 웹소설 자유 연재 시 유의점

첫째로, 해야 할 것은 바로 연재할 플랫폼 선정입니다.

그러기 위해선 내가 쓴 글의 장르를 파악하세요. 장르의 파악은 달리 말하면 독자층, 타겟층의 파악입니다. 여성향 웹소설인지 혹은 남성향 웹소설인지부터 구분하고 해당 장르의 소설들이 많은 웹소설 플랫폼을 선정하세요. 여기서 장르뿐만 아니라 톤앤매너나 서술 스타일도 나와 맞는 플랫폼을 선정해야 하는 게 좋습니다.

플랫폼마다 UI가 다른 만큼 더 잘 읽힐 수 있는 필체나 스타일이 다릅니다. 네이버 챌린지 리그나 카카오페이지는 대사가 상대적으로 많은 것을 선호, 리디북스는 지문이 있거나 좀 더 딥한 톤앤 매너도 수용한다는 특성이 있으나 이는 시기에 따라 다릅니다.

때문에 각 플랫폼에 들어가 상위 랭킹부터 작품의 특성을 살펴보는 것이 중요합니다. 현재 각 플랫폼에서 유행하고 있는 서술 스타일, 톤앤 매너, 소재, 장르 등의 데이터를 파악하면 내 작품을 어느 플랫폼에 런칭 했을 때 더 승산이 있을지 파악할 수 있을 것입니다.

하지만 여기서 이러한 질문을 하는 사람이 분명 있을 것입니다.

'모든 자유 연재 플랫폼에 전부 다 연재하면 안 돼요?' 물론 대답은 '됩니다'입니다.

모든 플랫폼에 동시 연재를 하는 방법이 있습니다. 그러나 웹소설을 읽는 독자들은 필연적으로 플랫폼마다 겹칠 수밖에 없습니다.

독자를 분산되게 두는 것은 연재 성적에 있어서 좋지 않을 수 있으며 연재 성적이 저조하다면 후에 출간에서 큰 프로모션을 받는데 걸림돌이 될 수도 있습니다.

그러니, 동시 연재는 괜찮습니다. 다만 내 글에 가장 적합한 플랫폼을 찾아 '주력 연재 플랫폼'을 선정하십시오.

그래서 '주력 연재 플랫폼'에 선공개하는 등의 전략을 세워 가장 잘 될 수 있는 플랫폼에 주력해 보십시오. 선공개하는 플랫폼으로 넘어올 수 있도록 블로그 등의 개인 공간에서 간접적인 홍보를 하는 것도 연재 성적을 높일 수 있는 방법입니다.

둘째로, 정해야 할 것은 바로 연재 시간입니다.

모든 콘텐츠는 릴리즈 시간이나 대진표가 상당히 중요하죠.

드라마, 유튜브에 올라가는 영상 또한 마찬가지입니다. 대부분 웹소설은 9-10시 혹은 12시 업로드를 추천합니다. 그 시간대가 유저들이 가장 많이 일과를 끝낸 뒤 유입되는 시간대이기 때문입니다.

또한 '투데이 베스트'와 같이 랭킹 시스템에 올라가고 궁극적으로 메인 노출이 되어 독자를 더 유입시킬 수 있도록 하려면 랭킹 시스템 산출이 시작되는 시간대에 업로드하는 것이 좋습니다. 그리고 그 시간은 플랫폼마다 다르나 12시인 경우가 대부분입니다.

따라서 독자들이 가장 많이 유입이 되는 9-11시 그리고 랭킹 시스템 산출이 시작되는 12시 중 선정하여 올리는 전략을 세우도록 하세요.

업로드 시간에 대한 전략은 결코 절대적일 수는 없으나 저는 처음 연재를 한다면 1화를 10시에 업로드 2화를 12시에 업로드하는 연달아 연재하는 이름하여 '연참' 방식을 추천합니다.

하루에 두 회차를 올리는 것입니다. 그리고 반응이 좋다면 하루 정도는 3회차 업로드를 감행해 보세요. 그렇게 15회차 업로드를 진행한 뒤 반응을 보는 것도 하나의 방법입니다.

셋째로, 논란이 될 소지의 소재를 넣었는지 검토하십시오.

출판사를 통해 출간할 경우, 하지 않아도 되는 작업이지만 작가가 자유 연재를 할 경우 꼭 한 번의 점검이 필요합니다.

독자들에게 논란이 될 소지가 있을 수 있기 때문입니다.

특히 여성향 웹소설에서는 '여혐'이라고 일컬어지는 발언 혹은 뉘앙스의 스토리 라인과 캐릭터에 굉장한 논란이 발생할 수도 있습니다.

표절 이슈와 더불어 사회적 이슈가 될 수 있을 만한, 독자들을 불편하게 할 법한 문장이 없는지 끝없이 자기 검열을 해야만 할 것입니다.

넷째로 유념해야 할 것은 바로 수위입니다.

플랫폼마다 허용 범위가 다르기는 하나 수위가 높을 경우 19금 체크를 하는 등 표시를 해야 하는 경우가 있습니다. 이를 유념하여 체크해주세요.

다섯째로 유념해야 할 것은 포기하는 것도 용기라는 것입니다.

당신의 작품이 흥행할 요소가 있는지에 대한 판단은 최소 25회차 내에서 마치도록 하세요.

25회차를 연재했는데도 순위의 하위권에도 오르지 못했다면 작품을 내리고 재정비해야 할지에 대해 검토하는 시간을 가져야만 할 것입니다. 그 이후에 연재본에서도 계속해서 성적이 저조하다면 출간하기도 어려울뿐더러, 출간 후에도 성적이 좋지 않을 가능성이 큽니다.

수익이 거의 없는 글을 쓰며 1-2년에 가까운 세월을 보내기엔 당신이 가지고 있는 다른 아이디어들이 너무 아깝습니다.

그러니 성적이 저조하다면 한 번 더 리메이크하여 다시 연재하는 등의 시도를 감행하거나, 투고 후에 수정 의견 등을 듣고 이에 맞춰 수정 후에 재연재를 해보는 등의 시도는 해보되 정 안 될 경우 내가 쓴 글의 흥행 요소가 부족하다는 것을 인정하고 포기할 줄도 알아야만 합니다.

여섯 번째 유념해야 할 것은 매력적인 소개글 & 키워드 쓰기입니다.

이렇게 플랫폼을 선정하고 연재하는 과정에서 가장 중요한 것은 바로 '노출'과 '랭킹 시스템'에 등극되는 것입니다.

연재 흥행을 달성하기 위해 가장 필수적인 관문이니까요.

그렇다면 이런 랭킹 시스템에 노출되기 위해선 어떻게 해야 할까요?

가장 먼저 해야할 것은 흥미를 유발하는 소개글과 키워드를 뽑는 것입니다.

가장 먼저 당신이 쓴 작품의 키워드를 뽑아보세요.

집필 전 시놉시스 단계에서 이미 뽑았다면 그 키워드들을 나열하고 어떤 것을 상위에 노출할지 정해야만 합니다.

"쌀이라니, 그게 뭡니까? 아가씨?"
"아, 사라진 전설의 고대 작물! 맞죠?"

……엥? 근데 뭐라고? 이 세계엔 쌀이 없단 말이야?

[악역빙의/소설빙의/데드플래그/긍정여주/약간 개그/먼치킨/농부물]

👤 51.5만   👍 1.7만   ⭐ 7,211   💬 324

키워드는 위와 같이 작품 등록 시 소개글 끝에 기재해주면 되며, 형식은 #을 사용해서 기재 또는 괄호 [ ] 안에 기재하는 등 플랫폼마다 다르니, 해당 플랫폼 작품을 살피고 많이 사용하는 양식에 따라 기재하면 됩니다.

키워드를 꼽아서 검색, 유입될 수 있게 기재한 뒤에는 설명글을 써보도록 하세요. 가장 좋은 설명글은 작품에 관한 모든 걸 설명해주는 것이 아닙니다. 그것만 보더라도 궁금해서 본편에 유입되도록 하는 것입니다.

그리고 이를 위해서는 첫 문장에서 시선을 잡아끄는 것이 좋습니다.

> ① '나는 10년째 직장에서 일하고 있다. 그런데 어느 날 사장님이 나를 사장실로 부르게 되었다. 그런데 내가 사장실에 노크를 하지 않고 들어갔더니 거기에 사장님이 당황한 표정으로 서 있었다… (중략)… 그리고 사장님은 자신이 악마라고 설명했다.'
> ② '내 사장님이 알고 보니 악마였다?!'

이 두 가지 설명글의 첫 문장 중 어떤 것이 더 직관적이고 끌리나요?

중요한 건 글을 '잘' 써야 하는 것이 아닙니다. 몇 번이나 언급했으나, 웹소설 독자들은 모바일 친화적인 만큼 길고 설명조의 글을 다 읽어줄 만큼 친절하지도 여유롭지도 않습니다. 그들은 이동 중에도 쉽고 직관적으로 읽을 수 있는 '친절한 글'을 선호합니다. 그리고 이에 해당하는 설명글은 바로 간결하고 임펙트 있는 첫 문장을 적은 ②번일 것입니다.

이러한 사항에 유념하여 궁금증을 유발할 수 있는 소개글을 작성하고 검색 키워드를 기재한 뒤 작품을 올려주면 됩니다!

#공모전에 도전한다

단순히 출간하고 작가로 데뷔하는 것이 아니라, 큰 상을 받고 모두의 앞에서 작가로 눈부시게 데뷔하는 건 얼마나 멋진 일일까요?

이러한 꿈을 실현할 수 있는 기회가 바로 공모전입니다.

공모전은 주로 웹소설 플랫폼이 주최하며 각 사이트에 공지가 뜹니다. 웹소설 커뮤니티 등을 통해 이러한 정보를 얻을 수 있습니다. 요강은 물론 공모전에 따라 다릅니다. 하지만 보통 로맨스 판타지의 경우 최소 30-40회차 정도가 필요합니다. 요즘은 특히 단순히 투고를 통해 공모전이 진행되지 않고 연재로 진행되는 경우가 많습니다. 조회수를 비롯한 연재 성적을 공모전 평가에 반영하겠다는 것입니다.

높은 연재 성적을 얻기 위해서는 공모전이 열렸을 때, 초반에 최대한 많이 연재하는 것이 좋습니다. 때문에 공모전에 대비하고 싶다면 미리 정보를 알아내서 회차를 넉넉히 집필해두는 것이 좋습니다.

매년 열리고 있는 대표적인 공모전으로는 '네이버 지상최대 공모전', '조아라 공모전' 등이 있습니다. 특히 네이버 지상최대 공모전은 수상작들이 네이버 웹툰화가 보장된다는 특전이 주어지기 때문에 경쟁이 치열한 편입니다. 또한 네이버 공모전의 경우, 공모전이 시작되기 한 달 전에 미리 공지가 뜨기 때문에 비교적 빨리 정보를 확인할 수 있습니다.

연재와 더불어, 저는 공모전 도전 또한 처음 시작하는 작가들에게 추천합니다. 처음 작품을 시작할 때 '공모전'은 수상을 하건 하지 못하건 작품을 쓸 수 있는 큰 계기와 동력을 줍니다. 그러니 늘 공모전 요강을 확인하고 그 공모전에서 원하는 작품의 성격과 공모전을 주최한 플랫폼의 독자층을 파악한 뒤 전략적으로 움직여야만 할 것입니다.

2. 계약 → 출간

이제 투고, 연재, 공모전 등의 방식을 통해 출판사와 계약에서부터 출간까지의 과정에 대해 말해보고자 합니다.

계약부터 출간까지는 크게 위의 네 가지 과정을 거치게 됩니다.

계약이 성사되면 런칭하는 플랫폼 프로모션 심사에 들어갑니다. 심사가 진행되는 동안 작가는 작품을 추가로 집필하고 출판사에서는 런칭을 위해 표지 제작과 교정 교열 작업을 진행합니다. 그리고 심사 합격 결과가 나오면 그에 따라 런칭일을 정해 런칭합니다.

각 과정에서의 유의사항을 하나하나 자세히 살펴보겠습니다.

#계약

계약서를 꼼꼼하게 살펴보는 것은 당연히 중요합니다. 그중에서 가장 중점적으로 확인하는 것은 '계약 비율'입니다. 요즘은 웹소설 작가들의 대부분은 작가 : 출판사의 수익 배분 비율을 7:3으로 하는 편입니다. 하지만 드물게 신인 작가들을 대상으로 출판사 : 작가의 판매 수익 배분 비율을 6:4로 하길 원하는 곳도 있습니다. 또한 선인세나 기본급을 지급하는 계약도 있을 수 있습니다. 기본적으로 선인세나 기본급은 물론 많을수록 좋습니다. 선인세는 수익을 미리 당겨 받는 것을 말하며 기본급은 수익과 관계없이 기본적으로 월마다 지급받는 금액을 말합니다.

선인세나 기본급은 출판사마다, 또 작가마다 상이할 수 있습니다. 하지만 신인의 경우 어지간해서는 선인세도 기본급도 100만원 이하라고 보시면 됩니다. 조금 더 작품을 출간해 기성 작가가 된다면 종수에 따라 더 지급받을 수 있도록 협의를 할 수도 있습니다.

계약을 하면서 바로 정하지는 않을 수도 있으나, 선유통 플랫폼에 대한 간단한 논의도 오갈 수 있습니다. 그때 자신이 유통하고 싶은 플랫폼에 대한 의사가 있다면 명확히 밝히는 것이 좋습니다. 이때, '선독점 기간'에 대해서도 한 번 확인하면 좋습니다. 선독점 기간이란 처음 유통한 플랫폼에 얼마동안의 기간 동안 독점으로 게재해두는지에 대한 규정입니다. 카카오의 경우 보통 선독점 기간을 2년 정도로 잡는 편입니다.

내 작품이 시의성 있는 소재들이 많이 들어있다고 판단되면, 최대한 빨리 다른 유통사에도 나갈 수 있도록 하는 것이 좋으니 선독점 기간을 확인 후 정도 이상으로 길다면 이의 제기를 해보는 것이 좋습니다.

계약과 동시에 먼저 웹툰화 논의를 하는 경우도 있습니다. 다만 계약하며 웹툰화를 약속받을 경우에는 출판사에서 요구하는 대로 많은 수정을 감행할 수 있어야만 합니다. 그럼에도 웹툰 레이블[1]을 보유하고 있는 출판사이고 계약하며 웹툰화 약속을 받을 수 있다면 더 좋겠죠. 또한 종이책 출간의 경우, 웹소설이 지나치게 인기가 많다면 진행하기도 하나 종이책 출간에 들이는 공에 비해 수익이 잘 나오지 않는다는 이유로 계약 단계에서부터 종이책을 요구하면 작가와 출판사의 수익 배분 비율이 6:4

---

1) '레이블'은 해당 출판사 산하에 있는 특정 콘텐츠만 전문적으로 하는 브랜드, 회사 내의 회사를 의미합니다. 각 '레이블'마다 이름이나 로고가 따로 주어지며 출판사 내에서 웹툰 레이블이 있느냐 없느냐는 해당 출판사에서 웹툰화 진행 능력이 얼마나 높은지와 직결됩니다.

로 줄어들 수 있다는 점 유의하세요.

그 외에도 만일 작품이 1, 2부로 나뉘어진다면 작품의 표지를 하나 더 만들어줄 수 있는지 혹은 프롤로그 웹툰 제작이 가능한지 등 다양한 조건들을 내세울 수 있습니다. 계약은 어디까지나 논의 하에 조건들을 맞춰가는 과정입니다. 때문에 내가 원하는 것들을 명확히 하고 그에 따라 출판사에서 내게 요구하는 것이 있다면 수긍할 수 있는 것과 없는 것을 명확히 구분하여 판단하는 것이 중요합니다.

#심사

'심사고를 만든다'라고 하는데요. 그냥 연재본과 달리 심사고는 그렇게 많은 원고가 필요하지 않습니다. 플랫폼마다 하루에도 수많은 작품들이 심사를 위해 밀려 들어오니, 플랫폼 입장에서도 많은 회차를 검토하기보다는 적은 회차와 시놉시스를 검토하기 때문입니다.

따라서 심사고는 상세한 시놉시스 (4-6장 분량)와 10-15회차 정도의 원고만 있다면 충분합니다.

심사고를 유통하고자 하는 플랫폼에 심사를 넣고 나면 물론 심사 결과가 나오기까지 기다려야만 합니다. 그리고 그 기간 동안 작가는 15회차 그 이후의 회차들을 만들기 위해서 심혈을 기울입니다. 또한 심사 결과가 좋지 않았을 경우 두 번째로 심사를 넣을 플랫폼을 미리 선정해두는 것이 좋습니다.

심사 기간은 플랫폼마다, 또 시기에 따라 상이하나 최소 2주부터 최대 4개월까지 걸리기도 합니다.

#제작

심사기간 동안은 집필도 해야 하지만 기존에 만들어둔 원고를 교정, 교열하는 작업을 진행합니다. 출판사에서 교정 교열을 진행하여 작가에게 한 번 더 보여주고 추가로 수정, 확인하는 과정을 거칩니다. 또한 이 기간 동안 표지 일러스트 작가에게 표지 작업을 의뢰합니다.

작가가 직접 원하는 표지 일러스트레이터를 지정해서 담당자에게 컨택을 요청드릴 수도 있고 담당자가 일러스트레이터 몇 명의 포트폴리오를 송부해 그중 선택할 수도 있습니다.

작가가 직접 일러스트레이터에게 컨택하는 것은 여러 가지 문제를 야기할 수 있다는 이유로 출판사에서 최대한 지양시키는 편입니다. 작가가 원하는 바와 일러스트레이터의 의견 조율을 출판사가 맡아주기 때문에 출판사를 중간에 두고 소통을 하는 편이 분쟁을 줄일 수 있는 방법일 수도 있습니다. (담당자 마다의 소통 능력에 따라 달라지는 사항이기 때문에 물론 장담할 수는 없습니다)

이렇게 표지가 완성되고 원고의 교정 교열 작업이 완료될 무렵에는 심사 결과를 받을 수 있을 것입니다.

#런칭

심사 결과에 따라서 합격이긴 하나 수정을 요구하기도 합니다. 그럴 경우 승복할 수 있다면 수정을 진행하고 런칭일자를 조율하여 잡으면 됩니다. 작가가 원하는 런칭 일자를 말할 수는 있으나, 대부분 유통사에서 먼저 런칭 일자를 정하고 해당 날짜가 어떤지 물어보는 편입니다.

한 두 달 전까지는 런칭일은 확실하게 정해지지 않을 수도 있습니다. 기다리고 있다 보면 담당자가 적어도 3주 전에는 정확한 런칭 일자를 알려줄 것입니다. 그 날에 맞추어 개인 블로그나 SNS를 통해 홍보를 진행하거나 작가 개인 이벤트를 진행하는 것도 좋습니다.

런칭에 있어서 딱히 작가가 할 일은 크게 많지 않습니다. 이제부터는 어디까지나 운의 영역입니다. 하필 그때, 지나치게 유명한 작가의 작품이 함께 런칭되어 그 작품 쪽으로 독자들이 더 몰려갈 수도 있겠고 명절이기 때문에 오히려 독자들이 더 안 볼수도 있겠으며 악플이 초반에 너무 많이 올라와 독자들에게 영향을 끼쳐서 유입이 적게 될 수도 있습니다.

그 모든 것에 크게 흔들리지 말고 작가는 계속해서 글을 쓰고 차기작을 구상하는 것이 중요합니다. 또한 런칭 과정을 통해 배운 것들을 메모해두는 것을 추천드립니다.

자, 축하드립니다.

이 단계까지 왔다면 당신은 이미 프로의 세계에 입문한 것입니다.

3. 출간 이후

출간 단계까지 왔다면 이미 당신은 프로 작가의 반열에 올랐습니다. 그럼 출간 이후에 할 건 따로 없느냐고요? 없긴 왜 없겠습니까? 차기작을 구상해야지요! 여러분의 작품이 세상에 나가서 활개칠 동안 여러분은 차기작을 구상하고 집필하는 단계로 들어가시면 됩니다. 이제 초보 작가가 아닌 중견 작가로 거듭나기 위해서요.

그러나, 차기작을 쓰면서 이전 작품에 대해서 알아두고 체크해 두어야 할 것들이 있습니다.

#정산

출간을 했다면 당연히 돈이 잘 들어오는지 확인해보아야겠지요. 출판사마다 정산의 방식은 다르나 익월 혹은 익익월 단위로 수익이 들어오는 편입니다. 출판사마다 갖가지 다른 방식으로 정산서를 확인할 수 있도록 안내를 줍니다. 정산서에서는 작품이 어떤 플랫폼에서 얼마 정도의 수익을 거둬들였는지를 표기하는데요. 이를 꼼꼼히 확인하도록 하십시오.

#추가 프로모션 & 2차 유통

만일 작품의 성적이 좋다면 유통사 자체적으로 '추가 프로모션'을 넣어줍니다. 추가로 배너에 올라가거나 아니면 내 작품의 쿠폰을 독자에게 지급하는 방식 등 다양합니다. 또한 작가가 추가로 외전을 집필할 경우 '추가 프로모션 심사'를 요청할 수 있습니다. 만일 웹툰 등의 2차 콘텐츠화가 되어 런칭되는 시기가 있다면 추가 프로모션이 들어가기도 합니다.

이러한 추가 프로모션은 최대한 많이 들어가면 좋기 때문에 작가가 항상 확인하고 작품의 성적이 괜찮다면 외전 등의 추가 회차를 더 집필하면 좋습니다.

선유통한 플랫폼에서의 독점 기간이 끝나면 2차 유통이 이루어집니다. 다른 플랫폼에 런칭할 때, 외전을 추가로 집필해 런칭하면 보다 큰 프로모션을 받을 수도 있으니 이에 대해서 담당자와 충분히 논의하면 좋습니다.

#2차 콘텐츠화

OSMU라고 하죠. 하나의 콘텐츠로 다양한 콘텐츠를 양산할 수 있다는 뜻입니다. 내가 써 내려간 작품은 웹소설로 그치지 않고 보다 다양한, 다른 형태의 콘텐츠로 변화하여 더 큰 파급력을 불러일으킬 수 있습니다. 그렇다면 2차 콘텐츠의 대표적인 유형들에 대해서 보다 상세히 하나하나 보겠습니다.

☑️ 웹툰화

요즘은 웹툰 에이전시가 많이 생기면서 웹툰화의 문턱이 많이 낮아졌습니다. 웹소설은 다양한 방식으로 웹툰화가 진행됩니다. 크게 웹툰화가 진행되는 경우의 수는 아래와 같습니다.

① 웹툰 에이전시가 웹툰화를 제안하는 경우

웹소설이 출간되고 출간 후 성적이 좋을 경우, 자연히 웹툰 에이전시의 눈에 띄게 될 테고 웹툰 에이전시 측에서 먼저 연락을 줍니다. 하지만 성적이 어중간하거나 눈에 띄지 않을 정도라면 출판사 측에서 먼저 웹툰 에이전시 측에 투고하고 요청하여 계약이 체결되기도 합니다.

② 웹툰 레이블이 있는 출판사와 웹툰화를 진행할 것을 조건으로 계약하여 웹소설 출간과 웹툰화를 동시에 진행하는 경우

출판사 내부에 웹툰 레이블이 있고, 웹툰 레이블 내에서 심사를 통과해서 출판사에서 자체적으로 웹툰화를 진행할 수 있습니다. 그리고 이러한 사항은 출판사와 계약을 맺을 때부터 논의할 수 있습니다. 좋은 점은 다른 에이전시와 계약을 하지 않기 때문에 보다 직접적인 소통을 할 수 있고 빨리 진행이 될 수 있다는 점입니다.

③ 웹소설 작가가 직접 웹툰 작가에게 컨택하여 웹툰을 제작하는 경우

개인적인 친분이 있는 웹툰 작가와 함께 웹툰을 제작할 수 있습니다. 하지만 이런 경우, 출판사에게 양해를 구하고 논의를 해야만 합니다. 2차 콘텐츠화는 모두 출판사를 중간에 끼고만 가능하다는 계약 조건이 있을 수도 있기 때문에 해당 사항을 출판사에 알리고 논의 후에 진행하는 것이 좋습니다.

④ 웹툰 에이전시에 작가가 작품을 직접 투고해 계약하는 경우

웹소설 작가가 직접 웹툰 에이전시 측에 자신의 소설 링크를 송부하고 봐 달라고 요청하는 메일을 송부하는 경우도 있습니다. 원하는 에이전시가 있다면 이러한 시도를 해보는 것도 방법이긴 하나, 해당 에이전시에서 작업을 원한다라는 답변이 왔을 때는 담당자에게 이 사항을 알리고 계약 사항에 어긋나는 일이 없도록 2차 콘텐츠화를 진행하는 것이 좋습니다.

이러한 과정을 통해서 웹툰화 진행이 확정된다면 작가가 해야 할 것은 없을까요? 물론 어떤 에이전시와 진행하느냐에 따라 다르나 가장 먼저 필요한 것은 캐릭터 시트 작성입니다.

캐릭터 시트란 간단합니다. 캐릭터의 외양부터 분위기 그리고 머리스타일과 자주 착용하는 악세서리 등 웹툰화에 필요한 모든 캐릭터들의 정보를 기재하는 것입니다. 그리고 최대한 이미지화가 용이하도록 기타 웹툰 혹은 사진 등을 함께 첨부해주는 것이 좋습니다. 캐릭터 시트의 양식은 출판사에서 송부해줄 것입니다.

만일 작품이 완결이 나지 않은 상태라면 그 다음 전개 내용에 대한 간단한 가이드를 첨부해야 할 수도 있습니다. 그리고 세계관 지도도 간단히 적어 송부해주는 것도 좋습니다. 그 외에는 보통 각색 작가가 함께 붙기 때문에 원작 작가가 크게 해야 할 일은 없습니다. 담당자는 각색되는 방향성에 대해서 간단히 적어 원작 작가에게 송부해 줄 테고 이에 대해서 용납 못하는 부분이 있다면 의견을 개진하면 됩니다.

웹툰화 계약은 보통 대행 계약으로 많이 진행되기 때문에 계약 사항들만 추가로 확인하고 이러한 과정을 통해, 각 출판사의 담당자들의 안내에 따라 진행하면 됩니다.

그리고 웹툰화가 되기 위해 원작 작가가 해야하는 것은 앞서 언급한 바와 같이 보다 굵직굵직한 사건 중심의 스토리 전개가 되도록 글을 써야 하며, 각 캐릭터들이 특색 있어야 한다는 것입니다. 이미지화가 되었을 때 보다 쉽고 직관적이며 전개가 용이하도록 해야만 하는 것이죠. 원작에서 이러한 조건들이 성립이 되면 사실 웹툰화는 어렵지 않게 진행될 수 있을 것입니다.

다만, 마음을 여유롭게 먹어야만 합니다. 이러한 과정을 통해 웹툰화가 진행된다 하더라도 그 시간이 상상 이상으로 오래 걸릴 수 있습니다. 넉넉히 잡아 2년 – 3년 정도는 걸릴 수 있습니다. 무엇보다 그림 작가님의 신변에 문제가 생기거나 더 이상 그리고 싶지 않다고 선언할 경우 진행 도중에 무산이 되어버릴 수도 있기 때문에 오랜 시간이 걸린다는 점을 염두에 두고 차기작을 집필하며 기다리셔야 할 것입니다.

☑ 드라마화 & 예능화

드라마화
듣기만 해도 설레는 단어지요. 내 글이 영상화가 되고 내가 선망하는 배우들이 내 글의 캐릭터들이 된다고 생각하면요. 사실상 로맨스 판타지 장르에서는 드라마화가 쉽지 않은 편입니다. 물론 카카오페이지에서 유명 배우들을 모아 트레일러 작업을 한 적은 있었으나, 기본적으로 서양인들을 주인공으로 하는 중세 로맨스 판타지를 이질감 없이 완벽하게 한국에서의 드라마로 구현하는 것은 쉽지 않을 테니까요.
때문에 드라마화는 기본적으로 현대를 배경으로 한 소설을 기반으로 많이 이루어지고 있습니다. 드라마화가 되는 과정은 웹툰화와 유사합니다. 드라마 제작사 혹은 방송사에서 출판사 혹은 유통사 측으로 연락하여 IP판권 구매를 요청합니다. 만일 해당 제작사나 방송사 외에도 다른 업체에서 이미 제안이 온 상태였다고 한다면 출판사에서는 해당 제작사나 방송사에서 제안하는 금액이나 각색안 혹은 기획안을 보고 원작 작가와 상의하여 IP판매를 어디에 할지 결정합니다. 특히 어떤 정도의 경륜이 있는 작가 혹은 연출가가 붙는지를 중점으로 보기도 합니다.

그렇다면 제작사나 방송사에서 원작 IP판매를 위해 웹소설 판권을 사려고 컨택을 하는 기준은 무엇일까요?

첫째로, 제작비가 지나치게 들지 않는 작품을 선호합니다.

① 영상화를 진행하는데 제작비가 지나치게 들지 않는 장르의 소설
② 로그라인과 제목이 명확하고 직관적이며 매력적인 소설
③ 시즌제로 제작이 가능한 소재

영상화에는 '제작비'가 필요합니다. 그냥 제작비가 아니라 막대한 제작비가 필요합니다. 특히 드라마는 더 그러합니다. 한 편의 드라마를 찍기 위해서는 회당 10억 혹은 그 이상의 돈이 필요합니다.

당연히 영상을 제작하는 입장에서는 그 돈을 최대한 줄이고 파급력은 있는 콘텐츠를 기획, 제작하는 것을 선호합니다. 그런 의미에서 드라마화는 소재나 로그라인은 뾰족하나 제작비가 최대한 적게 드는 작품이 유리합니다. 물론 어디까지나 유리하다는 것이지 제작비가 많이 드는 작품이

아예 드라마화가 될 수 없다는 것은 아닙니다. 해당 웹소설 (원작)이 엄청난 성적을 거두고 성공했다고 한다면 제작비가 조금 더 나간다고 해도 시도해 볼 가치는 있겠죠.

하지만 만일 그 정도로 굉장한 성적을 거두지 않았다는 가정하에서는 확실히 제작비가 적게 드는 작품을 집필하는 편이 영상화에 유리합니다. 그렇다면 제작비가 적게 드는 작품이란 어떤 작품을 말하는 걸까요?

간단합니다. 예컨대 우주에서 펼쳐지는 이야기라고 한다면 당연히 제작하기 힘듭니다. 중세 배경의 판타지가 드라마화가 될 가능성이 매우 적은 것도 그 때문입니다. 좀비와 같이 분장이 상당히 많이 필요한 작품들도 조금 어려운 편에 속하긴 합니다. 또한 AI가 등장하거나 지나치게 CG 작업이 많이 필요한 이종족이 등장하거나 옥황상제가 나오는 등의 스토리는 드라마화가 될 가능성이 적습니다.

반면, 사무실 내에서 펼쳐지는 평범하고 재미있는 이야기들은 제작비도 줄이고 성공도 노려볼 수 있겠죠. 이러한 대표적인 작품이 바로 '사내맞선'입니다. '재벌집 막내아들'도 CG작업 등이 많이 필요하지 않은 작품에 해당했습니다.

다만, 예외가 있다면 사극 작품에 대한 수요는 꾸준히 있다는 점입니다. '구르미 그린 달빛'이 드라마화가 되어 성공할 수 있었던 것은 '사극'이라는 장르적 특성에도 이유가 있었습니다. 사극에는 돈이 많이 들어갑니다. 모든 분장과 미술의 비용이 단순한 현대 배경 로맨스와는 현저히 차이가 납니다. 그리고 그런 만큼, 흥행이 보장된 스토리를 찾습니다. 사극을 원하는 시청자들은 아주 탄탄하고 분명하게 존재하며 무엇보다도 사극은 수출에 용이하여 해외에서 각광받기 때문입니다.

즉, 제작비가 적게 드는 작품 그리고 사극 장르는 어찌 보면 드라마화에 보다 유리한 편입니다.

둘째로, 로그라인과 제목이 명확해야만 합니다.

2022년, 저는 방송사에서 IP판권 구매 여부를 결정하기 위해 작품들을 검토하는 작업을 진행했습니다.

작품들을 검토하는 작업의 프로세스는 꽤나 간단했습니다. 2-3명의 PD들이 주요 플랫폼들의 작품들의 작품부터 먼저 리스트업을 진행합니다. 랭킹이 높은 순서대로 정렬을 진행해 엑셀 작업을 했죠. 그 이후에는 회차수와 로그라인과 출간 날짜 등을 정리하는 작업을 합니다. 그 뒤에 3명의 PD들이 함께 모여 회의를 진행합니다. 10개 정도로 집중 검토할 작품들을 추리기 위해서입니다.

이때, 검토하는 기준은 제작사나 방송사마다 상이합니다. 방송사를 기준으로 한다면 일단 가장 먼저 '채널 적합성'을 따집니다. 방송사에서는 기본적으로 각 방송사마다 보유한 '채널'에 선유통하는 경우가 많기 때문입니다. 각 방송사마다 채널을 시청하는 연령대 혹은 성별 등에 따라서 더 많이 타겟팅이 될 수 있는 소재를 찾습니다. 물론 이외에도 이전에 시도했다가 시청률이 잘 나오지 않은 소재를 피하거나 투자나 캐스팅이 잘 될 수 있는 소재 등 그때의 상황이나 여건에 맞춰 소재를 찾습니다.

이런 여러 가지 기준에도 불구하고 가장 중요한 것은 '눈에 띄는 것'입니다. 방송사나 제작사마다 각기 다른 기준으로 검토를 진행하지만 일단 제목과 로그라인 자체가 직관적이고 눈에 띄어야만 그 검토의 기준에 들어갈 수 있습니다.

10개 정도의 집중 검토 후보 작품을 정하면, 이를 한 팀의 PD들이 모두 함께 읽어보고 검토한 뒤 다시 한 번 회의를 하고 1-2개 작품을 추린 뒤 해당 작품 판권 구매 문의 메일을 보내거나 미팅을 통해 조건을 확인하고 조율하는 과정을 가집니다. 이 과정에서 기획안이나 각색안 등을 송부하여 해당 작품 판권을 구매하고자 하는 타 제작사와의 경쟁(비딩)이 붙기도 합니다.

이러한 과정을 통해 드라마화가 진행되기 때문에 가장 중요한 것은 '제목'과 '로그라인'입니다. 눈에 띄고 직관적이어야만 검토 대상에 들어갈 수 있기 때문입니다. 이 사실을 명심하고 '제목'과 '로그라인'을 꼽는데 반드시 심혈을 기울여야만 드라마화의 가능성이 높아집니다.

셋째로, 시즌제로 확장할 수 있느냐 여부가 중요합니다.

방송사에서는 하나의 콘텐츠에 제작비를 투여하는데 꽤 복잡한 심사 절차를 걸칩니다. 즉, 새로운 소재를 발굴하는데 그만큼의 큰 노력이 들어가고 짊어져야 하는 리스크 또한 크다는 것입니다. 하지만 만일 하나의 소재에 확장성이 크다면 그 일은 반으로 줄어듭니다. 하나의 소재로 여러 가지 스토리를 전개 가능한 시즌제 제작이 가능한 소재를 선호하는 것도 그 때문입니다.

이러한 여러 가지 조건들을 충족했을 시, 제작사 혹은 방송사에서는 드라마화를 진행하기 위해 IP판권 구매를 진행합니다. 드라마화가 진행되면 자연히 원작은 함께 홍보되어 높은 순위로 올라갈 것이고 그만큼 커다란 매출 수익을 달성하게 됩니다.

물론 아직까지 중세 배경의 로맨스 판타지 소재는 드라마화되기 어렵다고 평가받고 있습니다. 하지만 미래의 드라마 시장은 아직까지 어떻게 될지 알지 못합니다. 수많은 OTT가 등장하고 있는 만큼 다양한 콘텐츠들이 생산되고 있기 때문이죠.

로맨스 판타지의 소재들이 보다 확장되고 다양화되고 있는 만큼 향후 5년 안에 판타지 소재를 여러 가지 조율을 통해 드라마화 될 수 있는 방향으로 빌드업해 볼 수도 있지 않을까 예상해봅니다.

또한 유의해야 할 것이 있습니다. 드라마화 판권 계약을 한다고 하더라도 드라마화가 진행이 안 될 수도 있다는 점입니다. 드라마화는 '투자 가능 여부' '캐스팅 여부'에 따라서 크게 좌우됩니다. 판권IP를 구매한다고 하더라도 제작비가 없다면 진행할 수가 없습니다. 그리고 이 여부를 결정하는 가장 큰 요인이 바로 캐스팅이며 그 캐스팅에 따른 투자 여부 혹은 흥행 판단 여부입니다. 인지도 있는 배우의 캐스팅 가능 여부가 중요하기 때문에 드라마화 진행 여부는 어찌 보면 '운빨'도 작용한다고 보시면 됩니다.

예능화

웹소설의 '예능화'라니? 조금 생소하게 들리시죠?

저 역시 웹소설의 예능화가 가능할 것이라고는 상상하지 못했습니다. 하지만 실제로 천계영 작가님의 '좋아하면 울리는' 작품 또한 웹툰에서 예능으로 거듭난 사례가 있습니다. 물론 많은 사례가 있는 것은 아니나, 이러한 사례들을 미루어 보아 곧 웹소설의 예능화 역시 많이 이루어질 것이라 예상합니다.

그리고 지금으로서는 예능화 가능성이 높은 웹소설은 세계관이나 소재의 설립 자체가 뚜렷하고 뾰족해야만 하는 것으로 여겨집니다. 지금으로서는 어떠한 예능이 어떤 식으로 나올지 정확히 예상하기 어려우나, 웹 소설의 스토리 전반이 반영되지 않더라도 그 안의 소재나 캐릭터만으로도 활용 가능한 예능 콘텐츠 계발이 될 수 있다는 점입니다. 또한 예능은 평균적으로 회당 1-2억 정도의 예산이 들어간다는 점에서 드라마보다 줄일 수 있다는 장점이 있음으로 콘텐츠의 확장성이 더욱 기대됩니다.

☑ 애니메이션화 & 게임화

애니메이션화

중세를 주배경으로 하는 로맨스 판타지 장르에서는 오히려 드라마화 보다는 애니메이션화를 중점적으로 노려볼 수 있습니다. 특히 로맨스 판타지 장르는 웹툰화 진행이 상당수 되었기 때문에 이를 바탕으로 이미 여러 개의 웹소설이 애니메이션화가 진행되고 있다고 합니다.

애니메이션화의 단점이라면 드라마보다 제작 기간이 오히려 더 오래 걸릴 수 있다는 점입니다. 실제로 투니버스에서는 PD가 하나의 애니메이션 프로젝트에 착수하면 4-5년 동안은 그 프로젝트만 담당해야 할 정도라고 하니, IP판권을 사들여서 각색하는 기간까지 추산하면 그 기간은 상당할 것입니다.

그럼에도 애니메이션화가 진행된다면 해외 수출등이 용이해지고 OTT에 배급될 수 있으며 파급력 또한 올라갈 것입니다. 특히 일본에서는 원작IP기반으로 상당수의 작품이 애니메이션화가 진행된 바 있으나 아직까지 우리나라에서는 많은 작품이 애니메이션화가 되지는 않았습니다. 하지만 웹툰 시장이 커지고 있는 만큼 애니메이션화 역시 활발히 진행될 것으로 전망합니다.

게임화

게임화는 이미 상당히 많이 진행이 되었습니다. 중세 로맨스 판타지의 경우 게임화로 진행하기에 오히려 굉장히 용이한 장르라고 보입니다. 다만, 콘텐츠마다의 차이가 있으나 게임은 오랜 시간 파급력을 유지하기에는 무리가 있다는 단점이 있습니다. 게임을 통해 좋은 시너지를 불러일으킬 수 있다는 점은 부정할 수 없으며 특히 많은 게임 업체들이 원작IP에 관심을 기울이고 있는 상황입니다. 만일 게임화를 염두에 둔다면 '연애 시뮬레이션 게임' 형식 혹은 '공포 게임' 형식 등 게임 시스템에 특화된 스토리를 구상하는 것도 2차 콘텐츠화를 진행하기 위한 전략으로 적절합니다.

▶ 플랫폼과 출판사, 매니지먼트의 차이는?

출판사는 소설을 계약, 교정하고 유통하는 역할을 맡는 업체입니다. 사실상 '매니지먼트'와는 용어상으로 의미가 같다고 보시면 됩니다. 다만 웹소설 작가들은 '출판사'를 소설을 출간하는 업체로 '매니지먼트'를 웹툰을 제작, 출간하는 업체로 간혹 구분해 부르기도 합니다. '플랫폼'은 이러한 출판사나 매니지먼트가 작품을 게재하는 '유통 업체'를 말합니다.

말하자면 온라인 상의 '서점'인 셈입니다. 하지만 웹소설 시장에서는 '플랫폼'을 보유하고 있는 '출판사'가 많기 때문에 사실상 그 역할이 모두 겸해지는 편이라고 보시면 됩니다.

▶ 레이블이란?

특정 출판사에 소속되어 있는 브랜드명을 말합니다. 주로 장르별로 각기 다른 레이블을 보유하고 있는 출판사가 많습니다. 대표적인 레이블들을 알아둔다면 어떤 출판사에서 어떤 성향의 작품들이 출간되는지에 관해 알 수 있습니다.

▶슬롯이란?

'표지 슬롯'이란 유명한 일러스트레이터 작가들이 작업할 수 있는 양이 정해져 있기에 의뢰에 한정을 두는데, 이때 가능한 의뢰 수량을 출판사가 미리 선점해두는 것을 말합니다. 즉, A 일러스트레이터의 표지 슬롯을 B 출판사에서 가지고 있다고 한다면 그 일러스트레이터의 표지를 제공받을 수 있다는 것을 의미합니다. 눈길이 가는 표지는 독자를 유입시키는 역할을 하고 유명 일러스트레이터 컨텍도 상당히 어렵기 때문에 작가들은 주로 표지 슬롯을 많이 가진 출판사와 계약하는 것을 선호합니다.

'프로모션 슬롯'은 출판사에서 특정 프로모션에 반드시 넣을 수 있는 권한을 가지는 것을 말합니다. 각 출판사마다의 영업력에 의해 좌우되며 '프로모션 슬롯'을 많이 보유하고 있는 출판사와 계약하면 '프로모션'을 따내기가 더 쉬워질 수도 있습니다.

▶브랜드 엠지 출판사, 개인 엠지 출판사의 차이?

작품을 카카오에 런칭할 경우 '브랜드 엠지 출판사'와 '개인 엠지 출판사'가 나뉩니다. 카카오에서는 작품 런칭이 결정이 되면 출판사 혹은 작가에게 선인세를 지급합니다. 이 때, 선인세를 출판사가 받는다면 '브랜드 엠지', 출판사가 아닌 작가가 받는다면 '개인 엠지'라고 합니다.

▶ 장르별 연재하기 좋은 플랫폼 추천

로맨스	네이버 챌린지 리그, 조아라, 북팔, 로망띠끄, 카카오 스테이지, 디리토
로맨스 판타지	조아라, 네이버 챌린지 리그, 카카오 스테이지, 디리토
남성향 장르	문피아, 조아라, 네이버 챌린지 리그, 카카오 스테이지
BL & GL	조아라, 디리토 + 출간도 리디북스
19금 (성인물)	북팔, 디리토 + 출간도 리디북스

Chapter 05
슬기로운
작가 생활

Chapter 05
슬기로운 작가 생활

1. 전업 작가로 살아간다는 건?

"평생 글만 쓰고 살 수 있다면 얼마나 좋을까?"

직장을 다니며 스트레스를 받지 않아도 되고, 여행도 자유자재로 다니고 내가 하고 싶은 상상도 마음껏 하면서 살아갈 수 있는 꿈같은 직업.

바로 '전업 작가'입니다.

글만 쓰고 살고 싶은 꿈. 말 그대로 글밥만 먹고 살 수 있는 꿈을 꾸는 이들이 많습니다. 웹소설 시장은 어찌 보면 작가들에게 있어서 그 꿈을 이룰 수 있는 시장입니다. 그렇지만 여전히 '전업 작가'의 벽은 높습니다. 그렇다면 어떤 사람들이, 어떤 마음가짐으로 '전업 작가'를 해야만 할까요?

① 연봉이 3000만원 이상이다.
② 혼자 있는 시간이 지루하거나 불행하지 않다.
③ 스스로 계획해서 스스로 성취하는 것에 자신이 있다.
④ 나는 '쿠크다스 멘탈'이 아니다.
⑤ 나는 글을 쓰지 않고서는 살 수 없다.

위의 다섯 가지에 다 해당한다면, 당신은 전업 작가가 될 수 있는 자격을 갖춘 사람입니다!

사실 생각보다 전업 작가에 대해 부정적인 사람들이 많습니다. 특히 2023년 기준, 웹소설 시장은 예전보다 '어려워졌다'라는 평이 많습니다. 웹소설이라는 용어 자체가 처음 생기고 사람들이 콘텐츠를 활발하게 소비하던 2013-2018년도와는 다르게 웹소설 시장 자체가 예전보다 침체되었다는 말을, 수많은 작가들이 합니다. 아무래도 경기 자체가 어렵다 보니 자연히 콘텐츠에 소비하는 돈도 줄어든 것입니다. 더군다나 하루가 다르게 다양한 웹소설이 상당수의 플랫폼에서 쏟아지니, 수익을 내기 힘든 것이 당연합니다.

안정성과 수익 등 여러 면에서 전업 작가는 위험도가 큽니다. 때문에 전업 작가가 된다는 결정은 오롯이 본인이 스스로, 자신의 인생을 생각해서 해야만 합니다. 자신의 인생은 그 누구도 책임져 주지 않으니까요. 다만 몇 가지의 기준치는 정해두고 선택을 하는 것이 좋겠지요. 그리고 그에 대한 저의 대답이 바로 위의 다섯 가지 기준입니다.

☑ 연봉이 3000만원 이상이다.

전업은 현실입니다. 현실의 벽은 상당히 무겁고 냉혹하죠. '금수저'가 아닌 이상 '돈'이 벌리지 않으면 당신은 결코 글을 쓸 수 없으니까요. 그렇다면 당신은 냉정히 판단해 보아야 할 것입니다. 어느 정도가 '전업'을 할 만큼의 '수익'인가? 그리고 저는 그 기준을 연봉 3000으로 잡았습니다.

웹소설 작가의 수익은 월 수익으로 책정하지 않습니다. 한 작품을 런칭하면 그에 따라 몫돈으로 수익을 챙기는 경우가 대다수이기 때문입니다. 하나의 프로모션에 들어가서 1500만원 가량의 금액의 수익만 들어온다고 하더라도 나쁘지 않은 성적입니다. 그러한 소설을 1년에 두 개 정도를 집필할 수 있는 능력 즉, 연봉 3000을 돌파할 수 있는 능력이라면 전업이 충분히 가능하다고 여겨집니다.

일반 직장인의 초봉보다는 낮다는 판단이 돌아올 수 있으나, 전업을 하면 확실히 글을 쓰는 훈련이 되어 손이 빨라질 테고 1년에 쓸 수 있는 종수를 늘리는 것도 가능합니다. 또한 시간이 지날수록 작품이 쌓이고 그에 따라 들어오는 수익도 커질 테고요. 중요한 건 당장 대박 작품이 생겨서가 아니라, 앞으로의 가능성이지요. 당신이 학창 시절에 혹은 다른 직업을 가지고서도 이미 웹소설만으로 연봉 3000만원을 돌파했다면 그에 대한 확실한 답이 될 것이라 여깁니다.

☑ 혼자 있는 시간이 지루하거나 불행하지 않다.

"작가는 외로운 직업이다"라고들 합니다. 작가는 전적으로 혼자 고민하고 혼자 결정하고 또 혼자 시간을 보내야만 하는 직업입니다. 그렇다면 혼자 보내는 시간이나 고립되는 것에 대한 거부감이 없어야 가능합니다. 특히 혼자 있는 시간을 만들 수 있는 환경이 되는가에 대한 여건 충족도 이루어져야만 할 것입니다.

본인이 타인과의 대화를 통해 에너지를 얻는 것이 인생에서 아주 중요하다고 여긴다면 전업 작가를 결코 추천하지 않습니다. 그렇다고 해서 작가로서의 길을 포기하라는 뜻은 아닙니다. '겸업' 또한 가능하다는 것이 작가의 장점이니까요.

저 역시 2020년 11월부터 29개월 간 방송사에 근무하며 '겸업러'로서 살았습니다. 그리고 내린 결론은 웹소설 작가는 '겸업러' 충분히 가능합니다. 작가가 어떻게 루틴을 짜는지 또 종사하고 있는 다른 직업어 어떤 직업이냐에 따라 시간 배분을 하여 충분히 소설을 써 내려갈 수 있습니다.

장점이라면 다른 직장을 가지고 있는 만큼 사람들에게 '소스'도 충분히 얻을 수 있고 삶에 활력소도 생기며 수익도 안정적이라는 점이죠. 그만큼 '겸업'은 가능만 하다면 충분히 매력적입니다.

하지만 감내해야만 하는 것도 분명히 있습니다. 글을 쓸 수 있는 절대적인 시간이 줄어드는 만큼 출간하는 속도도 늦어질 것이며 또한 절박감이 줄어들면 아무래도 슬럼프가 올 가능성도 큽니다. 또한 집중력이 강하지 않다면 스토리를 어떻게 전개하려고 했는지 감을 잃어버리는 경우도 많습니다.

때문에 겸업을 결정할 때는 특히 자기 자신에 대해 객관적으로 살펴보세요. 다른 사람을 통해 에너지를 얻는 사람이며 또한 '멀티가 충분히 가능하다'라고 자신한다면 겸업도 좋습니다. 무조건 '전업 작가'를 해야만 하는 것은 아닙니다. 특히 웹소설은 '대중소설'이기 때문에 혼자만의 시간을 오래 보내며 더 많은 생각을 하는 것이 마냥 좋은 글을 쓸 수 있는 방향이라고 단언하기 어렵습니다. 중요한 건 '스스로가 어떤 상황에서 최적의 환경을 만들어 글을 쓸 수 있는가'이니까요.

☑ 스스로 계획해서 스스로 성취하는 것에 자신이 있다.

겸업이건 전업이건 무조건 중요한 항목입니다. 이 직업은 프리랜서입니다. 그 누구도 일을 지시하지 않고 그 누구도 크게 속박하거나 혼을 내지도 않습니다. 내가 스스로 계획해서 목표치를 정하고 또 스스로 성취하고 무엇보다 루틴을 만드는 것이 가능한 사람만이 작가가 될 수 있습니다.

작가들은 프리랜서이고 직업 특성상 쓰고 있는 작품에 지나치게 몰입하여 하루에 정도 이상으로 일을 하는 경우가 태반입니다. 하지만 10년 넘게 전업 작가 생활을 해 온 작가들이 항상 지키는 것이 바로 자신만의 루틴입니다.

아침에 일어나면 매일 고정적으로 헬스장을 가거나 조깅을 하는 등의 규칙적인 운동과 식사 그 이후에 정해놓은 시간 동안만 컴퓨터 앞에 앉아서 글을 쓰는 습관. 그리고 지나치게 몰입을 했다고 하더라도, 일정 시간이 되면 컴퓨터를 끄고 쉬는 시간을 갖는 것.

이 모든 것은 '루틴'을 무너뜨리지 않기 위해서입니다. 하루만 그 루틴을 무너뜨리면 그 다음날, 다다음날까지 여파가 올 수 있기 때문입니다. 전업 작가는 단순히 한 작품의 글을 쓰기 위한 힘이 필요한 사람이 아닙니다. 오랫동안 끈질기고 집요하게 글을 쓸 수 있는 힘을 가진 사람이어야만 합니다. 물론 이 '루틴'을 만드는 것은 작가마다 다르겠지만 오랫동안 글을 쓸 수 있도록 개개인의 능력에 따른 목표치와 일정을 스스로 빌드업하고 계속해서 지켜나갈 수 있는 사람이어야만 합니다.

저의 경우를 예시로 들자면 저는 오전 9시에 기상해 웹소설 혹은 웹툰을 보고 10시에는 운동을 갑니다. 다녀와서 씻고 식사를 한 뒤, 1시까지는 작업실로 출근하죠. 그 이후 밤 9-10시까지 쭉 글을 씁니다. 퇴근해서는 가족들과 대화를 나누고 콘텐츠를 보거나 언어 공부를 하다가 1-2시쯤 잠듭니다. 일주일에 하루를 쉬는 날로 정하고 간혹가다가 친구와 약속을 잡는 날이 있어서 루틴이 깨지면 그 날을 쉬는 날로 선정하는 편입니다.

그리고 무엇보다 하루에 최소 만 자 이상은 집필한다는 목표를 정해둡니다.

하루에 내가 쓸 수 있는 글자수를 명확히 파악하고 최소 목표를 정해두는 것은 루틴을 짤 때 여러모로 좋습니다. 무슨 일이 있어도 하루에 2회차 분량을 뽑아내고자 달리게 되니까요. 그리고 많은 작가들이 평균적으로 하루에 2회차 정도는 집필한다고 합니다. (그러나 하루의 목표 글자수는 본인의 페이스에 맞게 정하는게 좋습니다)

나만의 규칙을 정하고 그 규칙 하에서 루틴을 만들고 꾸준히 실현해나가는 연습을 해보세요. 그것이 작가로서 오래가는 방법이니까요.

☑️ 나는 '쿠크다스 멘탈'이 아니다.

결국은 멘탈 싸움입니다. '언젠가 하나는 터진다'라고들 말합니다. '대박 작품이 터진다'의 기준은 개개인마다 다르겠지만 정말 강한 멘탈을 가지고 오랫동안 포기하지 않고 글을 쓰는 작가들의 대부분은 '글로 먹고살 만큼' 흥행에 성공하기 마련입니다. 작가로 살아가는 것은 외롭습니다. 겸업을 해도 전업을 해도 내가 쓰는 글에 있어서 온전히 이해하고 상담을 요청할 사람은 거의 없습니다. 이 외로움을 견뎌도 돌아오지 않는 성적은 작가의 멘탈을 완전히 부수어 놓기 마련입니다. 그럼에도 견뎌야만 합니다. 당신의 멘탈을 '쿠크다스 멘탈'이 아니라 '강철멘탈'로 만드세요. 괴로우면 글을 쓰세요. 실패는 실패한 순간이 실패가 아니라, 포기하는 순간이 실패이니까요.

'중요한 것은 꺾이지 않는 멘탈'이라는 걸 항상 기억하세요.

☑ 나는 글을 쓰지 않고서는 살 수 없다.

글을 쓰고 있는 세상의 모든 작가들은 글을 써야만 하기 위해서 쓰는 것이 아닐 것입니다. 글을 쓰지 않고서는 배기지 못하기 때문에 쓰는 것입니다. 어쩌면 그 모든 조건 중에서 이 조건이 가장 중요하다고 볼 수 있을 것 같습니다. 어떤 이유가 있더라도, 당신이 정말 글에 온전히 집중하고 글을 쓰지 않고서는 살 수 없는 사람이라면 반드시 쓰십시오. 그리고 반드시 이뤄내십시오. 글을 쓰지 않고서는 살 수 없을 정도의 강렬한 염원이라면, 이미 훌륭한 전업 작가가 되기에 충분한 자질을 갖췄으니까요.

2. 작가 커뮤니티 도움 될까?

작가는 혼자 보내는 시간이 많은 직업인 만큼 '커뮤니티 활동'에 관심을 많이 기울이게 됩니다. 그렇다면 이러한 작가 커뮤니티 활동이 과연 작가가 되는 데 도움이 될까요?

당연히 작가마다 도움이 되냐, 되지 않느냐 여부는 다를 것입니다. 하지만 저는 작가 커뮤니티 이용을 추천드립니다.

다양한 작가 커뮤니티들이 있습니다. 다음이나 네이버 카페를 통해서도 소통 가능하고 트위터나 커뮤니티 게시판 등을 통해서도 소통이 가능하죠. 계약서를 찍어 올리고 출간한 작가인 것을 인증하면 보다 더 많은 프로 작가들과 소통도 가능합니다.

무엇보다 일부 커뮤니티는 익명으로 글을 게재할 수 있기 때문에 작가 본인이 드러나지 않고 정보를 얻거나 일상을 공유할 수 있어서 편리합니다.

커뮤니티에 지나치게 몰입하여 작품 활동에 방해가 되는 정도만 아니면 괜찮습니다. 또한 커뮤니티에서 얻은 정보들을 100퍼센트 신뢰할 필요는 없습니다. 참고차 알아두고 묵묵히 글을 써 내려가면 됩니다. 혼자서 글을 쓸 때, 함께 글을 쓰고 고민하는 사람들이 많다는 것을 느끼는 것은 정신적으로 큰 위로와 위안이 됩니다. 그런 점에서 커뮤니티는 좋은 역할을 합니다.

다만, 커뮤니티에서 정보들을 접할 때는 해당 커뮤니티에서 사용하는 용어들을 파악하고 있어야 합니다. 특정 커뮤니티마다 조금씩 쓰는 용어들이 다를 수 있는데 꾸준히 커뮤니티를 모니터링 하다 보면 해당 용어들에 대해서 알아갈 수 있습니다.

3. 문장력을 키우고 싶다면?

　작품을 쓰다 보면 가장 고민되는 순간들이 있습니다. 자꾸만 썼던 묘사들과 썼던 단어들 썼던 문장들을 반복해서 구사하게 될 때입니다. 그럴 때 흔히 '내 글 구려병'이 찾아오게 되고 심하면 슬럼프까지 겪는 작가들이 있습니다.

　이럴 때는 어떻게 해야만 할까요?

　수많은 방법들이 있을 수 있겠으나, 대표적으로는 두 가지입니다.

☑ 많이 읽는다.

　웹소설만 많이 읽으라는 뜻이 아닙니다. 다양한 글을 다양하게 많이 읽으세요. 특히 저의 경우 순수 문학 작품을 읽었을 때 문장력을 향상시키는데 많은 도움을 얻었습니다. 읽는 것은 큰 도움이 되기도 하나, 자칫 독이 될 수도 있습니다.

　특히 작품 활동을 하는 동안 읽게 되면 내가 읽은 문장이나 표현을 넘어서서 장면까지 내 작품에 반영이 되고 표절이라는 범죄를 저지를 가능성도 생기기 때문입니다. 그러니, 읽긴 읽되 항상 경계하며 읽는 것이 중요합니다.

　저의 경우엔 특히 이런 점들을 경계해서, 작품에 본격적으로 들어갔을 때는 웹소설 읽는 것에 최대한 제약을 두고 줄였으며 작품을 완결짓고 나서 쉬는 기간만 대량으로 작품을 읽고 하나의 작품을 오래 읽어서 머릿속에 꽂히기 보다는 문장들이 자연스럽게 머릿속에 들어올 수 있도록 유도했습니다.

그리고 좋은 문장이나 단어들은 읽으면서 핸드폰에 메모해두었습니다. 한 번에 많은 작품을 계속해서 보면 그 문장들이 어디서 나왔는지 사실상 기억조차 잘 나지 않을 수 있지만 좋은 문장들을 구사할 수 있는 힘은 생기더군요.

그렇다고 작품을 쓰기 시작하고 나서 아예 글을 읽지 않느냐, 하면 그렇지 않습니다. 웹소설을 쓰기 시작한 이후에는 주로 순수 문학을 집중적으로 접했습니다. 등단한 소설 작가들의 글을 보면 뛰어난 문장력 묘사력을 갖춘 것들이 꽤 많습니다. 다만 해당 소설들의 스토리는 웹소설과는 조금 동떨어진 경우가 많기에 '무의식중 표절' 발생 확률을 줄일 수 있습니다.

다음으로 많이 읽는 것은 놀랍게도 '네이버 국어사전'입니다. 저는 하루의 루틴으로 네이버 국어사전 퀴즈를 합니다. 네이버 국어사전에서는 단어 퀴즈들을 풀 수 있는데요. 해당 퀴즈들을 풀다가 모르는 단어나 떠오르는 단어가 있으면 검색을 통해 예문들을 확인하고 해당 예문들을 큰 소리로 몇 번씩 읽는 습관을 가지고 있습니다. 이렇게 항상 단어를 많이 접하고 그 단어로 구사할 수 있는 문장들을 떠올리는 연습을 하면 문장력 향상에 큰 도움이 됩니다.

☑ 많이 쓴다.

읽은 다음에는 당연히 써야겠지요. 지나치게 원론적인 얘기 같지만, 가장 정석적이고 필요한 방법입니다. 하지만 그냥 일기 쓰듯이 편안하게 쓰라는 말이 아닙니다.

첫째는, 단어를 많이 쓰세요.

하루에 적어도 열 개 이상의 내가 몰랐던 단어를 메모장에 적는 습관을 가지십시오. 또한 그 단어를 사용한 문장을 밑에 몇 개 구사해 적어두는 것도 좋습니다. 해당 단어를 어떤 장르, 어떤 상황에 쓸 수 있을지 역시 필요하다면 메모해두세요.

둘째는, 하루에 한 번씩 같은 사진을 두고 다른 방향으로 묘사하는 연습을 해보세요.

이미지는 아무거나 괜찮습니다. 검색 후에 하나의 이미지를 선정한 뒤, 다른 방향성으로 묘사하세요. 예컨대 남자와 여자가 함께 서 있는 이미지라고 한다면 남녀 각각의 다른 시선에서 보이는 것을 묘사할 수도 있을 테고 가벼운 톤앤 매너에서의 묘사와 무거운 톤앤매너에서의 묘사를 구사해보는 것도 방법입니다.

마지막으로, 필사에 관해 질문을 해주시는 분들이 많은데 저는 '부분 필사'를 추천합니다.

문장력이 지나치게 뛰어나다고 여겨지는 작품을 하나 선정하여 하루에 2-3회차 정도를 읽고 그 중에서 묘사력이 좋다고 생각되는 문장 10개 정도를 적는 것입니다. 군이 다 적을 필요는 없습니다. 다 적는다고 해서 기억에 모두 남는 것도 아니니까요. 어느 순간 타자 연습이 되고 손 운동이 될 뿐입니다. 그러니 정말 중요하고 인상 깊은 문장만 내 것으로 만드세요. 그 작업을 반복해서 하다 보면 결국 나의 자산으로 남을 것입니다.

여기서 한 가지! 유의할 것이 있습니다.

필사를 하는 분들이 경계해야만 할 것이 남의 글과 자신의 글을 비교하며 자존감이 하락하는 일입니다. 필사를 해보자고 결정할 정도로 유명하고 촘촘하게 잘 쓰여진 글을 읽다 보면 자연히 자괴감이 듭니다. 이 정도로 뛰어난 문장력을 갖추지 않았고 뛰어난 구성력을 갖추지 못한 자신에 대한 회의감, 환멸감이 들게 되죠. 그 감정을 경계하셔야만 합니다.

여러분은 여러분이 선망하는 다른 작가처럼 글을 써야 하는 것이 아닙니다.

여러분은 여러분의 글을 써야만 해요.

꼭 유려한 문장을 구사하고 치밀한 플롯을 짜고 완벽한 글이어야 할 필요는 없습니다. 여러분은 충분히 노력하고 있고 그 노력은 언젠가 빛을 발해 그러한 능력들은 분명히 갖추게 될 테니까요.

중요한 건 여러분이 사랑하는, 여러분의 이야기를 해야만 한다는 것입니다.

여러분을 다른 사람과 비교하지 마세요. 여러분의 글 역시 충분히 가치 있고 아름답고 또 무엇보다 그 글을 쓸 때 여러분이 느끼는 행복의 가치는 그 무엇과도 비교할 수 없으니까요. 여러분이 오랫동안 글을 쓰고 정말 전업 작가를 하고 싶다면 여러분만의 색채를 만드는 것이 가장 중요합니다. 여러분의 글과 여러분의 스타일을 만드세요.

쓴소리를 보태자면 자괴감에 빠질 시간에 더 공부하고 한 자라도 더 쓰려고 노력하세요. 글을 잘 쓰게 되는데 꼼수를 부릴 수 있는 방도는 없습니다. 그저 부지런히 읽고 부지런히 쓰세요. 그것만이 방법입니다. 당신이 작가가 되고자 하는 길을 선택했고 글을 쓰지 않으면 살 수 없는 사람이라면요.

4. 슬기로운 슬럼프 생활

　종일 앉아 있어도 한 문장도 쓸 수 없는 때가 옵니다. 처음 글을 쓰기 시작했을 때는 하루에 2만자 - 3만자를 써도 끄떡없었는데 말입니다. 머릿속이 백지가 되고 아무 것도 떠오르지 않아서 쓸 수 없는 상태가 되고 급기야는 '내 글 구려병'까지 찾아옵니다. 작가들의 고질적인 병인 '내 글 구려병'은 내 글이 세상에서 제일 구려 보이는 병으로 엄청난 자존감 하락을 맛보이고 글을 쓰는 것을 어렵게 만들죠.

　그럴 때는 어떻게 하냐고요?

　정말 힘들다 싶을 때는 털고 일어나세요. 방에 틀어박혀 있지 말고 나가서 바람을 맞고 산책하세요. 지금 당장 글을 써 내려가지 않아도 됩니다. 내일 글신이 찾아오면 또다시 2만자 넘게 쓸 수 있을 텐데 뭐가 걱정입니까.

　솔직히 슬럼프의 극복 방법은 작가들마다 굉장히 상이하기 때문에 무어라 단언해서 말하기는 어렵습니다. 저의 경우는 일단 커피를 마셔보는 편입니다. 냉커피를 마시고 산책이라도 한 바퀴 하고 와요. 그러고도 안 되면 눈물이 나올 정도로 슬픈 노래를 틀어놓고 혼자 목놓아 울어보기도 합니다. 정 안 되면 시집을 보거나 드라마나 영화를 보면서 환기를 시킵니다.

　그러다가 내가 썼던 글에 대한 독자들의 응원 댓글을 보며 자신감을 얻어보기도 합니다.

　지나치게 글이 안 풀린다면 일단은 벗어나세요. 먼저 내 자신을 비워내고 또 새롭게 채우는 시간을 가진 뒤, 그래도 풀리지 않는다면 주변 사람들과 논의해 보는 것도 좋습니다. 이런 이유로 작가 지인을 사귀는 작가들도 꽤 있습니다.

슬럼프가 찾아오는 것은 지극히 정상입니다. 슬럼프를 겪어보지 않는 작가는 극히 드뭅니다. 심지어 길어지는 슬럼프로 절필까지 고민하는 작가들도 많습니다.

중요한 것은 슬럼프를 겪는 것 때문에 괴로워하고 글을 멈추지 않는 것입니다. 슬럼프는, 슬럼프이기 때문에 이겨낼 수 있습니다. 그리고 당신은 그만큼 충분히 강한 작가라는 것을 잊지 마세요.

5. 표절 시비에 대처하는 법

"표절"

작가들이 가장 두려워하고 민감하게 여겨지는 단어입니다. 동시에 항상 대비해야 하는 상황이기도 합니다. 솔직히 말해서 정말 '오리지널리티'라는 게 21세기 현재에 있기는 할까요? 우리가 알고 있는 플롯, 키워드, 클리셰들은 대부분 이미 세상에 나왔던 것들에 해당할 것입니다. 물론 기존에 있던 키워드들이 혼합되거나 변주를 주어 창의성을 부여하지만요.

그렇다면 어디까지가 표절이고 어디까지가 그저 영감을 받는 정도인가라는 기준은 모호하기 짝이 없습니다. 표절에 대한 시시비비를 가리기 시작하면 그 글을 쓴 작가 본인만이 알 뿐 그 누구도 표절 여부의 진위를 가리기가 어려울 정도입니다. 특히 웹소설의 경우 같은 키워드에 비슷한 플롯의 작품들이 많기 때문에 더 그렇습니다.

가장 위험한 것은 '무의식중에 하는 표절'입니다. 심지어 작가 본인마저 모를 수 있다는 것이죠. 인간은 필연적으로 자신이 알고 있는 범위 내에서 창작을 하기 마련입니다. 그리고 자신이 알고 있는 자신의 작품이라고 생각했던 것이, 희미한 기억 속에 묻어뒀던 다른 작가의 작품의 일부일 수도 있습니다. 이 얼마나 무서운 일입니까.

표절 시비는 그 작가가 고의로 했건 고의가 아니라 실수로 했건 혹은 오해로 인해 발생하건 어느 상황에서든 발생할 수 있습니다. 저의 경우도, 단 한 번도 보지 않았던 작품과 표절 시비가 걸렸던 경우가 있었습니다. 물론 제가 시비가 걸렸던 작품보다 집필한 시기가 일렀다는 것을 증명하고서야 결백을 입증할 수 있었지만 그 과정은 결코 쉽지 않았고 심적인 타격도 컸습니다.

그렇다면 이러한 표절 시비가 발생했을 때, 어떻게 대처해야만 할까요? 두 가지 경우의 수가 있을 수 있습니다.

① 누군가 내 작품을 표절한 경우
② 내가 누군가의 작품을 표절을 했다는 제기를 받는 경우

☑ 누군가 내 작품을 표절한 경우

누군가 내 작품을 표절했다고 판단되는 경우에는 표절 의혹 제기를 할 수 있겠죠. 다만 확실하게 겹치는 문장이나 장면 혹은 플롯에 대한 비교 대조가 냉혹하게 이루어져야만 합니다.

단순히 느낌이 비슷하고 분위기나 톤앤매너 소재가 겹친다는 이유가 아닌, 명확하게 문장이 한 페이지 이상 같거나 이름까지 똑같이 겹치는 등 신빙성 있는 증거가 필요합니다. 섣부른 표절 제기는 작가 두 사람뿐 아니라 독자들에게까지 큰 상처가 될 수 있습니다. 또한 무엇보다 독자들에게 공론화를 하기까지 굉장히, 굉장히 신중해야만 합니다. 먼저 해당 작가나 출판사에 메일을 보내 의혹 제기를 하되 명확한 비교 대조표를 제시하는 것이 좋습니다. 이 모든 과정을 출간 계약을 맺은 출판사가 있다면 담당자와 상의하고 결정하는 것 또한 추천드립니다.

☑ 내가 누군가의 작품을
표절을 했다는 제기를 받는 경우

다음으로, 표절 의혹 제기를 받은 경우입니다. 이 경우 의혹을 제기한 작가의 의견을 꼼꼼하게 검토한 뒤 사실이 아니라면 이에 대한 반박 자료를 준비하는 것이 좋습니다. 무엇보다 공론화는 최대한 미루는 것으로 대화를 나누는 것도 필요합니다. 만일 대화로 원만한 합의가 이루어지지 않을 경우 법적인 문제로까지 갈 수 있습니다. 하지만 법적 분쟁 해결 단계까지 가게 되면 두 작가 모두 오랜 시간과 비용을 쏟아 부어야 하기 때문에 가능하면 피하는 것이 낫긴 합니다.

만일 내 글이 무료 연재 단계이고 아직 유료 출간 전이며 표절 의혹을 제기한 작품이 선 출간된 작품일 경우. 또한 해당 작품과 내 작품 간에 제기된 유사점을 인정한다면 내가 표절하지 않았다 하더라도 도의상 '먼저 출간한 작품'에 대한 예우로 일부 항목 수정을 진행하는 것으로 합의를 보는 경우도 있습니다. 정말 표절하지 않았더라 하더라도 유사한 작품이 나오는 경우가 더러 있기 때문입니다.

그리고 만일 내가 해당 작품을 정말 표절한 경우라면, 물론 공식적인 사과문을 올리고 담당자와 상의 후 환불 조치 후 작품을 내려야만 할 것입니다.

일련의 과정에 있어서 정답은 결코 없습니다. 표절은 가장 예민한 문제인 만큼 굉장히 신중하고 또 신중해야 하며 진위 여부를 밝히고 대화하는 과정에서 작가 양측이 서로 노력을 기울여야만 합니다. 표절 문제는 작가 생활을 하며 최대한 일어나지 않아야만 하는 일은 분명하나 만일 발생하게 된다면 냉정하고 확실하게 대처해야만 할 것입니다. 무엇보다 내가 남의 글을 도용하거나 표절하지 않도록 가장 신중해야만 하는 것은 말할 필요도 없을 테고요.

작가에게 글은 자식과 같고 그 사실은 모든 작가에게나 같습니다.

맺음말
당신도
웹소설 작가가
될 수 있다!

제 첫 출간은 21세가 된 뒤, 2월이었고 처음 인터넷 소설을 쓰기 시작한 것은 무려 14살이었습니다. 아직도 가끔 저는 제가 10대 때 썼던 소설을 다시 들추어보곤 합니다. 그 누구에게도 보여주기 민망할 정도로 미숙한 글이지만 읽다보면 새삼 그때만의 감성이 있다는 것을 알게 됩니다. 20대 초반에 쓴 글 역시 그러합니다. 이제 30대가 된 저에게 10년 전의 글은 마치 다른 사람이 쓴 것 같이 새롭고 낯섭니다.

새삼 생각하게 됩니다. 내 인생에서 한순간 한순간 그때만이 쓸 수 있는 글이 있다는 것을요. 10대가 멀어지는 만큼 10대의 글과는 멀어지고, 20대가 멀어지면 또 20대와 멀어지게 됩니다. 멀어지는 건 곧 고여있는 것이 되어서 내 자신이 좁아지면 더 이상 글을 쓰지 못하게 될까 두렵곤 합니다.

그러니, 여러분들은 더 이상 망설이지 마셨으면 합니다. 수많은 이유들이 있습니다. 아직까지 좀 더 조사도 해야 할 것이고 문장력도 늘려야 할 것이고 돈도 더 벌어놔야 할 것이고... 하지만 그 많은 이유 속에 사라져가고 있는 것들이 분명 있습니다. 지금, 이때만의 마음과 감성과 또 아이디어로 쓸 수 있는 소중한 지금의 글들이요.

　물론 작가가 된 뒤에도 늘 노력합니다. 고여있지 않기 위해서, 항상 연구하고 고민하고 또 폭넓을 글을 쓸 수 있도록 많은 것을 간접적으로나마 접하려고 합니다. 사람들도 최대한 많이 만나려고 하고요. 하지만 그럼에도 불구하고 지금의 글과 10년 후의 내 글은 다르다는 것을 알고 있습니다. 그리고 그 두 개의 글 모두 저에게는 소중하다는 것도요. 내 인생의 모든 순간순간이 더없이 소중한 것처럼, 그 순간순간을 담는 글 역시 모두 소중합니다.

　그러나 그렇게 매 순간 최선을 다해서 도전하고 고민하고 또 쓴다 하더라도 누구나 벽에 부딪히는 순간이 오기 마련입니다. 긴 고민의 끝에 간절히 적어 내려간 글들이 그 누구의 눈에도 띄지 않고 사상될 때의 고통이란 이루 말할 수가 없습니다. 내 자신이 모두 부정당하는 기분에 그 누구도 공감할 수 없는 고통 속에서 혼자 몸부림치곤 합니다. 포기하지 말라는 말조차 기만으로 느껴지는 절망의 순간, 이 세상에서 가장 소중했던 나의 글은 결국 나를 무너뜨리곤 맙니다.

당신이 평생 글을 쓰고자 한다면 언젠가는 그런 순간들을 느끼게 될 수도 있을 것입니다. 그리고 그런 당신에게 결코 '글을 포기하지 말라, 다시 도전해라, 노력하라'와 같은 멋모르는 말을 내뱉는 이기심을 부리고 싶진 않습니다. 다만, 제가 하고 싶은 말은 결국 우리가 살고 있는 세상은, 이 세상의 사람들은 필연적으로 '진심'을 알아본다는 것입니다.

글을 써 내려가는 순간, 우리 모두는 속절없이 발가벗겨집니다. 육체에 걸쳐진 옷을 벗어내는 것보다도 더 속속들이, 필사적으로 지켜왔던 내 영혼의 갑옷들이 여린 속살을 드러내는 것입니다. 그리하여 글은 이 세상에서 가장 은밀하고도 선정적인 영혼의 속살과도 같습니다. 그리고 그 속에 어떠한 형태로라도 당신의 빛나는 진심이 담겨있다면, 흙 속에 묻혀있는 진주라고 할지라도 언젠가 모래가 쓸려나가면 찬란히 빛나고야 말 것입니다.

그것만이 제가 10년이라는 시간 동안 글을 쓰고 또 여러 가지 콘텐츠를 해 오며 확신한 진리입니다. 많은 시간이 흐르고 어떤 고통이 찾아온다고 하더라도 나의 진심은 반드시 빛을 발하게 되어있다는 것. 사람들에겐 반드시 누군가의 진심이라는 온기가 필요하다는 것. 그리고 세상 사람들은 이를 반드시 알아보게 되어있다는 것을.

결국 사람의 마음을 울리는 건 언제나 빛나는 진심입니다. 그러니, 그 어떤 고난의 순간에도 당신 스스로의 진심을 헛되이 만들고 증오하지 마세요. 그건 당신의 글을 사랑할 누군가에게 있어 참을 수 없는 모독이 될 테니까요.

그럼 이제 마지막으로, 작가가 되고자 하는 당신에게 – 당신도 충분히 작가가 될 수 있다고 답하기 전에 먼저 묻습니다.

"당신은 얼마만큼 '진심'인가요?"

그리고 이에 대한 당신의 대답으로 저의 대답은 충분할 것이라 믿습니다.

저자협의
인지생략

로맨스 판타지
작법서

1판 1쇄 인쇄 2023년 7월 1일
1판 1쇄 발행 2023년 7월 5일

—

지 은 이 김민정(빅노아)
발 행 인 이미옥
발 행 처 아이생각
정　　가 20,000원
등 록 일 2014년 5월 2일
등록번호 220-90-18139
주　　소 (03979) 서울 마포구 성미산로 23길 72 (연남동)
전화번호 (02) 447-3157~8
팩스번호 (02) 447-3159

—

ISBN 978-89-97466-88-7 (13000)
I-23-01